新潮文庫

全世界史

上巻

出口治明著

新潮社版

10950

まえがき

五〇〇〇年におよぶ文明の歴史を書きたいと考えた理由のひとつは、二〇万年の人類の歴史のなかで、およそ五五〇〇―五〇〇〇年前からは文字資料が残っているからです。絵や考古学的遺品をもとに考えるのは類推に陥り（おちい）やすいですし、文字が伝える情報量はそれらと比べても圧倒的に多い。そこには当時の人間が生きて考えた証拠があるわけで、文字を基本にして歴史を考えるということは、それだけ意味が深いと思うのです。

昔の歴史には興味がない、現代史こそが大切だと言う人もいます。しかし、僕はこう考えます。人間が赤ちゃんから大人になるのと同じで、時代も急に現代になったわけではない。積み重ねられた歴史を学んで初めて、僕たちは立派な時代をつくれるのではないか。

「本書はハリカルナッソス出身のヘロドトスが、人間界の出来事が時の移ろうとともに忘れ去られ、ギリシア人や異邦人（バルバロイ）の果した偉大な驚嘆すべき事蹟（じせき）の数々――とりわけて両者がいかなる原因から戦いを交えるに至ったかの事情——も、やがて世の人に知られなくなるのを恐れて、自ら研究調査したところを書き述べたものである」（『歴史（上）』ヘロドトス著、松平千秋訳、岩波文庫）

この大意は、「人間はどうしようもないアホな動物で、同じ失敗を繰り返している。自分は世界中を回って、人間について見たり聞いたり調べたことを書いておくから、これを学んで少しは賢くなってくれ」ということかと思います。ここに歴史を学ぶ意味が、すべて語られていると思います。

この本の原題は『Historiai（ヒストリアイ）』ですが、これは「探究」という意味です。ヘロドトスは、人間の足跡は世界中を回って調べるものだと考えていたわけで、すでに歴史はギリシャ一国に留まるものではなく、グローバルな関係のなかに存在するものでした。

そもそも歴史に現れる出来事は、眼の前の現象だけを分析しても理解できません。全体がわからなければ、部分がもつ意味もわからないからです。つまり人間の歴史のなかに、日本史や中国史といったものが孤立して存在しているわけではありません。人間にはたったひとつの歴史（ここではそれを五〇〇〇年史と呼びます）があって、その大きい枠組みのなかに、それぞれの地域の歴史があるのだと考えます。

また僕たちは、イエス・キリスト誕生の年（本当はＢＣ四年頃）をＡＤ元年として数える西暦に慣れ親しんでいます。ＡＤはラテン語で Anno Domini、英語で言えば in the year of our Lord です。そしてそれ以前をＢＣ（before Christ）と呼び、遡って カウントしています。しかし時の流れは人類が出現して以来、大河のように流れ続けてきました。止まったこともなければ、逆流したこともありません。

そうした考えから、五〇〇〇年という文字が発明されてから現在までの歳月を、一本の流れとして見つめてみたいと考えました。本書では五〇〇〇年を五つの千年紀に区分して記述しています。またグローバルに通用しない言葉の使用も避けました（たとえばイギリスは連合王国、オランダはネーデルランドと表記しています）。

僕は、歴史を専門として学んだわけではありません。この本は、一人の歴史好きの市民の趣味が高じたものに過ぎません。それでも、できるだけ正確を期して書いたつもりです。この本を読んで、歴史は面白いと思っていただければ、これほどうれしいことはありません。読者のみなさまのご感想やご意見をお待ちしています。

宛先：hal.deguchi.d@gmail.com

最後になりましたが、この本が世に出たのは新潮社の内山淳介さん、僕の拙い話を素晴らしい文章に書き下ろしてくださったライターの小野田隆雄さんのおかげです。二〇一三年に取材をしていただき、この度、一冊の本にまとめていただきました。お二人に厚く御礼を申し上げます。本当にありがとうございました。

二〇一五年一二月　いつの日か「詳説五〇〇〇年史」を書くことを夢見て

出口治明

全世界史　上巻＊目次

第二部　第三千年紀　63

第一章　世界帝国の時代　64

第二章　知の爆発の時代　93

第三部　第四千年紀

第一章　漢とローマ帝国から拓跋帝国とフランク王国へ

第二章　一神教革命の成就

第二章　中世の春　299

第三章　パクス・モンゴリア

第四章　寒冷化とペストの時代

下巻＊目次

地図・図版製作／アトリエ・プラン

全世界史

上巻

前史　人類が文字を発明するまで

ホモ・サピエンス、グレート・ジャーニーへ出発

ホモ・サピエンス――知恵あるヒトを意味するこの言葉は、一八世紀にスウェーデンの生物学者C・リンネが、人間を表す学名として命名したものです。ヒト科の原人たちは、数百万年の栄枯盛衰を重ねました。そのなかから最終的に、現生人類（ホモ・サピエンス・サピエンス）が登場します。

それはいまから約二〇万年前のことです。誕生の地はアフリカのタンザニア地方の大地溝帯（グレートリフトバレー）でした。僕たちの直接の先祖は、その地で狩猟採集の生活を営んでいたのです。当時の人口は五〇〇〇人ぐらいと推計されています。

その後、おそらく一二万年ほど前に、一部がアフリカの地を出ました。その理由は、地球が寒くなり、野生の大型動物（メガファウナ）が少なくなったからだと考えられています。平たく言えば、おいしいステーキが簡単には食べられなくなった。そこで勇気のある連中が、あちらに行けばまだ捕まえやすい牛や馬がいるかもしれない、と

思って旅立ったのです。

丸太船に乗って、アラビア半島沿いにユーラシアに入り、しばらくそこに留まった後、七万年ほど前に再び旅立ちます。人口は五〇万人程度に増えていました。ユーラシアを東へ西へ北へ。さらにベーリング海峡を渡って、一気に北アメリカから南アメリカまで行きます。おいしいメガファウナを追いかけてホモ・サピエンスが世界中に広がっていったこの壮大な旅を、グレート・ジャーニーと呼ぶ人もいます。

このことをなぜ立証できるかといえば、ひとつの地域のある地層中で、メガファウナの骨の出土が激減する時期と、人類の骨が出土し始める時期が、ほぼ一致しているためです。

ここで大事なことは、未知の土地へ旅するときには、海沿いに進むほうが容易だということです。前人未到の地には道がありません。野獣などの襲撃を恐れながら、ジャングルや山を石器で切り拓いて行くよりも、陸地を見ながら丸太船に乗って海路をとるほうが、安全で容易なのです。つまり人間の歴史のなかには、古くから海や河川のルートがありました。「山は隔て、海は結ぶ」のです。

脳内革命によって、ドメスティケーションが始まる

メソポタミアとは、ギリシャ語で「ふたつの川の間」を意味します。つまり、ペルシャ湾に流入する、ティグリス川とユーフラテス川に挟まれた地域のことです。

このメソポタミアからシリア、パレスチナ、そしてエジプトのナイル川流域を結ぶ地方を、「肥沃(ひよく)な三日月地帯」と呼んだオリエント学者がいましたが（アメリカのJ・H・ブレステッドなど）、この地域で今から一万二千年ほど前に、ドメスティケーションと呼ばれる現象が起きました。当時の世界の人口は約五〇〇万人と推計されています。

突然変異であったのか少しずつ変化したのか、説は分かれているのですが、ステーキを追いかける生活は止(や)めて、定住して自分が周囲を支配しようと思い始めたのです。ひとことで言えば、外界（自然）を支配したいと思うように、人間の脳が進化した。

ドメスティケーションとは、つまり狩猟採集生活から農耕牧畜社会への転換です。具体的には、植物を支配する農業、動物を支配する牧畜、金属を支配する冶金(やきん)（金属器の使用）へと進んで行きます。そしてこの自然界のルールをつくっているもの（自然界の摂理）にまで支配領域を広げようとして、神＝ＧＯＤという概念が誕生しました。その原初の形体が、一万年ぐらい前から肥沃な三日月地帯で出土しています。それは、何らかの目的でそれを拝んでいたに違いないと思われる土偶なのです。母なる大地を神格化した大地母神であったかもしれません。

ドメスティケーションによって人類の生活は根本的に異なるものになりました。みずからの意志によって食料が生産されるわけです。こうして、狩猟採集生活から農耕牧畜社会に変わると、食料が過剰に生産されるようになり、その食料は貯蔵されて富を生み、交易にも用いられるようになります。そこから貧富の差が生じます。生産力の拡大は人間社会に、食料生産に直接携わらない人々を誕生させました。寄生階級です。王や神官などの支配層や商人たちです。

寄生階級は生産をしないので、田園や牧場に住む必要がありません。彼らが生活する場として都市が生まれます。都市とは基本的には寄生階級の住む所です。ここから先の展開は、多くの本に書かれている通りです。都市ができて都市国家ができ、そして国が生まれると。

ドメスティケーションという概念は、比較的新しいものですが、自然を支配したい、自然界の原理も支配したいと、並はずれた大きな脳を有する人類が考えるようになったという学説は、とても腑に落ちます。

ドメスティケーションにより新たな発展段階に入った人類は、五〇〇〇年近い年月をかけて、ふたつの社会に分化して行きます。メソポタミアの南部では犂が発明され、農耕社会が成立します。一方メソポタミアの北方に広がる草原地帯では騎馬の普及に伴って、遊牧社会がその姿を現してきます。

第一部　第一千年紀―第二千年紀

第一章　文字の誕生と最初の文明

最初の第一千年紀にはメソポタミアで文字が誕生し、やがて人類最初の帝国が生まれます。この時代は「肥沃(ひよく)な三日月地帯」に世界の総生産（ＧＤＰ）の過半が集中していたと考えられています。メインキャラクターは、活気あるシュメールの都市国家群と、安定したエジプトの古王国、そして清潔なインダスの都市国家群です。

〔1〕文字の発明はトークンから

文字の発明は、ドメスティケーションの完成から五〇〇〇年以上が経過したのちに、メソポタミアに史上初めての都市国家群を成立させたシュメール人の手によってなされました。ＢＣ三五〇〇年頃のことです。

それは交易の過程から生まれました。

例えば僕が商人で、ユーフラテス川の近くで麦を売っていたとします。当時は物々交換です。それでAさんに麦の束を三つ売った。その代金はAさんの羊に子供が産まれたら一匹もらうことです。それを忘れないために、粘土のボールを三個、粘土のカップ（ブッラ）に入れました。次にBさんに、麦の束を七束売りました。代金は、Bさんの牛が子供を産んだら一頭もらうことです。忘れないために、別のブッラに粘土のボールを七個入れました。このようにたくさんの人と商売をしていくと、ブッラがどんどん並んで、わけがわからなくなります。

そこで僕は考える。ブッラに入れるボールに、Aさんの印やBさんの印をつけるのです。Aさんは○で、Bさんは△とします。そして○印をつけたボールを三個、△印をつけたボールを七個、同じブッラに入れておけばよいことに気づきます。こうしておいて、羊が産まれたり、牛が産まれたとき、ブッラの中を点検すれば、商売が完結するわけです。

この粘土ボールにつけるAさんの印は、僕が「これはAさんだ」とわかる印を選びます。その人の呼び名にするのがいちばん間違いが少ないですね。中村さんと吉田さんとか。しかし、大昔に抽象的な名前はなかったでしょうから、鼻が大きい人はハナさんだったり、山に住む人はヤマさんだったり、単純で具体的な呼び方だったと思います。その呼び名を絵文字のような記号にして、粘土ボールに書き込んだのです。このように利用された粘土製のボールをトークン（代用貨幣）と呼びますが、これが後世のコインやチケットの原形になります。

このトークンが発展して世界最初の文字が生まれたという学説は、アメリカのデニス・シュマント＝ベッセラという女性の学者が提唱したものです。

このトークンの絵文字を、葦（あし）や金属の筆記具で粘土板に刻み込んだのが楔形（くさびがた）文字でした。刻み込まれた線が楔の形に似ているので、このように呼ばれたのです。最初は絵文字のような表意文字でしたが、やがて表音文字に変化しました。シュメール人は楔形文字によって高い文明を築きました。一年を十二カ月にしたり一週間を七日に定めたのは彼らです。帆船やろくろ、ワイン、ビール、建物の定礎式なども彼らの発明でした。世界の総人口は約一〇〇〇万人の時代です。

〔2〕メソポタミアから文明が始まった

文字を発明したメソポタミア文明は、ティグリス、ユーフラテス川の流域で発達し

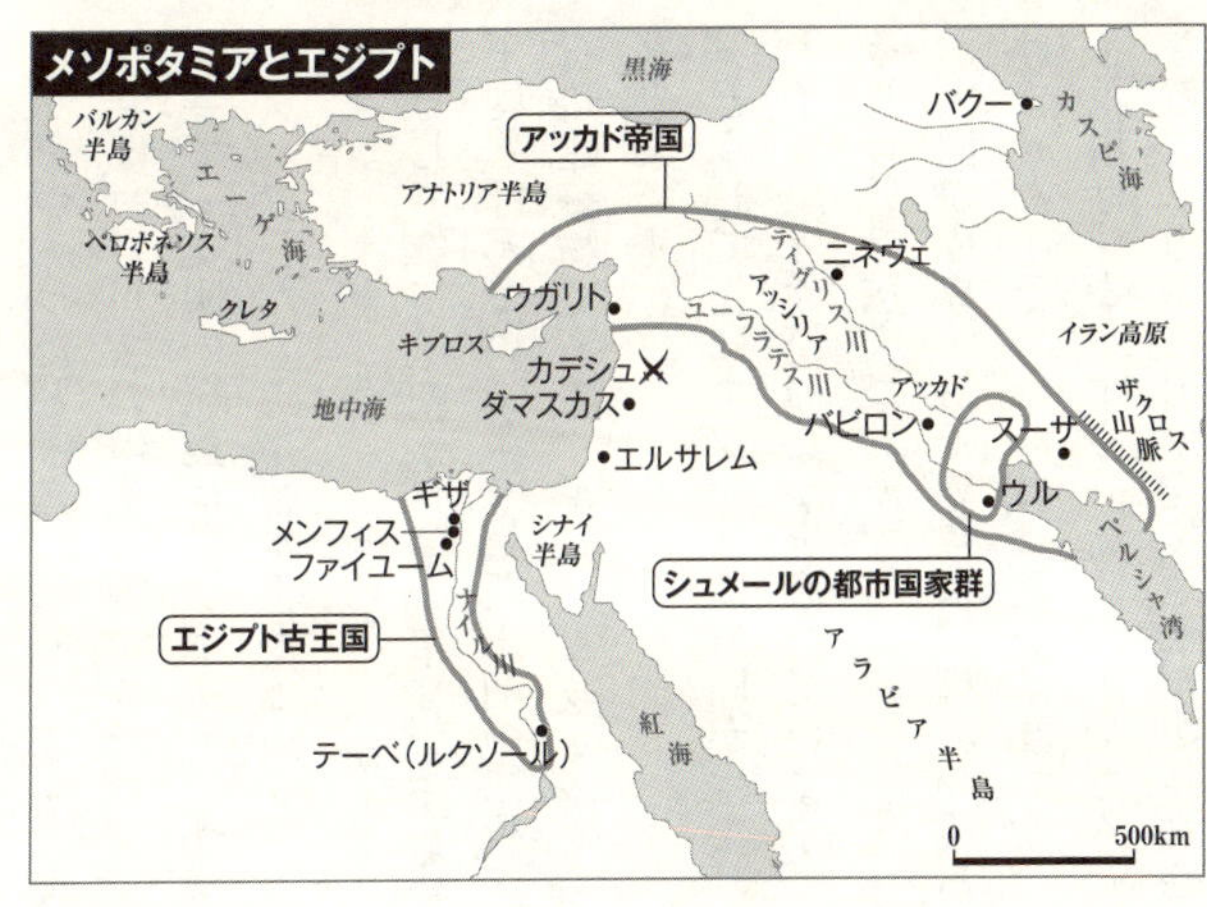

ました。川が近いと人間が住みやすく、交通にも便利で、穀物や果樹などの植物が栽培しやすいという利点があるからです。同様のことがエジプトのナイル川にも言えます。エジプトも豊かな土地で古くからの穀倉地帯でした。

ただ、メソポタミアとエジプトの関係を見ると、文明が発達するのはメソポタミアがひと足先です。メソポタミアは、世界でもっとも早くシュメール人の都市国家がつくられ、農業や交易が発達しました。エジプト人は、メソポタミア文明に刺激され、メソポタミアへの対抗意識からエジプト文明を発達させました。楔形文字がエジプトに伝わったときも、そのまま使うのは癪だということで、独自の象形文字、ヒエログリフをつくったと考えられています。楔形文字は粘土板に刻まれましたが、ヒエログリフはパピルスの繊維に書かれたり、石板に刻まれました。

さて、文明の発達はメソポタミアが早かったのですが、大国が先に成立したのはエジプトでした。ナルメル王が上エジプトと下エジプトをBC三〇〇〇年頃に統一したのです。

そして第三王朝から第六王朝に至る約五〇〇年間（BC二六八二―二一九一頃）を古王国と呼んでいます。第四王朝の二代クフ王の時代には、現在に至るまで世界最大の石造建築物である、ギザのピラミッドがつくられました（BC二五五〇頃）。一種の公共事業です。

どうして先にエジプトに大国が生まれたかといえば、地理的な条件によるものです。ナイル川は砂漠のなかを流れています。その両岸地帯は豊かな緑に恵まれていますが、それ以外は広大な砂漠です。

大国が成立するためには、権力の後ろ盾となる大量の余剰生産物を集めなくてはいけません。そのためには道が必要です。エジプトの場合、それはナイル川でした。ナイル川は、まっすぐで高低差が少なく、流れもおだやかなので大量の物資を運べます。さらに、川岸に山や丘陵地帯がありませんから、要所要所に警備兵を置いておけば守りやすい。こうして「点」の都市国家が、水路、陸路という線によって結ばれることで、初めて「面（大国）」を支配できるのです。

さらに毎年の洪水が、上流から肥沃な土壌を運んできてくれました。ヘロドトスの言葉にあるように、エジプトはまさに「ナイルの賜物（たまもの）」だったのです。

一方で、ティグリス川とユーフラテス川は緑地帯を走り、流れも早く、周囲には丘や森があります。ですから盗賊の隠れる場所も多く、さらに上流にある山地に住む住民が豊かな川沿いの地を襲うこともしばしばでした。加えてシュメールの都市国家は、ジッグラト（塔）に独自の守護神を祀（まつ）り、互いに覇権争いをしていました。こうした条件が重なって、誰も大量の余剰生産物を集めることができず、メソポタミアにはなかなか統一国家が現われませんでした。

メソポタミアとエジプトから五〇〇〇年ほど遅れて、インダス文明が興（おこ）りました。ちょうどエジプト古王国で、大ピラミッドがつくられていた頃です。

この五〇〇〇年という歳月は、文明がメソポタミアから出発して、ペルシャ湾を経由して海沿いにインドまで行き、インダス川を遡（さかのぼ）って伝わっていったという時の流れを物語っています。インダス文字はまだ解読されていないので、大規模で衛生的で整然とした見事な都市国家を残したインダス文明が、いかなる人々によって建設されたものかは、まだ十分に解明されていません。

僕たちは、メソポタミア、エジプト、インダス、黄河(こうが)の四大文明は、それぞればらばらに興ったと教わりました。

しかし今日では、世界最古のメソポタミア文明の刺激を受けながら、各地の文明が興ったと考える学説が有力になっています。それぞれの文明の特産品が、各地の遺跡の中からたくさん出てくるからです。特に、メソポタミア、エジプト、インダス川流域は、想像以上に密接に結びついていたようです。

また、遠く離れた黄河文明についても、青銅器やチャリオット（二輪戦車）などは、メソポタミアから中央アジアを経て伝わったことが、今日ではほぼ確実な事実として理解されています。

〔3〕アッカド王サルゴン、人類最初の帝国をつくる

メソポタミアは、北部をアッシリア地方、南部をバビロニア地方と呼びます。さらにバビロニア地方を二分して、その北部をアッカド地方、南部をシュメール地方と呼

びました。

そして、世界最古のシュメールの都市国家群を滅ぼして、メソポタミア地方全域からアナトリア半島西部まで遠征したのが、アッカド王サルゴンでした。メソポタミアで初の統一国家、アッカド帝国が出現したのです。BC二三三四年のことでした。

アッカドは史上初の帝国となりました。なお本書では、複数の異なる言語を話す民族を統合した政権を、慣用に従って帝国と呼びます。アッカドとシュメールは南北に隣同士ですが、言語も民族も異なっていました。

帝国にとって何が必要かといえば、共通語です。これがないと国の統一ができません。ここでリンガ・フランカ（共通語）という概念が出てきます。こうしてアッカド語が、人類最初の共通語になりました。

さて、サルゴンは、当時の最先進地域を統一しただけに、多くのエピソードを残しています。粘土板の記述によると、サルゴンは世界で初めて動物園をつくり、そこにはインダス川の水牛もいたそうです。なぜ動物園をつくったのかについては、次のように考えられています。

言語が異なる民族を征服して、統一帝国をつくったということは、すべての人間を支配したことを意味します。すべての人間を支配すると、次はすべての生き物を支配しようと思い立ち、動物園をつくる。さらに進むと過去もすべて支配したいと思い、文物の収集へと至ります。アッシリア王は大図書館をつくり、中国・清の康熙帝は『康熙字典』という空前の大漢字辞書をつくる。ナポレオンのルーブルや大英帝国の大英博物館も、すべて同様の意志から生まれています。サルゴンは、まさにその先鞭をつけたのです。

もうひとつのサルゴン伝説は、彼は巫女が産んだ子供で、葦の籠に入れられてユーフラテス川に流され、庭師に拾われたという話です。この話は、聖書のモーゼ誕生譚にそのまま転用されています。

さらにサルゴンの孫であるアッカド帝国四代のナラム・シンは、自分は神であると宣言しました。後世に王権神授説が出てきますが、世界で最初に自分が神であると宣言した君主は、このナラム・シンです。

アッカド帝国は一五〇年ほど続き、その後、シュメール人がメソポタミアを再統一します（ウル第三王朝、BC二一一二―二〇〇四）。初代ウルナンムは、世界最古の法典をつくり、二代シュルギは道路を整備しました。そのウル第三王朝も一〇〇年少しで衰え、メソポタミアは再びいくつかの民族の都市国家が入り乱れた分立時代に入っていきます。

〔4〕なぜ人間は交易をするのか

ドメスティケーションによって、食料や生活に必要なもの（毛皮や土器や工具など）が蓄積されると、人間は交易（物品の交換）を始めるようになります。なぜかと言えば、それは自分の生きている生態系だけではこれ以上発展しない（生態系が貧しい）ことを本能的に理解していたからです。

生態系とは、生物群集やそれらをとりまく環境を、閉じた系とみなした言葉です。つまり、まとまった地域に生存する植物や動物、そして埋蔵されている鉱物、さらには気候や風土の特徴などを指します。生態系が貧しいという意味は、花の数が蜜蜂の数を決めるように、そのなかの資源を一〇〇%使い切っているからです。

日本でいちばん最初に文明が興った北九州には鉄がありませんでした。北九州の人たちは、石器で木を削り、農具をつくって畑を耕していたのです。

ところがお隣の朝鮮半島には鉄がある。鉄器で耕すと仕事も楽だし、耕せる田畑の面積も広くなる。収穫量も圧倒的に多くなる。そのことを島伝いに噂で聞いた北九州の人たちは、朝鮮半島まで丸太舟で出かけていきます。おそらく交換品として海産物などを持って行ったのでしょう。こうして鉄を得て、北九州の文明は一段と発展しました。人口も急増したと考えられています。

これが交易の基本パターンです。自分の生態系に欠けているものを、近くの生態系から持ってくる。余剰生産物を持って行き、交換しようと持ちかける。

こうして、物々交換という、お互い対等な立場で行なう交易が自然発生的に生まれたのです。

次にもう一つのパターンが生まれてきます。威信財交易という形態です。生活を豊かにするのが目的ではなく、君主同士がみずからの威信をかけて行なう交易です。

余剰生産物が蓄積できるようになって、貧富の差が生まれると、あちらこちらに君主が誕生します。すると、君主同士の心のなかに競争心が芽ばえます。俺の豊かさを見せつけてやろうと思うのです。それで、美女とかおいしい食べものを持って訪ねていく。

俺はお前より豊かで強い、と意思表示をするのです。相手の君主は贈り物を見て、これは負けたと思ったら、家来になります。なんだ、このレベルか、と思ったら倍返しをする。すると倍返しをされたほうが、あわてて家来になる。

威信財交易も、普通の交易を行なっているうちに、お互いの文化圏の情報が伝わって始まったのだと思います。豊かで強い君主がいるという情報が入ってきて、腕試しという発想が生まれてきたのでしょう。

ちょっと横道にそれますが、豊かになるためには交易よりも戦争したり強奪したほうが早いのではないか、という考え方があります。しかし実は、戦争や強奪はコストが高いのです。

人間の身体（からだ）の大きさには、ほとんど差異がありません。火器のような武器がなかったら、一人が一人を殺すのには大変なエネルギーがいります。そんな難儀なことをするよりは、お互いに物を交換するほうが効率的なのです。交易は、素朴で賢い方法だったと思います。

第二章 チャリオットによる軍事革命

第二千年紀の前半は、肥沃な三日月地帯において大国の興亡が本格的に始まる時代です。エジプトでは中王国が覇権を握りますが、チャリオットを持ち込んだヒクソスによって滅ぼされます。メソポタミアではバビロニア王国が第三の統一王朝をつくりますが、ハンムラビ王の死後に分裂し、鉄器を手に入れたヒッタイトによって滅ぼされます。またインダス文明も気候変動によって約八〇〇年の繁栄に終わりを告げます。

〔1〕東地中海に君臨し、ギリシャ文明のもとになったエジプト中王国

古代のエジプトはその長い歴史の中で、三回にわたって強大な統一王国の時代をつくります。

・古王国（第三―第六王朝）ＢＣ二六八二―ＢＣ二一九一頃
・中王国（第一一―第一二王朝）ＢＣ二〇四〇―ＢＣ一七九四頃
・新王国（第一八―第二〇王朝）ＢＣ一五四〇―ＢＣ一〇七〇頃

この時代に登場するのは中王国ですが、ファイユーム地方の干拓を行ない、二五〇年ほど続いた中王国については、日本ではさほど言及されません。古王国（ピラミッド）や新王国（ルクソール神殿）のように、目立った遺跡を残していないからでしょうか。

実は、中王国は東地中海に君臨する大帝国でした。地中海のクレタ文明に影響を与え、ギリシャ文明のもとになったのは、ほかでもない中王国の文明なのです。クレタ文明はエーゲ文明とも呼ばれますが、その有名な遺跡にクノッソス宮殿の迷宮があります。これは中王国で、葬祭殿（そうさいでん）の前庭を迷宮にする慣習が伝来したものでした。

また、ギリシャ神話のトロイア戦争を描いたホメロスの『イーリアス』には、エチオピアのメムノン王がトロイアの加勢にやってきたと書かれていますが、このメムノン王は、中王国の最盛期をつくった実在の君主、アメンエムハト三世がモデルになっているようです。アメンエムハト三世はシリア方面まで征服したようで、その記憶が『イーリアス』の記述につながっているのでしょう。

〔2〕中国の二里頭文化は伝説の王朝「夏」か

中国に視点を移すと、約一万年前に長江流域でドメスティケーションが始まり、BC二〇〇〇年前後から、黄河中流域にある現在の二里頭という町の周辺に都市国家が生まれました。この国が中国の伝説に語られる最初の王朝、夏ではないかと推測されています。

その根拠は、ヒスイなど美しい貴石でつくられた玉器や青銅器が二里頭から多量に出土したことです。これらは日常生活では使い途がありませんから、神様を祭るためか、あるいは威信財交易に使われたのではないか。都市国家規模であるにせよ、ある程度の大きな権力がなかったら、人が生きるために不要なものをつくる余裕はありません。そう考えると、二里頭周辺の町一帯を治めた都市国家があったのではないか、という推測に至るわけです。

しかし、この国を夏と断定しきれない理由は、文字がないからです。黄河流域に文字を持つ国、商（殷）が登場するのは、もう少し後になります。

メソポタミアに生まれた文字を持つ文明が、海路インドへ伝播するのに五〇〇年前後かかりました。さらにその時点から一〇〇〇年ほど後に、黄河中流域に甲骨文字を持つ商が生まれます。遊牧民の手から手へ、メソポタミア文明が商に陸路で届いたことを示す典型的な痕跡が残っています。宦官の風習です。

遊牧民は羊や馬を飼って生活しています。当然、強い羊や馬の子供が欲しい。弱い子供が生まれてくるのを防ぐために、弱いオスは去勢しました。この習慣が人間に及んだのが宦官です。中国には、はるか昔に西アジアから遊牧民の血が入ってきているのです。

〔3〕ハンムラビのバビロニア王国、メソポタミアを統一

メソポタミアでは、BC一〇〇〇年代に入る頃に、アムル人のバビロニアが強力になってきました。

バビロニアは、北のアッシリアを破り、六代の王ハンムラビ（在位：BC一七九二―一七五〇）の治世の中頃に、メソポタミア全域を統一します。

アッカド、ウル第三王朝に次ぐ三番目の統一王朝です。ハンムラビは、「目には目で、歯には歯で」（タリオ。同害刑）という言葉で有名なハンムラビ法典を残し、強力な中央集権国家を築きました。ちなみに人類最古のウルナンム法典（ウル第三王朝）では、「目には金銭で贖う（あがなう）」と規定されていました。

バビロニアは、アッカド語をリンガ・フランカとして、その首都バビロンは大いに栄えました。ところが、ハンムラビが世を去ると、バビロニア王国も衰えていきます。統一王朝としては、わずか二〇年ほどの栄華でした。そしてメソポタミア地方は、またしても群雄割拠の様相を呈して、小国分立の時代を迎えます。

〔4〕ヒクソスのチャリオットがエジプト中王国を圧倒

ちょうど同時期にエジプトでも、中王国が分裂状態となります。そこにヒクソスと呼ばれる人々が侵入してきて、中王国を倒します。エジプトの地に初めて異邦人の王国が誕生しました。

ヒクソスとは「異国の支配者」という意味ですが、その正体は、アッカドやバビロニアと同じセム族に属する人々であったようです。彼らは強力な武器、馬で引くチャ

テーベの葬祭殿に描かれたチャリオットに乗るラムセス３世のレリーフ
（The Art Archive/時事通信フォト）

リオットで武装していました。

ユーラシア中央の草原地帯で、BC四〇〇〇年頃に蒙古馬が初めて家畜化されました。初めは食用でしたが、やがてその走力と牽引力が注目されました。そこでメソポタミアから伝わっていた車輪と組み合せて、馬が引く二輪の戦車、チャリオットが発明されたのです。御者と戦士が乗り、戦士が矢を射ます。

ヒクソスや中国の商はこの戦車で敵を制圧し、インドに侵入したアーリア人たち（後述）も、これを武器としました。とにかくスピードがあり、歩兵が走るより圧倒的に早い。戦争はなんといってもスピードです。

紀元前の世界ではチャリオットが最強の武器でした。チャリオットの導入は、第一次軍事革命と呼ばれています。

エジプト中王国が滅びた頃、インドでは気候の変動によりインダス文明が滅びてしまいます。約八〇〇年の繁栄でした。

〔5〕鉄器を手にしたヒッタイトがバビロニア王国を滅ぼす

これまで、メソポタミアに登場してきた民族は、アッカド、バビロニア、アッシリアなどのセム語族でした。もうひとつは、古代エジプト語やベルベル語などを話す北アフリカのハム語族です。この二つの語族をまとめて、アフロ・アジア語族と呼んでいます（シュメールの系譜は不詳）。

ここに、もうひとつの語族が登場します。インド・ヨーロッパ語族です。このグループにはヘレニック語派（ギリシャ語など）、イタリック語派（ラテン語など）、ゲルマン語派、スラヴ語派、インド・イラン語派などが含まれます。彼らの故郷はカスピ海の北部地帯だったのでしょう。要するに遊牧民です。だんだん人口が増えてきて、もっと暖かい所へ行こうと、草原沿いに南西部へ移動を始めました。その最初がヒッタイト人でした。

けれども暮しやすそうなメソポタミアやシリア方面は、当時の先進地域で、強力な民族がたくさん居住しています。侵入しても勝てそうにないので、現在のトルコ共和国があるアナトリア半島へ迂回しました。しかし、これが幸運を呼びます。

アナトリア半島には鉄が産出したのです。そして、そこではいち早く、先住民族が鉄器を生産し始めていました。ヒッタイト人はその技術を学んで、鉄器の生産技術を高め強力な武器をつくり、アナトリア半島を支配しました。さらに周辺の、まだ青銅器で武装していた諸族を打ち破り、バビロニア王国を滅ぼしました（BC一五九五）。しかしここで息切れしてしまい、バビロニアを支配し続ける力はありませんでした。

また同じインド・ヨーロッパ語族の一部が、エジプトをめざしましたが、ここも強力なのであきらめて、ギリシャに向かいます。そして、ギリシャのペロポネソス半島にミケーネ文明を興しました。ミケーネ文明は、クレタ文明を受け継ぎつつも軍事色の強い文明であったようです。

第三章　黄河文明の登場とBC一二〇〇年のカタストロフ

第二千年紀の後半には、歴史の新たな主人公としてユーラシアの東方に黄河文明が登場します。肥沃な三日月地帯では大規模な民族移動（海の民）により大国が一斉に衰え、BC一二〇〇年のカタストロフと呼ばれる権力の空白が生まれます。その空白を埋めたのが、フェニキア人、アラム人など小国の人々でした。一方、インドにはアーリア人が侵入し、ガンジス川流域まで支配します。

〔1〕エジプトは新王国へ

エジプトでは、中王国を滅ぼしたヒクソスを倒して、BC一五四〇年に新王国が始まりました。

その頃のメソポタミアは、アナトリアのヒッタイト、ザクロス山脈からバビロンに侵入してきたカッシート（バビロン第三王朝）、そして北メソポタミアにフルリ人が建てたミタンニ、この三王国が覇を競う分裂状態になっていました。

エジプト新王国は、この三国並立によるメソポタミアの混乱状態を利用して、中王国同様、その勢力をシナイ半島から東地中海へと拡大しました。

かくて新王国は、古代エジプト三〇〇〇年の歴史を通じての極盛期を迎えます。特に第一八王朝九代アメンヘテプ三世は、ルクソールの大神殿を完成させました。なお、彼の母はミタンニの王女でした。そして新王国の都テーベは、「百塔の町」として栄えます。

王をファラオ（大きな館（やかた）の意）と呼ぶことや、テーベの西岸にある王家の谷（墓所）、パピルスに書かれて残された宗教文書『死者の書』なども、新王国時代のものです。

なお、先に登場したカッシートとミタンニを建国したフルリ人については、今日でも、その言語と民族については定説がありません。フルリ人キックリは、チャリオットを引く馬の調教についての文書を残したことで知られています。

〔2〕黄河文明、興る

中国では、メソポタミアやエジプトから約一五〇〇年遅れて黄河文明が興りました。世界で最も美しい文字と評される甲骨文字（亀甲獣骨文字）が出現したのです。この頃アメリカでもアンデス文明やメソアメリカ文明（メキシコ）の萌芽が見られます。

甲骨文字を発明した商は何度か遷都しました。その最後の都は大邑商でした。大邑商は、現在の河南省安陽の地にあり、その安陽の殷墟という場所から、大量の甲骨文字が発見されたのです。このことから商は殷とも呼ばれています。

ところで当時の中国には九つ前後の文化地域があったと考えられています（「九州」）。その中で文字が登場したのは、黄河中流域の「中原区」とよばれた地域だけでした。そして、夏の国があったとされる場所も、商のあとに登場する周も、この「中原区」にありました。より古い長江文明は文字がなかったため記録されることはありませんでした。

伝説では、夏の国王が九州の首長たちに銅を献上させて、それで九つの鼎を製作し、そこに九州それぞれの王位の象徴とする鬼神の顔を鋳込んだそうです。この九つの鼎を夏の国王は自分の権力の象徴として、祭っていました。この九つの鼎は、夏を滅ぼした商に受け継がれ、さらに周にも伝えられました。そして周が秦に滅ぼされたとき、川に沈んでしまいました。始皇帝は、この権力の象徴を失いたくないので必死に捜したが見つからなかった、という話が伝えられています。

鼎とは三本足、四本足の釜のことですが、商で神に食物を捧げる祭器として発達しました。

〔3〕世界最古の国際平和条約

さて、メソポタミアではヒッタイトが、再び強勢になってきました。ヒッタイト王ムワタリはエジプトと関係の深いミタンニを下して、エジプト王ラムセス二世と対戦しました。場所はシリアのカデシュという場所です（カデシュの戦い、BC一二八六）。

この戦いの勝者はヒッタイトだったと思われます。というのは楔形文字の記録では、いまのシリアやパレスチナのあたりが、戦後、ヒッタイトの行政区分になったことがわかるからです。

結局、両国は同盟関係を結び和解しました。これは世界最古の国際平和条約といわれています。ヒッタイトにとっては、メソポタミア北部で台頭してきたアッシリアという新しい敵の出現も、和解の原因になっていました。

こうして、東地中海からメソポタミアまで波瀾（はらん）含みのまま時は経過していきましたが、やがて大きな変動の波が襲ってきます。

〔4〕海の民、東地中海を襲う（BC一二〇〇年のカタストロフ）

BC一二〇〇年代の終わり近く、突然の嵐（あらし）のように大規模な民族移動が東地中海を襲いました。彼らは、「海の民」と総称されていますが、その言語系統や民族は不明です。海の民はヒッタイトを滅ぼし、ギリシャのミケーネ文明を破壊し、さらに地中海を東に進んでシリアを攻撃しました。そして地中海の交易を支配していた大都市国家ウガリト（現在のシリアのラス・シャムラに存在）を滅ぼし、さらにエジプトに大きな打撃を与えました。

一方メソポタミア内陸部では、バビロニアを支配していたカッシートが、隣国ペルシャから襲ってきたエラム人によって滅ぼされました。この時エラムの都スーサに持ち去られた財宝の一つが、現在ルーブルが所蔵しているハンムラビ法典です。

気候変動によって、北方の民が食べ物を求めて南下したことで、民族間の玉突き現象が生じ、その結果、大規模な民族移動が起きた。海の民と呼ばれた人々は、アナトリア半島やバルカン半島から押し出された人々だったのではないか。今日では、そのように考えられています。現在のヨーロッパが直面している難民にも似た問題ですが、歴史を動かしてきた大きな原動力は人々の移動なのです。

こうしてBC一二〇〇年前後に、ヒッタイトもミケーネもウガリトもさらにカッシートも、きれいさっぱり消えてしまいました。

これを「BC一二〇〇年のカタストロフ（破局）」と呼んでいます。

〔5〕ヒッタイトの滅亡により鉄器時代が始まる

ところで、海の民によって滅ぼされたヒッタイトは、鉄を強力な鋼（はがね）に鍛える技術を持っていました。その技術で農器具や武器をつくり、農業の生産性を上げ、戦争に勝利して、大国になったのです。

ヒッタイトは、この技術を秘密にしていました。鋼を製作できる職人たち、この特殊技能集団を門外不出としていたのです。ところが、ヒッタイトが滅んでしまったので、職人たちは解放されました。彼らは地中海全域に散っていきました。

こうしてメソポタミアも地中海沿岸も、本格的な鉄器時代に突入していきました。青銅器時代が終わったのです。

〔6〕フェニキア人が活躍　辺境の地で生まれたアルファベットが広まる

森で大木が何本も倒れると、そこに日が射し込んで小さい木がたくさん芽生えるように、強国がみんな倒れたカタストロフの後、小さい民族が登場してきました。フェニキア人、アラム人、ヘブライ（ユダヤ）人などです。

フェニキア人はウガリトの交易圏を受け継いで、現在のシリアやレバノンの港湾都市部を根拠地に地中海交易を広げました。アラム人は、フェニキア人が地中海交易で獲得した商品をメソポタミアまで運んで、内陸部の交易を担当しました。その中心地はシリアのダマスカスでした。アラム人は、肥沃な三日月地帯の交易をほぼ独占します。そして彼らの言語であるアラム語は、メソポタミアで広く話される第二のリンガ・フランカになっていきます。ヘブライ人はこの頃、現在のエルサレムに小さな町をつくります。ダビデやその子ソロモンの時代です（イスラエル王国）。考古学者によると、当時のエルサレムの人口は一〇〇〇〇人ちょっとぐらいであったようです。

フェニキア人はアルファベットを使ったことでも有名ですが、最古のアルファベットの誕生はBC一八〇〇年代の原シナイ文字まで遡ります。当時、メソポタミアには楔形文字の文化があり、エジプトにはヒエログリフがありました。シナイ半島は、メソポタミアとエジプトの中間にあります。そこに住む人々は、メソポタミアとエジプトの両者と交易をしていましたから、いつも楔形文字とヒエログリフで苦労していました。そこで、もっと簡便な文字をと考えて編み出されたのがアルファベットでした。全言語を二十六文字で表すことのできるアルファベットという人類の偉大な発明は、メソポタミアとエジプトという二大文明がぶつかる辺境で生まれたのです。

〔7〕アーリア人がインドに侵入　バラモン教や『リグ・ヴェーダ』が成立

インド・ヨーロッパ語族については前章で触れましたが、このなかのアーリア人が、インドに侵入しました。インダス文明が滅んだのはBC一八〇〇年頃ですが、アーリア人がインダス文明の中心地パンジャブ地方（インダス川中流域）に入ってきたのは、それよりも三〇〇年ほど後になります。アーリアとは高貴な人の意味で、もちろん自称です。

アーリア人はインドに定住する頃から、四つの階級（ヴァルナ）を形成するようになりました。彼等は、雷神（インドラ）や火神（アグニ）などの男神を崇拝していましたが、その宗教はバラモン教と呼ばれました。このバラモン教の司祭階級をバラモンと呼び、最も高い階級に位置しました。次の階級は戦士（貴族）でクシャトリヤ、次いで農民や商人をヴァイシャ、被征服民である奉仕者階級をシュードラと呼びました。さらに後には、その下に不可触賤民（ダリット）も置かれます。

彼らはパンジャブ地方から東方のガンジス川流域に広がっていきました。戦争の武器はチャリオット、そして産業は鉄製の犂を牛に引かせる農業が中心でした。アーリア人がインド北部の豊穣な土地に定住するようになって、リグ・ヴェーダという神に捧げる賛歌集が作られました。平たく言えばアーリア人の神話です。このなかには、のちに仏教の神様になる祖形がたくさん登場します。あの閻魔大王（死界の王ヤマ）もいます。

崇拝の中心は男神で、ギリシャの神々と似ています。同じ語族なので当然なのでしょう。また火の神を大切にしているのですが、これは彼らの遠い父祖の出身地がカスピ海の北方だったからだと思います。

彼らは南下してくるとき、カスピ海の西岸、アゼルバイジャンのバクー地方を通ったと思うのです。あのあたりは石油の産地で、自然発火が見られます。古代人である彼らは、それを見て神を連想したのではないでしょうか。それがインドの火の神アグニであり、ペルシャではゾロアスター教（拝火教）となって発展したのでしょう。いまでも拝火教の最古の火はバクーの拝火教神殿のなかで燃えています。そしておそらくこのインドの伝習は、日本の延暦寺（えんりゃくじ）の不滅の法灯にも引き継がれているのでしょう。やがて、アーリア人はイランの地にも入ります。イランとはアーリアがなまったものです。

〔8〕中国で商周革命が起きる

甲骨文字をつくり、青銅器文明を発達させて約五〇〇年間君臨した商は、BC一〇二三年、牧野（ぼくや）の戦いで周に滅ぼされます。

この戦いは、「商周革命」と呼ばれる大きな社会的、文化的な変動をもたらしました。

まず神様の性格が変化しました。中国の神様は太陽神が基本です。長江中下流域の稲作文化と黄河中流域の雑穀文化のところへ、はるばるメソポタミアから、チャリオットや宦官などが入ってきました。ここに農耕文明と遊牧文明がぶつかりあって、夏や商が建国されました。しかし文明の中心は、大量の収穫がある稲作や雑穀でした。農作業には暦(こよみ)が欠かせません。暦の軸は太陽です。太陽が権威の象徴となり、権力と結びついて神様の素朴な形になった。この神様を、商では自分たち商王朝の祖先たちと同一視して「帝」などと呼んでいました。「帝」には祖先崇拝が含まれていたのです。

ところが周になると、神様を「天」と呼ぶようになりました。「天」は「帝」より抽象的で、人智(じんち)を越えるものになった。周になって、神様は人間臭を洗われたと言えるでしょう。

神様の呼称や考え方が変化することで、政治にも大きな変化が起こりました。商時代の祭政(さいせい)一致政体から、祭政分離が行なわれたのです。

商は、戦場で敵と対峙(たいじ)すると、まず巫女(みこ)たちを最前線に並べます。そして呪文(じゅもん)を唱えさせて、それから戦いを始めたのです。

また戦争の前には、亀(かめ)の甲羅や牛の肩甲骨(けんこうこつ)を焼いて、そこに生じる割れ目によって勝敗を占いました。しかし、戦争の準備を整えてから亀の甲羅を焼いてみて、凶を示す割れ目が出たら困ります。だから甲羅に裏側から細工をしていたのです。見えないように削って割れ目を入れて、「勝利」という予言の割れ目が出るようにしていた。それが周以降は、平たく言えば、君主が「戦え！」と言えばそれで済むように変わるわけです。

それから、語順が変化しました。商の時代には「帝辛」、すなわち「辛という名の帝」でしたが、周以降は「武王」とか「始皇帝」と呼ぶようになります。「武という名の王」です。つまり修飾語と被修飾語の関係が入れ替わったのです。このように商周革命は中国社会に大きな変化をもたらしました。

第二部　第三千年紀

第一章　世界帝国の時代

第三千年紀は、政治と文化のふたつの面から見ておきたいと思います。まずは政治です。

BC一〇〇〇年を過ぎると、新たに大きな帝国がいくつも生まれます。そうした国々は前の時代よりも広大な領土と、多くの民族を支配するようになりました。そこで、この時代を「世界帝国の時代」と呼ぶことにしましょう。権力の空白地帯だったメソポタミアに最初の世界帝国が生まれ、次にペルシャに登場した空前の世界帝国によって、人類は初めてグローバリゼーションを体験します。

その影響でインドにも大帝国が成立し、第三千年紀の後半になると、今までにないスケールの大国であるローマ帝国や中国の秦(しん)が登場します。肥沃(ひよく)な三日月地帯が占めていた圧倒的な優位は徐々に過去のものとなり、中国、インド、ペルシャ、ローマの四極体制ができあがっていきます。

一方、騎乗が一般化し、乗馬服や移動式家屋など遊牧民を支える技術が進化したことで、草原地帯に遊牧国家が成立します。その嚆矢（こうし）がスキタイです。安い鉄製の弓矢と騎兵の高い軍事能力によって、チャリオットを過去のものにした遊牧国家は、これ以降、銃が広く普及するまでユーラシアの歴史を塗り替える原動力であり続けます。

〔1〕最初の世界帝国アッシリア

アッシリアは、北メソポタミアでBC二〇〇〇年頃から都市国家をつくっていましたが、BC七二〇年頃から急速に国力を伸ばし、その後の約一〇〇年間に絶頂期を迎えました。サルゴン二世はアナトリア半島のウラルトゥ王国を破り、南北に分裂したイスラエルの北王国を接収します。ウラルトゥは、鉱山技術からカナート（カレーズ、フォガラ）と呼ばれる灌漑（かんがい）設備（地下用水路）の技術を開発したことで知られています。サルゴン二世の後もセンナケリブ、エサルハドンと有能な君主が続きます。エサルハドンは、初めてメソポタミアからエジプトまで遠征して闘い、勝利を収めました。しかしアッシリア軍が引き上げると、エジプトは叛乱（はんらん）を起こします。

エサルハドンに次いで登場したのが、アッシュールバニパル（在位：BC六六八―六二七）です。

彼は二度にわたってエジプト遠征を行ない、エジプト王の一族をナイル川のはるか上流まで追い払ってしまいました。さらに、現在のイラン南部に栄えていたエラム王国を攻撃して、その都スーサを落とし滅亡させました。

こうしてアッシリアは、アッシュールバニパルの時代に史上初めての世界帝国を成立させ、その都ニネヴェは空前の賑わいを見せました。

けれども、名君が出て、あっという間にとてつもなく広い領土を征服すると、政治も軍事も、すべて名君のカリスマ性や知恵、威令などに頼った状態になります。一方で、権力を長く維持するために必要な官僚制や軍事組織などはまだ十分に整備できていませんから、名君が死ぬと、たちどころに国は壊れてしまいます。こうしたことは昔からよくあったことで、アッシリアもその例に洩れませんでした。アッシュールバニパルがBC六二七年に死去すると、十五年後にアッシリアは滅亡します。

アッシリアを打ち破ったのは、カルデアとメディアの連合軍です。それはBC六一二年のことで、連合軍はニネヴェを陥落させました。カルデア人はバビロニアの地に新バビロニア王国を建てました。メディアはイラン高原に根拠を置く、アーリア系の

狩りをするアッシュールバニパル。腰に２本のペンを差している
（ニネヴェの宮殿のレリーフ。大英博物館蔵）

国でした。

腰に剣とペンを差したアッシュールバニパル、大図書館を建設

エジプトまで領地を広げて、アッシリア帝国の絶頂期をつくったアッシュールバニパルは、かなり個性的な君主であったようです。

彼がライオン狩りをしているときの石の浮き彫りが残っているのですが、それを見ると、後世のムガール朝の創始者バーブルのように、腰に剣とペンを差しています。自分が文武両道に秀（ひい）でた君主であることを誇っているようです。実際に、彼は自叙伝を書いたりもしています。

アッシュールバニパルは首都ニネヴェに大図書館を建設して、帝国全土からあらゆる文献を集め、そこに納めました。文献といっても、もちろん紙に書かれた本ではありません。楔形（くさびがた）文字を刻みこんで焼かれた粘土板です。それらは一九世紀半ば、大英帝国の探検隊によって図書館跡から発掘されました。シュメール以来の歴史が記された粘土板が、驚くほど多量に出てきたのです。

メソポタミアの歴史を語るとき、このニネヴェの図書館に集められた粘土板の文献が持つ比重は、限りなく大きいものがあります。例えば、この図書館から世界最古の文学といわれるギルガメシュ叙事詩が発見されました。ノアの箱船の原型となった洪水物語もそうです。

なおアッシュールバニパルはドラクロワの名画「サルダナパルの死」のモデルとも言われています。

ネブカドネツァル二世によるバビロン捕囚

アッシリア世界帝国が倒れた後、肥沃な三日月地帯ではしばらく四国並立の時代が続きます。新バビロニア、メディア、エジプト、そしてリュディアです。リュディアは、アナトリア半島のエーゲ海に面する小さな国ですが、世界で最初に金貨と銀貨を鋳造（ちゅうぞう）したことで知られています。

このなかから、頭ひとつ抜き出てきた国が新バビロニアです。そこに有能なネブカドネツァル二世（在位：BC六〇五―五六二）が登場します。

彼はメソポタミアからシリア、パレスチナまでの支配権を確立して、新バビロニアの極盛期を築きましたが（空中庭園やバベルの塔などに代表される新バビロニアの栄華の一端は、ベルリンのペルガモン博物館に復元されたイシュタル門から偲（しの）ぶことができます）、その過程でユダヤ人の国、イスラエルの南王国を滅ぼしました。

このとき彼は抵抗した住民の大部分を、新バビロニアの首都バビロンに強制移住させました。これが有名な「バビロン捕囚（ほしゅう）」の始まりとなります。なお、反抗する住民の強制移住は、古代から現代のスターリンまでよく行なわれてきた政策の一つです。軍隊を駐屯させるよりコストが安いと考えられていたのです。広い意味では江戸時代の参勤交代もそうです。

ところで、ネブカドネツァルをイタリア語になおすとナブッコとなりますが、一九世紀にイタリアの作曲家ヴェルディが『ナブッコ』という歌劇を作曲しています。これは「バビロン捕囚」を描いたオペラです。

『ナブッコ』は一八四二年三月にミラノ・スカラ座で上演されて大きな反響を呼びま

した。特にバビロンに拉致されたユダヤ人たちが、ユーフラテス川の畔に立って祖国への想いを歌う、「行け、我が想いよ、金色の翼に乗って」は、イタリアの第二の国歌と呼ばれるほどに人気のある歌になりました。当時のイタリアは、オーストリアの支配から脱して独立しようとする気運が盛り上がっている最中でしたから、祖国に寄せる想いを歌った「行け、我が想いよ」が、熱い感情をイタリア人に呼びおこしたのでしょう。

〔2〕ダレイオス一世が実現したグローバリゼーション

新バビロニアを中心とする四国並立時代は、現在のイランの地、ペルシャから興ったアカイメネス朝（ハカーマニシュ朝）によって終わりを告げます。

アカイメネス朝の創始者は、名君の誉れが高いキュロス二世（大王、在位：BC五五九―五三〇）です。

メディア、リュディアを征服し、新バビロニアを倒してその都バビロンに入ったとき、キュロスはバビロンのユダヤ人たちを解放しました。「バビロン捕囚」が終わったのです。

次のカンビュセス二世はエジプトを征服し、アッシリアに続いて二番目の世界帝国が出現しました。そして、この世界帝国をさらに発展させたのが、次に登場したダレイオス一世（大王、在位：BC五二二―四八六）でした。

ダレイオスは、世界で最初のグローバリゼーションを実現します。

まず彼はウル第三王朝のシュルギに倣って、道を整備しました。道は人間でいえば血管です。エジプトからインダス河岸まで広がる大領土は、軍隊がすばやく移動でき、伝令によって隅々まで情報が伝えられ、しかも商人が行き交わない限り維持はできません。広い地域を制覇しても、道がなければ国は機能しないのです。ダレイオスは「王の道」と呼ばれる道路網を国全体に張り巡らしました。これと同じことを考えたのが、のちの秦の始皇帝であり、ローマ帝国です。

次は共通語。圧倒的多数がアラム語を使っていたので、アラム語が第二のリンガ・フランカになりました。ダレイオス自身はペルシャ語を使っていましたが、全体を考えれば、人口の多くが話している言葉をリンガ・フランカにしたほうがコストが安くなると考えたのです。おそろしく開明的な人でした。

次に地方行政については、全国を二〇の地域に分割しサトラップ（知事）を置きました。サトラップには従来の支配者が任命されることが多く、行政権や徴税権も与えられましたが、ダレイオスの統治理念を浸透させるために、「王の目、王の耳」と呼ばれる行政査察官制度を設けました。

帝国内の通貨については、良質の金貨と銀貨を鋳造しましたが、銀貨については、各地のサトラップにも銀貨の鋳造を許し、帝国全体の通貨の流通を円滑にしました。農政では、中近東や北アフリカの乾燥地帯で、今日でも利用されているカナートを整備し、農業の生産力を増大させました。

こうしてアカイメネス朝は、豊かな世界帝国になっていきます。ダレイオスは「諸王の王」と称しました。

ヘレニズムと呼ばれるギリシャ文化とペルシャ文化の交流・融合は、実はダレイオスの時代から本格的に始まりました。

ペルシャ戦争とはどんな戦争だったか

その頃、アカイメネス朝の北方、中央ユーラシアの草原地帯にはスキタイという遊牧国家が、南下する機会をうかがっていました。スキタイは、すでにアッシリアの時代から、しばしばペルシャやアナトリアに侵入してきた強国です。騎馬軍団を初めて組織して、チャリオットを無力化しました。これは第二の軍事革命といわれています。ダレイオスにとってのライバルは、このスキタイでした。ダレイオスはダーダネルス海峡に橋を渡して、アナトリア半島から中央アジアに大兵力を送り込みました。スキタイはあまりの兵力差に驚いて後退します。これは実は、逃げて逃げて敵を草原の奥地まで誘い込み、焦土作戦で敵を叩く戦略です。ロシアがナポレオンを敗北させたのと同じ方法です。しかし、ダレイオスはこの戦略を見抜き、緒戦で十分すぎるほどスキタイを叩いたので目的は達したと考えて、兵を戻し帰国しました。これはなかなか決断できることではありません。ペルシャとスキタイの間では、これ以降、大きな衝突は起こりませんでした。

次にダレイオスと衝突したのがギリシャです。有名な「ペルシャ戦争」です。大国ペルシャにギリシャが勝ったとか、東洋的専制政治に対して西洋の民主政治が勝利したとか、世界史の授業で教わったと思います。しかし、実態は少し違うのではないか。

当時のギリシャは、エーゲ海を挟んだいまのトルコにも広がっていて、アナトリア半島の南西部（イオニア地方）にもミレトスやエフェソスなど、多くの都市国家がありました。ペルシャ戦争の発端は、このイオニア地方のギリシャ都市国家が叛乱を起こし、これをエーゲ海を挟んだアテナイなどアッティカ地方の都市国家が支援したことにあります。

もともと世界帝国であるアカイメネス朝と都市国家の争いです。まともな戦争にはなりません。イオニアの都市国家は、ダレイオスがやってくると、すぐに降参してしまいます。

ペルシャの統治は、税金を払い叛乱を起こさない限り、細かい干渉はしません。ですから、これで争いは終わった筈でした。しかし海を隔てたアッティカの人々には、ペルシャの大きさや恐さが、いまひとつピンときません。しかも、もともとプライドが高くて、自己主張も強い好戦的な人々です。ペルシャに負けてなるものか、と必死に戦おうとします。

こうして「ペルシャ戦争」が行なわれて、その詳細はヘロドトスの『歴史』に書かれている通りです。

しかし、ダレイオスにしてみれば、この戦いは大帝国の西の片隅で、血気盛んな若造が騒いでいるから、ちょっと叩いておこうかという程度のものでした。ところが、この若造が窮鼠猫を噛むので、かなり面倒である。地形的にもギリシャは大軍を動かすのに向いていない。ダレイオスの主敵はスキタイですから、ここは適当にあしらっておこう、ということで終わったのが、おそらくペルシャ戦争の実相ではないか。ペルシャ戦争はダレイオスの死後も戦われますが、同じような結果に終わります。ペルシャ戦争のあと、ギリシャの都市国家は、アテナイとスパルタが戦ったペロポネソス戦争などお互いに争いを繰り返し、結局、大国ペルシャにその仲裁を求めるような関係になっていきます。

〔3〕アレクサンドロス大王の実像

マケドニア王国のアレクサンドロス三世、アカイメネス朝を倒す

ギリシャの北方にマケドニアというギリシャ人の王国がありました。この国にBC三五九年フィリッポス二世という名君が即位しました。彼は豊富な産出量の金山を得て国力を強め、スパルタ以外のギリシャの全都市国家を支配下に置きました。そしてペルシャ遠征を宣言しましたが、暗殺されます。その後を長男アレクサンドロス三世（大王、在位：BC三三六―三二三）が継ぎ、ペルシャ遠征のためにマケドニアを出発します。

アレクサンドロスがペルシャに侵攻したのは、BC三三四年。アレクサンドロスは、

アカイメネス朝の最後の君主ダレイオス三世に連戦連勝します。ダレイオス三世は、バクトリアまで逃走しましたが、その土地のサトラップによって殺害されました（BC三三〇）。ここに、建国以来二〇〇年を超えた世界帝国、アカイメネス朝が滅亡しました。

アカイメネス朝を倒したアレクサンドロスは、さらにインダス川に至り、渡河してインドに侵入する勢いでしたが、そこで軍勢を引き返しました。そして、バビロンで急逝（きゅうせい）します。BC三二三年のことで、王位に就いてから一三年。天才的な軍略家の短い生涯でした。

僕がアレクサンドロスについて不思議に思ったのは、中学生のときでした。「一〇年間戦争をして、インダス川まで行きました」という記述を読んで、一〇年も戦争をしていたら兵士もかなり減っていたはずなのに、どうやってインダス川で戦ったのだろうと疑問に思ったのです。そこでいろいろと本を読み漁（あさ）ったら、インダス川の畔でギリシャからの援軍を受け取っていたことがわかりました。

それでは、ギリシャからインダス川まで、援軍はどうやって行ったのか。電話も電報もない時代に、アレクサンドロスのいる場所がどうしてわかったのか。不思議だなあ、と思っていたら、実はダレイオス一世がつくった立派な道路があって、駅伝も完

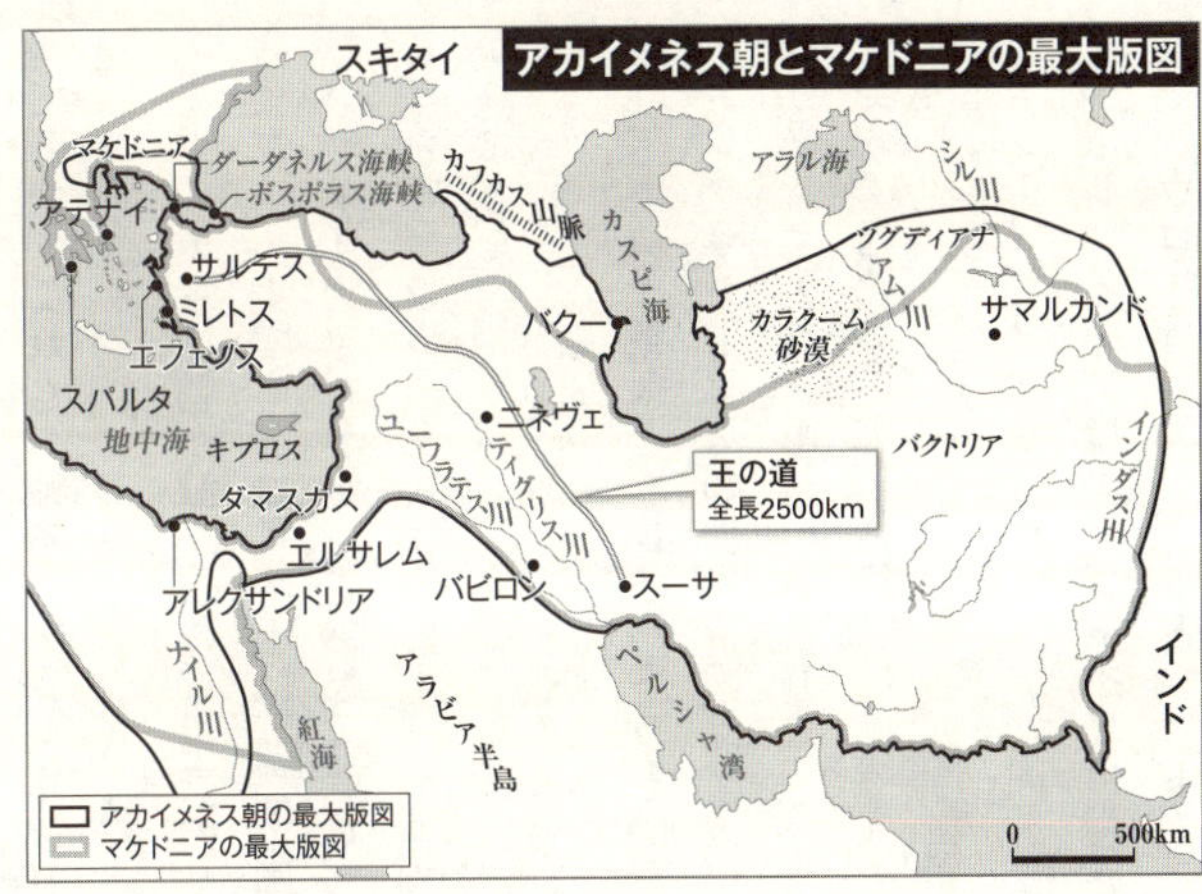

備していたからなのです。とすると、アレクサンドロスはダレイオスが征服した版図(はんと)を再征服しただけで、新たに大帝国をつくったわけではない。言ってしまえば、アカイメネス朝の王位を簒奪(さんだつ)したに過ぎないのではないか。

とはいえ、遠い未開の地から来たギリシヤ人が初めて「諸王の王」となった。そこでアレクサンドロスには、いろいろなロマンや伝説が生まれます。イスタンブールの博物館には、アレクサンドロスのものと伝えられる石棺(せきかん)が残っています。アラビア語やトルコ語では、アレクサンドロスはイスカンダルとなりますが、かつて大ヒットした『宇宙戦艦ヤマト』が目指した銀河のはるかかなたにある星の名前が、イスカンダルでした。これも一種の「アレクサンドロス・ロマン」でしょうか。

アカイメネス朝が滅んだ頃、第三のリンガ・フランカが登場します。ギリシャ人の言葉コイネーです。コイネーは、都市国家をつくっては地中海のあちらこちらに住んでいたギリシャ人が使っていた言葉で、もともと「共通語」という意味があります。しばらくアラム語と共存します。イエスはアラム語を話し、新約聖書はコイネーで書かれました。

ディアドコイ戦争とクレオパトラという女性について

アレクサンドロスの世界帝国は、彼が死ぬとお決まりの仲間割れが生じました。これがディアドコイ戦争です（BC三二二―二八〇）。ディアドコイとは後継者という意味です。この争いで、最終的には三人の新しい君主が三つの国を建国しました。

・アンティゴノスがマケドニア本国を受け継ぎました。
・プトレマイオスはエジプトを受け継ぎました。
・セレウコスは、エジプトとマケドニア本国を除く、すべての旧領を受け継ぎました。

現在のアフガニスタン、イラン、メソポタミア、シリアからパレスチナ、アナトリア半島までの広い地域です。

三人のなかで自分こそがアレクサンドロスの真の後継者だという自負を持っていたのは、おそらくアレクサンドロスの葬儀を取り仕切ったプトレマイオスでした。彼は首都のアレクサンドリアに、ムーセイオンという大博物館、大図書館をつくり、学問の中心地としました。この行為はアッシリアのアッシュールバニパルが建設した大図書館の伝統を引き継ぐもので、自分こそが世界帝国の支配者であるという意識の表れであったと思います。またプトレマイオス朝の王妃は、クレオパトラという名前が多く、ローマのカエサルやアントニウスとの関係で有名なクレオパトラは七世に当ります。

このクレオパトラという名前は、マケドニア王国ゆかりの名前です。

ここで話は、アレクサンドロスの少年時代に遡(さかのぼ)ります。

フィリッポス二世は、マケドニア生まれの哲学者アリストテレスを教師にして、アレクサンドロスに英才教育をほどこしましたが、このとき、アレクサンドロスと同世代の賢くて忠実な貴族の子弟を集めて、寄宿舎をつくり、そこで勉強させたのです。

これは推測ですが、素敵な若者がたくさんいるのですから、そこにアレクサンドロスの妹のクレオパトラも、時折顔を見せたのではないか。プトレマイオスは、ディアドコイ戦争のなかでクレオパトラに求婚しますが、アンティゴノスに阻（はば）まれています。こうしたエピソードも、プトレマイオスの正統な後継者としての自負を物語っていると思います。

〔4〕パルティアの建国とローマが帝国になるまで

さて、アレクサンドロスが死亡した後、ペルシャの地はセレウコス朝の領土となりましたが、このギリシャ人の王朝は内乱続きで、次々と小国家が独立します。BC二四七年にはペルシャの故地に、アルサケス一世がパルティア（アルサケス朝）を建国しました。

この国はAD三世紀まで五〇〇年近くイラン、メソポタミアを支配します。東はインダス川まで領域を広げた時期もあり、西ではメソポタミアの領有を巡ってローマと戦争を繰り返します。中国名では安息（あんそく）と呼ばれました。

パルティアが建国した頃、イタリア半島ではローマが台頭してきました。そしてフエニキア人（本拠地はかつてのシリア、レバノンから現在のチュニジア北部に位置するカルタゴに移っていました）と地中海の覇権をめぐって争いを続けていました。有名なポエニ戦争（ＢＣ二六四―一四六）です。ポエニとはラテン語でフェニキアのことです。ローマは三次にわたって戦われたこの戦争に勝って、地中海を制します。カルタゴの英雄、ハンニバルが活躍したのは第二次戦争です。この時期ローマはマケドニア戦争（四次）にも勝利し、ギリシャやマケドニアを支配下に収めて、大国になっていきます。

ローマについては、多くの書物が書かれていますので、ここではローマが帝国となっていく過程に絞って、大筋を述べておきます。

ローマは、ギリシャと同じように都市国家から出発しました。都市国家の男性は原則、全員が兵士です。自分で農地を耕したり、仕事をしたりしながら、事あれば全員で戦うのが都市国家の理念です。都市国家の始まりは貴族制でした。貴族は鎧兜を着けて先陣を切って戦いますから、平民や奴隷身分の人たちは、「自分たちの安全を守ってくれるのだから、言うことを聞くしかない」と考えます。人間にとっていちばん大切なのは安全です。人間は動物なので、ちゃんとご飯が食べられて、安心して眠れる、というのがいちばんの望みなのです。

しかし、都市国家がだんだん豊かになって大きくなり、戦争の規模も大きくなると、兵士の数も増えていきます。背に腹は代えられないので、平民や奴隷も招集して戦わせるようになるわけです。すると彼らは、俺たちも政治に参加させろ、と主張し始めます。これが古代ギリシャやローマの民主制の実態です。

ローマでは、貴族と平民（自作農）が対立と協調を続けながら政治を進めていました。そして両者の上位に元老院を置きました。ここに所属する人々は、貴族を中心とする知識人や資産家たちです。ローマの政治を担（にな）っていたのは、実質的には元老院でした。

ところで、ポエニ戦争のように戦争の規模が大きくなり、期間が長引くと、ローマ軍の主力を成す自作農は、原則としては自前で戦争に参加しているわけですから、相当の財力がないと戦えなくなります。その負担に耐えかねた人は土地を売って小作農になっていくわけです。彼らが手離した土地は、貴族などの大土地所有者に吸収されて、奴隷が耕作するようになります。

ここで国政改革に立ち上がったのがグラックス兄弟でした。グラックス兄弟の改革（BC一三三—一二一）は、没落していく平民たち、すなわちローマ軍の中核となる中間層を救うことに、その主眼がありました。しかし、その改革は、元老院を牛耳（ぎゅうじ）る大土地所有者の猛烈な反対に合い、二人とも殺されてしまいました。

次に軍制そのものを改革しようとしたのがマリウスです。失業者に着目して、市民皆兵制を志願兵制に変えました。志願兵は、当然のことながら賃金を要求します。すると財力のある市民は私兵を持てることになります。

こうして強い私兵を抱える有力市民たちが、我が物顔になっていきました。その典型として起こったのが、マリウスとかつて彼の部下であったスッラによる内戦でした。

ユリウス・カエサルはローマの将来を見すえていた

グラックス兄弟の国政改革も、マリウスの軍制改革も失敗しました。

都市国家であるからこそ、市民皆兵制（≒民主制、共和制）は成立しますが、国が大きくなって戦争の規模も大きくなると、みんなが兵隊で、みんなが市民などというのは幻想にすぎず、それでは国を統治できなくなっていたのです。このことを、正確に理解していたのが、ユリウス・カエサルでした。

カエサルは、君主を置いて、官僚組織を整備し、プロの軍隊を雇わなければ、大きな国は保（も）たないと考え、ルビコン川を渡り、ローマを制圧しました。

その後エジプトまで領土を拡げたカエサルは、元老院で暗殺されてしまいますが（ＢＣ四四）、オクタウィアヌス（のちのアウグストゥス。在位：ＢＣ二七―ＡＤ一四）という非常に優秀な後継者が、カエサルのグランドデザイン（骨格）に従ってローマ帝国を完成させることになります。

ローマ帝国もアカイメネス朝と同じように道路を整備します。伝令が走れて、すぐに軍隊が派遣できなければ、大国は維持できません。ローマ街道は有名ですが、ローマは要するにペルシャを模倣したのです。

〔5〕アレクサンドロス・ショックでインドが統一

メソポタミア文明の刺激を受けて古代エジプトが統一されたように、どこの地域でも、強い外圧を受けると、必ず反作用が生じます。

インドの場合、以前のアカイメネス朝ペルシャはインドまで進軍してきましたが、インダス川で止まっていました。しかし、アレクサンドロスは初めてインダス川を越えて、本気で攻め込む姿勢を見せました。

当時は情報が限られていますから、また攻めて来たらどうしよう、これは少しまとまらなければという気持ちになります。

こうして、アレクサンドロスの侵入を契機として、インドの地にマウリヤ朝という

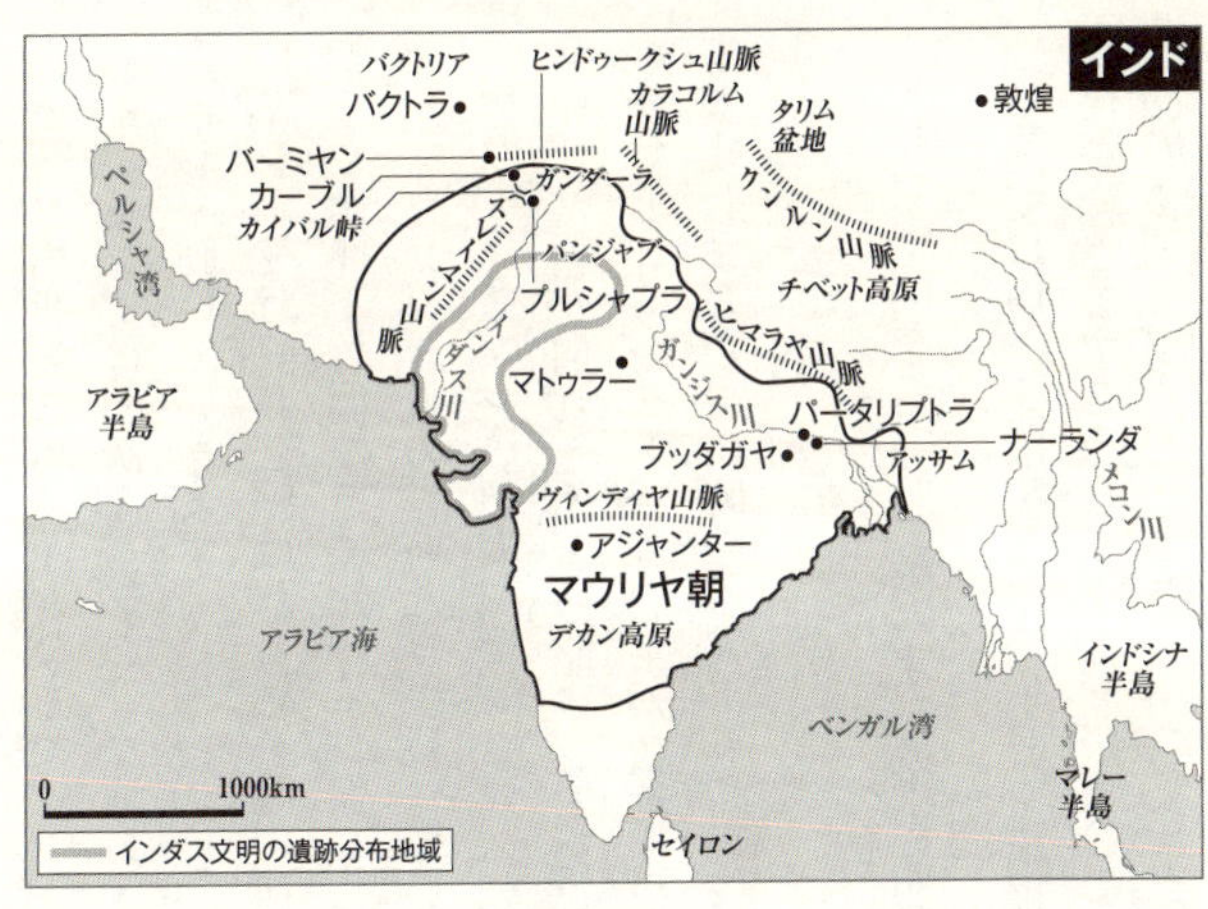

統一国家ができました。この王朝は三代のアショーカ王（在位：BC二六八頃―二三二頃）のときに、インドの南端以外を支配する大帝国となりました。

しかしインドは、統治のむずかしい地域です。インダス川中流域（パンジャブ地方）とガンジス川中流域という二つの中心があり、南のデカン高原は暑くて乾いていて、民族も多様なら、言語も多様です。ですからなにかのはずみで統一しても、その外圧がなくなったらすぐにバラバラになってしまいます。マウリヤ朝も一五〇年弱しか続きませんでした。

地理的条件も気候条件も違う広大な地域を統一しようとすれば、統治技術が相当進化していないと不可能です。マウリヤ朝のあと、一六世紀のムガール朝までインドに統一国家は生まれませんでした。これからあと、インドは肥沃なパンジャブ地方とガンジス川中流域の二カ所を楕円(だえん)の二つの焦点として動いていきます。

インドでは貝葉(ばいよう)と呼ばれる椰子(やし)科の植物の葉が書写材料として使われていましたが、粘土や木簡・竹簡などに比べると保存に難がありました。そのため記録は少ないのですが、ギリシャ人の書いた本が残っています。

アフガニスタンの地で、セレウコス朝から独立したギリシャ人の国バクトリアが、マウリヤ朝が倒れたあと西北インドに侵入します。この国のメナンドロス（インドでの呼称はミリンダ）という君主が仏教に帰依(きえ)して、「ミリンダ王の問い」という仏典を書き残しました。当時のインドについて知るための貴重な資料です。

〔6〕中国を統一した天才、秦の始皇帝

中国では周が建国後三〇〇年弱で覇権を失い、春秋(しゅんじゅう)時代、戦国時代と群雄割拠の時代が続きます。そしてインドに一〇〇年ほど遅れてBC二二一年、秦の始皇帝が初めて九州（≒戦国七雄(せんごくしちゆう)）を統一します。ちなみにChinaという英語の語源はこの秦か

ら来ています。

始皇帝は、古代ではおそらくダレイオス一世と並ぶ極めて有能な名君でした。仕事が大好きで卓越した才能の持ち主でしたから、あらゆる改革を行ないました。

まず、皇帝という称号をつくりました。中国の太古の時代に、三皇五帝と呼ばれた帝王がいたという伝説から採ったものです。また文書行政を基軸として全国に郡県制を敷きました。全国を郡と県に分割し、中央から優秀な官僚を派遣して統治する仕組みです。世界で初めて中央集権国家が誕生したのです。

さらに度量衡(どりょうこう)を統一し、全国で計量する長さや重さの基準を同じにしました。車軌(しゃき)の統一も実施しました。車軌というのは、わだちのことで、馬車の車輪が残す跡のことです。中国は広大です。泥の道も多く、全道に石畳を敷くなどの舗装は、とてもできません。そこで、馬車の車輪幅を統一すれば、泥道でもわだちのへこみが均一になることに注目しました。そうすれば、そこだけ固くなりますから、悪天候でも走れるわけです。道路が機能しなければ郡県制は成立しないことを、始皇帝はよく理解していたのです。

また半両銭(はんりょうせん)という、円形の中心に四角い穴をあけた銅銭を鋳造(ちゅうぞう)して、それまで出廻っていた戦国時代の数々の銅銭をひとつに統一した、といわれています。しかしこれ

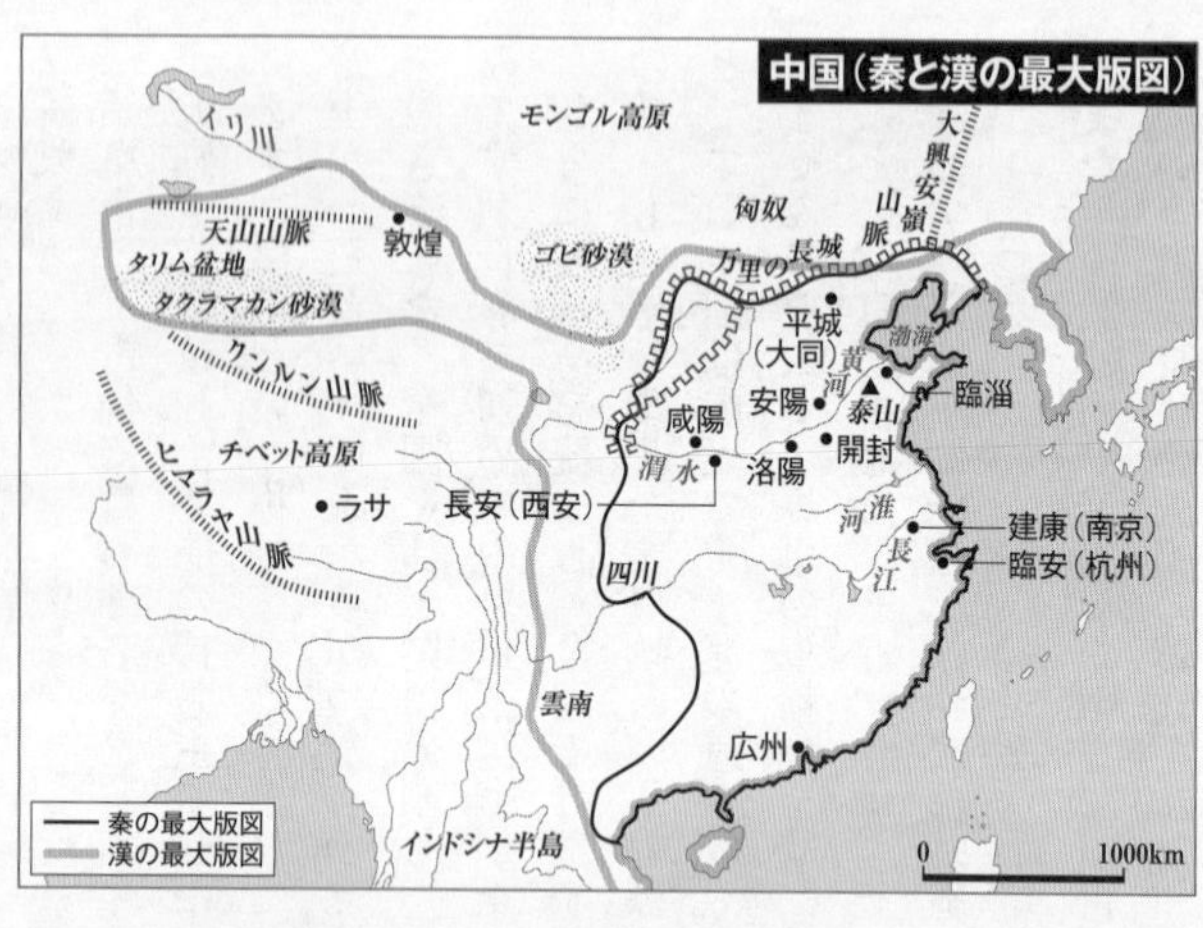

は始皇帝の死後、短期間皇帝の地位に就いた二世皇帝の時代に行なわれたことのようです。

始皇帝は中国を平定すると、五回にわたって国内を巡行して威勢を示しました。また山東省にある名山、泰山を訪れて封禅の儀を行ない（封禅、とも発音）、自分こそが天が認める皇帝であることを天下に示しました。封とは泰山の山頂で天の神を祭り、禅とは泰山の近くの小さな山（梁山）で地の神を祭ることです。

始皇帝は一代で、ヨーロッパよりも広い中国を統一しました。とはいえ、グランドデザイン（骨格）はつくったけれども、まだ仏つくって魂入れずの状態です。彼が存命中は睨みも効きましたが、死去すると、あっという間に反乱が起こりました。

反乱は辺境防備に狩り出された貧農の間から起こりました。なにしろ始皇帝はワーカホリックで、国中をフル稼動させていましたから、民衆も次から次へと、土木工事や戦争に徴用されて疲弊しきっていたのです。

農民の反乱で国力が衰微した秦は、楚の項羽と劉邦によって滅ぼされました。時にＢＣ二〇六年、建国十五年の命運でした。

劉邦が漢を建国、秦漢帝国という考え方

項羽と劉邦は協力して秦を倒しましたが、その後に対立します。最終的には劉邦が勝利を収め、漢が誕生しました。漢はその後に一度、新という国に倒されますが、また復活します。

最近では、秦と漢を併せて「秦漢帝国」と呼ぶ学者が増えました。

なぜそう呼ぶかといえば、劉邦は何もしていないからです。始皇帝の作った枠組みをそのままもらってしまう。

劉邦は、天才始皇帝がつくったグランドデザインをほとんど変えずに、ただ始皇帝の厳しい所を、少し緩くして建国しました。それがかえって良かったので、漢が四〇

○年と長く続いたのだと思います。

その頃、中央ユーラシアでは、スキタイの次に匈奴が勢力を拡大し、中国を侵し始めました。秦が覇権を握る前、北方の強国であった燕や趙は、匈奴に対して北の国境となる丘陵地帯に黄土をつき固めた城壁を築き、防御ラインとしていました。始皇帝は中国を統一すると、匈奴を奥地へと追い払ってしまい、燕や趙がつくった防御ラインをさらに北方に移設させて、万里の長城を築きました。

ところが秦が倒れ、項羽と劉邦が覇を争っている隙に、匈奴に冒頓単于という英雄が登場して再び中国に侵攻してきました。これに対して劉邦は戦いますが、すぐに負けて降参します。そして匈奴の弟分、つまり臣従国家になります。

「賠償金を払います。戦争もしませんから、仲良くしてください」

というわけですが、これは結果的には賢明な政策でした。中国は、秦の終わり頃からの争乱で全土が疲弊していましたし、もともと豊かな国なので、多少のお金で平和を得られるなら、そのほうがよほど得なのです。

劉邦の死後、妻の呂太后が、一族を登用して専制政治を行ないますが、呂太后の後を継いだ文帝とその次の景帝の時代は、「文景の治」と呼ばれる平和で安定した時代になりました。中国で初めての盛世が到来したのです。

始皇帝の偉業と張り合った武帝の政治

文景の四〇年の治で、漢はたいへん豊かな国になりました。そこへ、好戦的な武帝（在位：BC一四一―八七）が登場します。

武帝は考えます。「お金は山ほどある、軍隊もある。なぜ匈奴に臣従する必要があるのか」

そこで皇后の一族である衛青と彼の甥である霍去病という二人の将軍を重用して、匈奴と大戦争を始めます。そして二〇年近い戦いを経てついに匈奴との主従関係を逆転させます。

武帝の時代に司馬遷の『史記』が書かれるのですが、史記には次のような記載があります。

昔、秦の始皇帝の父が邯鄲で人質生活を送っていたとき、大商人呂不韋が、「奇貨居くべし」と面倒を見てガールフレンドを譲った。ところがそのとき彼女はすでに呂不韋の子供を宿していて、生まれてきたのが始皇帝であると。もちろん史実ではありません。始皇帝を貶める意図が明白です。「秦皇漢武」という言葉がありますが、武帝は常に始皇帝をライバルとして意識していたのです。

武帝は戦争をやってばかりいましたから、当然お金もかかります。そこで貨幣改革を行ない、それまでの半両銭に代えて五銖銭をつくります。租税もすべて五銖銭で納めさせました。武帝の末期は、悲惨でした。女性に溺れ（傾城という言葉が生まれます）、皇太子を廃します。

武帝の後継者は幼く（八歳で即位）、しかも二〇歳で急死したため、時の宰相、霍光（霍去病の異母弟）は、廃された皇太子の子供を町のなかから捜し出し、自分の娘を娶らせて皇帝にしました（宣帝、在位：BC七四―四九）。しかし有能な宣帝は、霍光が死ぬと霍氏を滅ぼして親政（君主みずからが政治を行なうこと）を敷きます。匈奴を東西に分裂させて西域都護を置き、善政を施して、中興の祖と呼ばれました。しかしこの後、漢室は外戚（皇帝の母方の親族）の専横が続いて衰亡に向かいます。

第二章　知の爆発の時代

前章では世界帝国という切り口で、第三千年紀における四大文明の発展振りを政治史の面から辿ってきましたが、この章では「知の爆発」という切り口で文化史を中心に第三千年紀をおさらいします。

知の爆発と呼ぶのは、ＢＣ五〇〇年頃から中国・ギリシャ・インドで、ほぼ時を同じくして数多くの哲学者・思想家・宗教家・芸術家が生まれたからです。人間が考えることのできるほとんど総てのものが、この時代に産声をあげたといわれています。

その背景にあったのが、ＢＣ五〇〇年頃からの鉄器の普及と地球の温暖化です。このふたつによって農業の生産性が上昇し、世界は一斉に高度成長時代に突入しました。社会に芸術家や知識人を養う余裕が生まれたのです。そして、火山の爆発に前兆があるように、知の爆発にもその前兆と呼ぶべき文化的前史がありました。

〔1〕　前兆①ギリシャ
フェニキアに対抗するためにギリシャ・ルネサンスが起きた

俺はこういう出自(しゅつじ)の者だ、俺の国にはこういう立派な文化がある、と他人に対して語れるものがアイデンティティになると思うのですが、それが必要となるのは、自己の存在を主張すべき対抗者があるときです。ギリシャの場合、それはフェニキアでした。

ＢＣ一二〇〇年のカタストロフのあと、フェニキア人、アラム人、そしてヘブライ人などが活躍し始めました。ギリシャ人が少し遅れて地中海に乗り出していくと、既にフェニキア人が活発な交易活動を行なっていました。彼らはすぐれた船乗りです。商売繁盛(はんじょう)でお金もたくさん儲(もう)けている様子です。

ギリシャ人は、負けてはいられないと思います。同じように海で商売しているのに、俺たちは彼らと何が違うのだろうかと考えます。そしてフェニキア人に対抗してギリシャ人同士が団結するために、アイデンティティが必要になってくるのです。

そこでギリシャ・ルネサンス（ＢＣ八世紀―七世紀）と呼ばれる文化活動が起きました。

例えば、ホメロスが叙事詩『イーリアス』と『オデュッセイア』を書き、またホメロスと並び称される叙事詩人ヘシオドスは『神統記（しんとうき）』を著（あら）わしました。

〔2〕前兆②インド

因果応報思想と輪廻（りんね）思想が融合してウパニシャッドが生まれた

ギリシャ・ルネサンスとほぼ同じ頃に、インドでは二〇〇冊以上あるウパニシャッド（古ウパニシャッド、奥義書（おうぎしょ））がつくられます。

アーリア人は、因果応報という思想を持っていました。また、もともとインドに住んでいた先住民は輪廻転生を信じていました。この二つが結びついてウパニシャッドが生まれました。

因果応報とは、善い行ないには善い報い、悪い行ないには悪い報いがあるという考え方です。輪廻転生とは、時間は循環している、車輪のようにぐるぐる回っている、人の命も回っているという考え方です。

人間が考える時間には二つの観念があって、直線の時間と回る時間なのですが、直線の時間には始まりがあって終わりがあります。でも回る時間には終わりがありません。すると、人間も次々と生まれ変わるわけです。

この輪廻転生と因果応報が結びついたら、どうなるか。

「悪いことをしたら、今度生まれてくるときは毛虫になるぞ。良いことをしたら君侯になれるかもしれないぞ」

こういう考え方になります。ここから仏教の思想までは、もう一歩です。ウパニシャッドの中心思想は俗に梵我一如と言われていますが、宇宙を支配する原理（梵、ブラフマン）と個人を支配する原理（我、アートマン）が同一であるというものでした。

〔3〕前兆③中国 西周が滅んで漢字が広まり、中華思想が生まれた

商を破った周は、現在の西安のあたりに本拠地があったので、西周とよばれています。周は商の祭政一致体制を変革したのですが、青銅器だけは商から受け継いでつくり続けます。

青銅器は神様に供えるための食器や酒器で、そこには難しい漢字（金文）が彫ってある。これをもらった地方の君侯はびっくりします。自分たちにはこれほど立派な青銅器はつくれないし、漢字も読めないのでまったくの謎です。威信財としての効果は抜群でした。

青銅器をつくり、漢字を彫れる人々は金文職人とも呼ばれ、王朝の書記を勤めてい

た人々です。商もそうでしたが、周も彼らを秘密に囲って、どこにも出さなかった。青銅器をつくる技術や金文を彫る技術を誰かに教えたら、一族みな殺しだぞ、その代わり年収は二〇〇〇万円払うと。二〇〇〇万円というのはイメージだけの話ですが。そうして何十人、何百人という金文職人を独占していたのです。

ところが、ＢＣ七七一年、西周が滅びてしまいます。

有名な幽王の故事があります。幽王は褒姒という美女に恋をしましたが、彼女が笑ってくれないので、あの手この手を使います。けれどもニコリともしてくれない。ところがある日、敵襲を知らせる烽火が上がりました。あわてふためいて家来たちが駆けつけてくるのを見て、初めて褒姒が笑ったのです。さいわい烽火は誤報でしたが、これに喜んだ幽王はそれからしょっちゅう烽火をあげました。そしてついに本当の敵襲があったときには、烽火をあげても誰も家来は駆けつけず、周は滅びてしまった、というつくり話が伝えられています。

西周を滅ぼしたのは、犬戎という西から来た蛮族でした。西周が滅んだとき、高給をもらっていた金文職人（書記）たちはどうしたでしょうか。彼らが思い出したのは、西周に何回かやってきた地方の君侯たちのことでした。

「彼らは、俺たちがつくった青銅器をありがたがって持って帰った。訪ねていって、

『青銅器をつくれます』といえば、年収一〇〇〇万円ぐらいで雇ってくれるかもしれない」

ということで、みんなそれぞれに地方の君侯を訪ねていきました。地方の君侯は、彼らを雇えば青銅器をつくれるので、喜んで雇います。

そして地方の君侯が、金文職人に最初に命じたのは、周室からもらった青銅器に彫ってある漢字を読んでくれ、ということでした。

青銅器には、三〇〇年近く続いた周の歴史が彫られている。文王や武王が国をつくって、周公旦という立派な宰相が出て無事に国を治めたという、周室の祖先のことがくわしく書いてあるわけです。

地方の君侯にしてみれば、お父さんは君侯だった、おじいさんも君侯だったらしい、でもひいおじいさんぐらいになると名前もわからない。現在の僕らでもそうですね。

そうすると、地方の君侯たちの間で、周室に対する尊敬の念が起こります。西周は滅んだけれども、すごい国だったのだな、俺たちのご先祖よりも立派だからな、と思うようになります。これが中華思想の淵源なのです。「周室は偉い」という思い込みです。

中華とは、夏や商、周があった地域、「中原」のことです。周の都の辺りを、中華とか中夏、中国と呼んでいました。

中華思想とは、結局、漢字の魔力だったのです。漢字が広まって初めて周の歴史を読んだ人が、中華は立派であると勝手に思ってしまった。漢字に書かれていたことがひとつの権威になっていったのです。

やがてこの中華思想は東アジアにも拡がっていきました。まず漢字が伝わってくる。そこへ漢字が読める人がやってきて読んでくれた。するとやっぱり驚いてしまう。中国という国は偉いと思ってしまったのです。

しかし時を経ると、中国の側にも悪知恵を働かす人が出てきます。中華思想を意識的に利用するようになりました。けれども、もともとは漢字の力によって、勝手に周辺の人々が中華は偉い、と思い込んでしまったことが中華思想の始まりなのです。

〔4〕前兆④　鉄器の普及が知の爆発を引き起こした

知の爆発につながる文化的予兆は、東西で見られたのですが、それを実際に爆発させたのは鉄器の普及です。ＢＣ五〇〇年前後からユーラシア大陸全体にわたって、鉄器が普及し始めます。さらにこの時代は地球の温暖化が進み、人間の活動が東でも西でも活発になりました。鉄器の普及と地球の温暖化、この二つが知の爆発を引き起こしたのです。

鉄器で耕すと当時の主たる産業であった農業の生産性は向上し、国が豊かになります。社会に余裕が生まれることで、芸術家や知識人など、働かない人が食べられるようになります。このような時代背景があって、初めて知識人が生まれてきたのです。

〔5〕知の爆発①ギリシャ　ソクラテスによる哲学の転回、プラトンの二元論

まずギリシャでは、イオニア学派が生まれました。イオニアの自然哲学者と呼ばれる人々が、世界は何でできているんだろうかと考え始めたのです。

最初の哲学者と呼ばれるタレスは、万物の根源をアルケーと呼び、それは水だと考えました。ここから根源論争が華やかになりました。いや、それは数だと言う人、火じゃないかと言う人、しまいには原子（アトム）説まで登場しました。

続いてアテナイが、ペリクレスという稀代（きだい）の政治家のもとに全盛期を迎えたとき（BC五世紀）、パルテノン神殿がつくられたり、ヘロドトスのような歴史家や有名な三大悲劇詩人などの天才が数多（あまた）出現しました。まさに知の百花繚乱（ひゃっかりょうらん）状態となりますが、

その中で興味深いのはソクラテスです。

イオニアの自然哲学者たちの興味は、外界にありました。ところがソクラテスは、初めて人間の内面に考察を向けました。

「汝(なんじ)自身を知れ」

ソクラテスによって哲学が転回したのです。人間の思考が、外界への興味から人間の内面に向かいました。

次いでソクラテスを師とするプラトンがアカデメイア（大学）をつくりますが、彼は若い頃に、南イタリア（マグナグレキア）のピタゴラス教団で勉強していたのです。ピタゴラスはピタゴラスの定理で有名ですが、彼はインドで生まれた輪廻転生を信じていました。

輪廻転生について、なぜ人間が毛虫に生まれ変わるのを恐れるのか、という問いを突き詰めていくと、魂は同じだからだ、という考え方に突き当たります。

肉体が人間から毛虫に変わっても魂は不変ですよ、悪いことをしたらあなたは人間の意識を持ったまま、毛虫に生まれ変わって踏まれるのですよ、嫌でしょう？　と言われて初めて、それは嫌だと人は考える。魂と肉体の二元論です。

プラトンは、すべての事物にはイデアという原型があると考えましたが、彼の二元論は、輪廻転生からヒントを得ているのです。東西の文化的交流の一例です。プラトンの二元論は、ギリシャの伝統であるイオニアの自然哲学者たちとは、かなり異なった考え方になっています。

プラトンの弟子の万学の祖、アリストテレスは、本当に天才的な人で、いろいろな学問を集大成しました。西洋の学問の根底にある論理的な思考方法は、アリストテレスによってほぼ完成されました。

〔6〕知の爆発②インド

アジタ・ケーサカンバリンの唯物論(ゆいぶつ)、仏教とジャイナ教の誕生

ギリシャと同じ頃に、インドでも知の爆発が起こりました。六十二見(けん)という言葉がありますが、六十二というのは多勢のこと、見というのは学説のことで、すぐれた見識を持つ哲人が多数登場したと言われています。例えば、アジタ・ケーサカンバリンは、世界は地と水と火と風の四元素でできているという唯物論を唱えましたが、これはイオニア学派と同じ発想です。

そしてこの頃に、ゴータマ・シッダールタ（ブッダ）と、マハーヴィーラという人が生まれて、仏教とジャイナ教を始めます。

当時のインドのガンジス川流域では、アーリア人を祖先とする人々が、鉄製の農具を牛に曳かせて田や畑を耕していました。人が農具で耕すよりも、牛に犂を引っ張らせて耕すほうがずっと効率的です。こうして鉄器と牛の組み合わせにより、高度成長が始まっていました。

牛と鉄器を使った人は、お金を貯めて商人や地主になっていきます。余剰生産物が多く得られれば、自分は耕さないで、人を雇うようになります。すなわちブルジョアジーが生まれてきたのです。

ところが、その頃のインドの宗教はバラモン教です。これはアーリア人の持ち込んだ宗教で、何かあると牛を屠って神様に捧げます。ギリシャの風習と同じです。ギリシャでも牛を殺して、その煙の臭いを神様に嗅いでもらったあと、自分たちが食べる。すると、どうなるか。バラモン教の世界ではいちばん偉い司祭階級のバラモンが牛を勝手に徴発して、神様が望んでいらっしゃると言っては殺していくわけです。これに対して農地を持っている人たちは、心のなかでは許せないと思っても、反論するロジックがない。

このタイミングで登場したのが、ゴータマ・シッダールタとマハーヴィーラでした。

そして、生き物は殺すべからず、もちろん牛も殺すべからずという思想を打ち出します。ブルジョアジーたちは、牛を殺さない分だけ豊かになれるわけですから、まさに自分たちの望んでいた教えだと飛びつきます。これが、仏教やジャイナ教がインドに根を張り始めた要因です。その後、マハーヴィーラのジャイナ教は不殺生（ふせっしょう）を徹底したので、信者のほとんどは商業に携わることになり、現在もインドに五〇〇万人以上の信者がいます。

　どの宗教でも宗祖が死去したら、その教えをきちんと伝えるために、宗祖の説教や言動を集めます。仏教では、これを仏典結集（ぶってんけつじゅう）と呼び、第一回目はブッダが死んだ直後に行なわれました。このときはブッダと行動を共にした弟子がまだ多く生存していて、彼らの記憶が中心になりました。

　二回目の仏典結集は、ブッダの死後一〇〇年ぐらいたってから行なわれましたが、解釈が対立して、大衆部と上座部に分かれてしまいます（根本分裂）。ひとことで言えば、大衆部は新しい教えで、上座部は伝統的な教えでした。

　またこの頃、インドではサンスクリット語（文字）が使用されていました。この文字は梵字（ぼんじ）とも呼ばれ、今日でも仏寺のお墓の卒塔婆（そとうば）に書かれています。

　しかし、この知の爆発時代のインドについては、文献がほんとうに少ないのです。先述したとおり、書写材料に恵まれなかったせいです。

〔7〕知の爆発③中国(1) 自然破壊、文書行政、諸子百家

中国ではBC七七一年に西周が滅びたのち、周室の一族が洛陽に遷都して東周を再興しますが、小さな都市国家になってしまいます。そして中国は一〇〇から二〇〇といわれる都市国家の乱立状態となります。

この時代は春秋時代と呼ばれていますが、春秋五覇と呼ばれる五人の君主が、交代で小国家群の秩序を取り仕切りました。これを会盟と呼びます。国際会議のようなものでした。この五人の君主が誰も東周を滅ぼそうと考えなかったのは、中華思想によってみんなが東周を敬っていたからです。

ところが、鉄器時代が本格的に始まって生産力が高まってくると、様相が変わってきます。有力な国はどんどん大きくなり、小さい国は大国に吸収されて消滅してしまいます。こうして戦国七雄と呼ばれる大国が、覇権を争う時代に入りました。BC四〇三年に始まる戦国時代です。戦国七雄は、鉄器を増産して地域開発を推し進めたので、自然破壊も広がりました。

ところで、中国はヨーロッパよりもずっと大きいので、戦国七雄(趙・魏・韓・斉・

燕・楚・秦）のなかには、ドイツやフランスより大きい国もあります。都市国家であれば君主が市内を一巡して、「今日から、こういう法律を出す」と言えばよかったのですが、大国になるととても無理です。かといって、伝言ではきちんと伝わるか不安が残ります。

そこで君主は漢字が書ける書記を思い出したのです。

西周が滅びた後、諸国に雇われた金文職人の子孫は、その頃になると各国で神様を祭る祭文や君主の願文を書く、祭祀官の仕事をしていました。君主は、自分の命令を彼らに伝えて、それを木簡や竹簡に（紙はまだ完成していなかったので）筆記させ、それを地方に持って行き、読ませようと考えたのです。正しく読まないと死刑だぞと。

こうして宮廷で高給を貰って優雅に暮らしていた祭祀官は、官僚になっていきました。世界で初めて文書行政が始まったのです。

しかし、なかにはおとなしく官僚にならない人も出てきます。頭が良くて字も書けるのに、君主の使い走りなど嫌だといって辞めていきます。辞めてどうするかといえば、町のお金持ちを頼ります。国が大きくなっているわけですから、すでに大商人などのブルジョアジーが誕生しています。辞職した祭祀官たちは彼らを頼り、お金持ちのブレインになったり、子供の家庭教師になったりしました。さらには、自分自身の学問や知識を生かして、さまざまな分野で自分の考えを発表する知識人も続々と登場するようになりました。これが有名な諸子百家です。

覇権を争う大国が文書行政を始めたことで、官僚が誕生し、同時に知識人を生み出した。それが中国の知の爆発を準備したのです。それでは次に、知の爆発の中心となった思想について述べてみましょう。

〔8〕知の爆発④中国⑵　孔子、墨子、老子、商鞅

春秋時代の思想家、孔子は、ひとことで言えば現状を肯定した人です。

「高度成長してみんながお金持になったら、立派なお葬式が出せる。国が立派になって家が栄えて両親や先祖を大切にできれば、それがいちばんだ」

現世肯定、高度成長礼賛という考え方です。

ところで高度成長は、必然的に自然破壊を伴います。禿げ山になる、洪水が起こるということです。中国の最初の伝説のひとつは、禹が洪水を治めたことで初めて王となり、夏王朝を開いたという話ですが、この伝説はBC五世紀の自然破壊をモデルにしてつくられました。

この時期に文書行政が開始されたので、それまで宮廷にしかなかった文字が、全国に広まりました。文字を読み書きできる人が、この時代に増えたのです。そこで、それまで中国に伝わっていた伝承や、当時の高度成長期の物語が記録されるようになった。そしてそれらの記録が漢の時代になって『史記』やその他の文献としてまとめられ、中国の最初の史書や物語となったのです。

『詩経』という古い時代の詩を読んでいると緑がたくさん出てきます。また、商・周の青銅器には、虎（とら）や犀（さい）をモチーフとしたものがあり、これが本物そっくりです。つまり当時の黄河中流域は鬱蒼（うっそう）たる森に覆（おお）われていて、おそらく虎や犀がいたのです。それが戦国時代に伐採されて、滅んでしまったと考えられています。それまでの黄河は黄濁していませんでしたし、黄土高原の乾燥化も進んでいませんでした。

さて、現状肯定があれば、現状否定もある。

「あくせく働いて高度成長して何になるのか。国を大きくするために禿げ山をつくって、戦争をしてそれで幸せになるのか」

これが墨子の発想です。孔子とは正反対です。高度成長を止めて、堅実に守りを固めて生活しようというのが墨子の思想です。

一方で傍観者的な知識人も出てきます。

「成長の是非などどうでもいい。精神の高みが大切だ」という考え方です。大切なのは自然に生きることだ、成長の是非など小さい小さい、というわけです。

ところが、孔子や墨子、そして老子の思想は、中国の主流にはならないのです。主流になったのは法家です。広い国を文書行政で治めようと思ったら、法律に頼るしかありません。代表的な法家のひとり、商鞅は、秦で変法と呼ばれる国政改革を実行し、秦を最強の国にしました。なお、法家を集大成した思想家が韓非です。

〔9〕知の爆発⑤中国(3)　孟子の易姓革命と荘子

プラトンのアカデメイアやプトレマイオス朝のムーセイオンなど、学問の殿堂とも言える施設がギリシャやエジプトにはありましたが、同様の施設は中国にもありました。

山東省を根拠にした大国、斉の都は臨淄といって数十万の人口がある都でしたが、城壁につくられた城門のひとつに稷門と呼ばれる門がありました。この近くに斉王の館があって、ここに諸国から諸子百家が集まり、学問の花を咲かせました。

稷門のような場所が、戦国七雄それぞれの都にもありました。有能な人材を抱えたいという発想は、世界共通だと思います。

さて、稷門に学んだ孟子は、革命的な思想家でした。彼は人民が主権を持っていると考えました。空にいる神様の天が、どのようにして人間社会を統治しているかといえば、アホな君主には洪水や旱魃を起こして、政治が良くないぞと警告します。それに気づかず悪い政治を続けたら、人民が武装蜂起して、別の姓の君主に易える。これが易姓革命の思想です。

ということは、人民主権を認めているわけです。天が合図するにしろ、最終的に君主を決めるのは人民の蜂起なのですから。ただ、孟子も武力革命ばかりが起こってしまっては、さすがにまずいと思ったのでしょう。禅譲と放伐というふたつの方式を定めました。禅譲とは君主みずからが非を認めて有徳の士に位を譲ること、放伐とは人民が君主を追い払って打ち滅ぼすことです。

やがて、この易姓革命の理論は、中国の王朝の変遷を支配する思想になっていきます。もちろん、誰しも武力で放伐したとは言われたくないので、前の君主を脅して禅譲させるケースが主流となります（禅譲の最後は一〇世紀の宋の建国）。わが国の天皇家に姓がないのも、おそらく易姓革命の影響なのでしょう。

この頃に荘子も登場します。彼は老子の自然で自由な心を大切にする思想を、さらに近代的な自我を考える思想にまで高めて、老子の思想、タオイズム（道教）を確立しました。

こうして、孔子と老子の時代から二〇〇年ほどが経過した後に、孟子と荘子によって儒教と道教の思想が集大成されました。

〔10〕知の爆発⑥中国⑷　本音は法家、建前は儒家、知識人の道家

諸子百家を整理すると、与党は法家、万年野党は進歩を楽観視する儒家と自然破壊を憂える墨家、そして知識階級の道家。野党で多数派になるのは儒家です。

たいていの人間は、おいしいものを食べて、きれいな服を着たら喜びますから、進歩を楽観視する人が多数派になります。少数派（墨家）はつぶされないために秘密結社的になって教えを守ろうとしましたが、高度成長のなかでやがて消えていきます。

道家は知識階級の思想です。自我を考えるわけですから。荘子の「胡蝶の夢」では、夢で胡蝶になったが、私が胡蝶になったのか、胡蝶が私になったのか、そういう問いかけをします。つまり世の中の進歩や冠婚葬祭など俗事は、問題ではないのです。

中国の与党は一貫して法家です。それが本音です。あれほど広い国で実際の政治を行なう際に必要なのは、法律ですから。しかし、法律で人民を支配するといわれても、ありがたみも何もない。そこで儒家が建前になります。「修身・斉家・治国・平天下」などと言えば恰好がつくじゃありませんか。本音と建前という形で、法家と儒家は共存していきます。

進歩派の代表、天才始皇帝は、近代国家をつくろうとしているのに、秦に反抗する思想家は許せないとして、書を焼き、多くの思想家を穴埋めにしました（焚書坑儒）。この破壊行為で、諸子百家の時代は終わりを告げたのです。

こうして中国の思想界は、本音は法家、建前は儒家、知識人は道家、という棲み分けが完成しました。これが結果的に中国を安定させます。国は有能な官僚が治め、庶民は儒教で親を敬い子供を大切にして、一所懸命働き、みんなで仲良く国を守る。知識人は自由に生きてくださいというガス抜きもあるので、うまく収まるわけです。このバランスは今日まで生きているように思います。

〔11〕知の爆発⑦　ユダヤ人のディアスポラが旧約聖書成立の引き金となった

世界帝国アカイメネス朝をつくった名君キュロス大王がバビロンを歩いていると、ユダヤ人街がありました。「なぜここに住んでいるのか?」と聞くと、戦争に負けて連れてこられたといいます。

「それはかわいそうだ。もう自由にしてやるから帰ればいい」

というわけで、バビロン捕囚は終わりました。

さて、ユダヤ人は喜んで帰ったでしょうか。当時のエルサレムとバビロンといえば、おそらく現在の東京と僕の生まれた三重県の美杉村以上の格差があった。エルサレムから連れてこられて五〇―六〇年が経っていることは、当時の寿命は平均すると二〇―三〇年ですから、二世代から三世代目になっています。すると、おじいさんは美杉村から連れて来られたかもしれないけれど、僕は東京で生まれた。仕事もあるので美杉村に帰りたくないという人が、実は大部分だったのです。故郷に帰らなかった。

これがディアスポラです。昔はこの言葉を、「離散」と訳していましたが、最近では、「散在」と訳しています。自分の意志で故郷を離れて住んでいるのだと。

では誰がエルサレムへ帰ったのかといえば、頭の固い保守的な人々が帰りました。その代表が司祭階級です。故郷に戻って神様を祭らねばならない、というわけです。

そしてエルサレムに帰ってユダヤ教の神殿を再建します（第二神殿）。けれど待てど暮らせど、バビロンからはほとんど誰も帰ってきません。

エルサレムに帰った人々は不安にかられます。このままでは、ユダヤ人は、寛大で自由で豊かなアカイメネス朝ペルシャのなかに呑み込まれてしまうのではないか。そこで、ユダヤ人に自分たちのアイデンティティを自覚してもらおうと、民族の歴史をつくります。それが旧約聖書です。BC四世紀頃までに成立したと考えられています。

旧約聖書の中でいちばん古い物語は『モーゼ五書』（トーラー）ですが、実はこの部分がいちばん新しいのです。例えば、創世記の大洪水の話はメソポタミアの英雄叙事詩『ギルガメシュ』に出てきます。「エデン」はメソポタミアの地名ですし、出エジプト記のモーゼが葦の籠で流されたという話は、アッカド帝国のサルゴン王の伝説から借りたことは前に触れました。ユダヤ人たちはこれらの話を、バビロンで生活している間に学んだのです。家系図を書くときに、父母から祖父母へと遡るのと同じで、古い祖先の話は最後に（新しく）書かれるのです。

エルサレムに帰った人々がペルシャという世界帝国に対して、自分たちのアイデンティティの旗を掲げて、編んだ書物が旧約聖書だったのです。同様の例には、ギリシャ人がフェニキア人に対抗して書いた『イーリアス』『オデュッセイア』や、日本の

『古事記』『日本書紀』などが挙げられます。

唐と新羅の連合軍に白村江で敗れた倭国の持統天皇と藤原不比等が、『古事記』や『日本書紀』を創作して、大唐世界帝国に対抗して倭国のアイデンティティを守ろうとしたのです。例えば初代天皇神武という存在が、ここで新しく創作されました。聖書の創世記と同様に、いちばん古い物語が、実はいちばん新しいのです。古いものほど新しい、ということは歴史の記述にはしばしば見受けられます。

第三部　第四千年紀

第一章　漢とローマ帝国から拓跋(たくばつ)帝国とフランク王国へ

ＡＤ元年頃、世界の人口は一億五〇〇〇万人を超え、二億人に近づいていたと推計されています。

第四千年紀の初めにはローマ帝国が最盛期を迎えますが、その後、ローマと漢という東西の大帝国が緩やかに衰亡を始めます。きっかけはユーラシアの寒冷化と、それにともなう諸部族の大移動です。北から南へと移動する遊牧民が玉突き現象を起こし、やがてユーラシア大陸全般を巻き込む巨大な民族移動を引き起こします。

ユーラシアの東では中国が南へ逃げ、中国北部に遊牧民の国家がいくつも生まれます。そのなかから抜け出した拓跋部が中国の北部を統一します。「拓跋帝国」の誕生です。その後、拓跋部は中国の南も支配し、隋(ずい)や唐(とう)を建国します。

ユーラシアの西では、ローマ帝国が東へと逃れます。そして現在のフランスとドイツ西部を含む地域にフランク王国が誕生し、その後のヨーロッパを左右する存在になります。一方、民族移動の影響を比較的受けなかったインドとペルシャには新たな帝国が生まれます。

この時期にはキリスト教が生まれ広がっていきます。また大乗仏教が生まれ、庶民に浸透していきました。

〔1〕ヒンドゥー教に対抗して大乗仏教運動が始まった

仏教は、バラモン教の司祭階級に怒りを感じていた都市部の裕福な人々や知識人に支持されて、発展してきました。

その理由のひとつは、前述したように「生き物（牛）を殺してはならない」という単純な教えでした。加えて、知識人の生きる不安に応（こた）えて「涅槃（ねはん）」や「解脱（げだつ）」の思想を編み出しました。しかしよく考えてみると、「生きる不安」などというものは、生きることそのものに苦労しながら、毎日必死に働いている庶民には無縁です。仏教はブルジョアジー向けの宗教なのです。

例えば仏教には、バラモン教の影響を受けて四住期（しじゅうき）という考え方があります。

少年期には一所懸命勉強して、ブッダの教えや生きる知恵を学ぶ。成人したら一所懸命働いて一家をなし、妻を娶り家族を養い子供を残す。子供が独立したら仕事を止め、財産を譲って静かに宗教的生活を送る。人生の最後の時期になったら、世のしがらみを捨てて森に小さな庵を建て宗教三昧にふける。

この教えは、安らかな隠居生活という点を強調されることが多いようですが、その肝は、青壮年期に必死に働いてお金を儲けて、家族に不安を与えないように物質的基礎を築け、という点にあると僕は思います。都市のブルジョアジー向けの宗教としての面目躍如であると。

一方、「生き物を殺すな」という仏教のスローガンに敗れて都市を追われたバラモン教は、田舎に行って考えます。どうすれば信者が増え、お布施がもらえるのか。

バラモン教には十二の神様がいます。ギリシャのオリンポス山にも十二の神様がいました。インドもギリシャも、同じインド・ヨーロッパ語族だからです。この十二という数は、一年が十二カ月あるから神様も十二人いるだろうということで、もともとはエジプトに由来する考え方です。奈良の新薬師寺にも国宝の十二神将がありますが、すべてつながっているのです。

ちょっと話がそれましたが、バラモンたちは、田舎の人々に十二神といってもわからないだろうと考えました。そこでシンプル・イズ・ベストで、大事な神様だけを教えようと考えます。シヴァという宇宙の破壊と創造を司る神様、ヴィシュヌという慈悲深くて変幻自在の神様、ブラフマーという造物主とされる抽象的な神様の三神です。

この三神の中で人気があったのは、シヴァとヴィシュヌでした。シヴァ神万歳、ヴィシュヌ神万歳と祈れば救われるぞ、という方向にバラモン教が変質していきます。この頃からバラモン教は、ヒンドゥー教と呼ばれるようになり、インド土着の宗教という色彩が濃くなっていきます。

さて、ヒンドゥー教は田舎では大きなお寺が建てられなかったので、道の辻や峠にシヴァ神やヴィシュヌ神の小さなお社をつくりました。そこに手を合わせてお祈りしなさい、それでもう救われますよ、というわけです。

僕もインドを旅したとき、いくつも小さな社を見ましたが、とても素朴な社です。けれどもシンプル・イズ・ベストで、この単純な教えが功を奏しました。信者がどんどん増えました。都市には農村から人が出てきますが、彼らがヒンドゥー教の信仰を持ち込みます。彼らは都市に住んでも、仏教の言う「人生を四つに分けて」などという難しい思想ではなく、「ヴィシュヌ神万歳！」で充分なのです。

こうして、都市から追い出されたバラモン教はヒンドゥー教となって、逆に都市の仏教を包囲します。仏教はあせり始めます。難しいことばかり言っていないで、わかりやすい教えにしないと生き残れない。そこで大改革を始めます。

第二回の仏典結集で、仏教はブッダの教えを忠実に守る上座部と革新的な大衆部に分かれましたが、ここに来て、多くの仏教のお坊さんたちが「ブッダは、本当はこう言ったのだ」と主張して、勝手に経典を書き始めました。知恵を説く般若系、宇宙と人間の一体を説く華厳系、西方極楽浄土を説く浄土系、理想主義的な平等思想を説く法華系などです。そしてこれらの論客たちは、自分たちの教えこそが大きな乗り物で多くの人を救うことができる大乗仏教であるといい、上座部の仏教を自分しか救えない小さな乗物、小乗だと批判しました。紀元前後から一世紀頃までの出来事です。

上座部の人たちは、これに対して、ブッダの教えを勉強せずに何を言うか、おまえたちこそ大乗非仏教であると言い返して、大論争になります。結局、シンプルなほうが勝ちます。南無阿弥陀仏や南無妙法蓮華経と唱えていればＯＫだというのは、ヒンドゥー教と同じです。

さらに、大乗仏教はヒンドゥー教のヴィシュヌ神を借りてきます。ただし名前は観音菩薩に変えます。ヴィシュヌは人を救うためにさまざまに姿を変え、一〇〇〇の手を持ったり、眼を持ったりします。このアイデアを借りたのが千手観音や十一面観音などです。

　こうしてヒンドゥー教を真似て、大乗仏教が興ります。

〔2〕クシャーン朝で仏像がつくられ始める

　大乗仏教が生まれた頃のインドの王朝はクシャーン朝です。この王朝が生まれた背景は次の通りです。

　匈奴と対決した漢の武帝は、難敵を挟み撃ちにしようと考え、モンゴル高原西方のフェルガナ盆地、現在のタシケントのあたりに本拠地を置いていた大月氏という国に使者を送りました。大月氏は、何度も匈奴と戦争を繰り返したあげく、フェルガナ盆地に落ち着いた民族です。

　ＢＣ一三九年に漢を出発した張騫は、大月氏に往く途中で匈奴に捕まり、拘留された後に脱出して、大月氏に到達します。しかし、大月氏は現在の生活に満足しており、匈奴と戦う意志はもうありませんでした。張騫は断念して帰途につきますが、再び匈奴に捕まり、ＢＣ一二六年になって、やっと長安に戻りました。

　武帝の壮大な挟撃作戦は挫折しましたが、張騫によってもたらされた情報からシルクロードの状況や匈奴の戦力と内実がよく分かり、その上で武帝は匈奴と戦ったのでした。

その後、大月氏は西方に展開します。アフガニスタンからインダス川上流のガンダーラ地方に勢力を展開していたギリシャ系のバクトリアを攻めてこの地方を併合しました。さらにインドに食指を伸ばす勢いでしたが、輩下の有力なイラン系の一族に滅ぼされます。この一族がクシャーン族でした。

インドにはインダス川中流域と、ガンジス川中流域に肥沃な地帯があり、この二カ所を楕円のふたつの焦点のようにして発展してきたと言いましたが、クシャーン朝もその例に漏れませんでした。インダス川に近いプルシャプラ（ペシャワール）と、ガンジス川に近いマトゥラーを中心都市として栄えたのです。

この国は宗教に対しては寛容で、仏教もジャイナ教もヒンドゥー教も栄えました。

そして、この時代に仏像がつくられるようになりました。

それまでは、教祖の似姿は畏れ多いため、仏足石というブッダの足裏の形を石に刻んだものや、法輪といってブッダの教え（法）を輪にたとえたものに、手を合わせていました。

けれども、そういうものでは普通の人は満足できません。偉い人や尊い人は、どんなお姿なのだろう、と想うのが人情です。抽象的な論理やシンボルで宗教を信じられるインテリは少ないのです。

そこに登場してきたのが、道端の小さな社に置かれた、ヒンドゥー教の稚拙なシヴァ神像などです。祈る側とすれば感情移入しやすい。この神像がヒンドゥー教の大衆化の力になりました。それを見て、大乗仏教も仏像をつくるようになった、という説が有力になっています。

実は従来の説では、ガンダーラ地方に栄えていたバクトリアにギリシャ彫刻が入っていたので、それを手本にして仏像をつくるようになったとされていました。しかし仏像は、ガンダーラ地方やプルシャプラなどインダス川中流域のみではなく、ガンジス川中流域のマトゥラーでもつくられていたのです。ですから、ギリシャ彫刻は仏像づくりのヒントにはなったが、それだけが主たる原因ではなかったと考えるのが正しいようです。

クシャーン朝は、ローマと漢の間に位置することで東西交易の陸の要路を押さえて大量の金貨を発行し、二世紀のカニュシカ王の時代に隆盛をきわめましたが、三世紀にペルシャのサーサーン朝に滅ぼされます。クシャーン朝とほぼ同じ頃、南インドでは海上交易を押さえたデカン高原のサータヴァーハナ朝（アーンドラ朝）が栄えました。

〔3〕王莽による西漢の簒奪と東漢の成立

中国ではＡＤ八年、漢室の外戚である王莽が漢を乗っ取り、新という国をつくります。

王莽は儒教を信奉していました。そして、初めての禅譲を実現したのです。誰かの夢に神様が出て来て、「王莽を天子にして国を治めるように。疑うなら、どこそこを掘れ」と言う。それで、言われた場所を掘ると神像が出てくるのです。

それで漢の皇帝は、帝位を譲ると申し出ました。王莽は立派な人だという評判が国中に起きます。もちろん脅かされて申し出たのでしょうし、神像もあらかじめ埋めておいたものでしょう。

王莽の政治は、すべて儒家の思想と中華思想に則って行なわれました。大臣の役職名をすべて儒教どおりにしたり、地名を変えたり、七年間に四回も貨幣改革を行なったりします。また、その頃朝鮮半島に「高句麗」という国がありましたが、「高とは中国より背が高いみたいでけしからん」といいがかりをつけて「下句麗」と名前を変えさせました。

通説では、王莽はドン・キホーテ的な愚かな皇帝だと考えられてきました。ところが近年、ひょっとすると王莽は、中華思想がアジア全域に広がっていることを利用して、中国中心の国際秩序をつくろうとしたのではないかという見方も出てきています。しかしあまりにも現実を無視していたため、赤眉（せきび）の乱が起こって、新は一五年で滅びます。そして二五年、漢室一族の劉秀（りゅうしゅう）（光武帝（こうぶてい））が帝位について、都を長安から、東の洛陽に移しました。そこで、これまでの漢を西漢（前漢）、新しい漢を東漢（後漢）と呼んでいます。

この時代に、西域を経由して大乗仏教が伝来しました。洛陽の白馬寺（はくばじ）が中国最古の仏教寺院です。

〔4〕イエスの刑死とパウロの回心、そして新約聖書の成立

旧約聖書を完成させてユダヤ人のアイデンティティを確保したユダヤ教ですが、時代を経るにつれて、教義の乱れと聖職者の堕落が始まります。どのような宗教でも、自分の宗派が発展してくると、きれいな法衣を着たり、おいしいものを食べたくなる

お坊さんが増えてくるのです。イエスはそれを非難してユダヤ教の革新運動を始めたのだと思います。したがってユダヤ教とキリスト教の神様は同じです。けれどもイエスは三二歳前後でエルサレムで刑死してしまいます。そこで、パウロがキリスト教の衣鉢（いはつ）を継ぐことになります。パウロは、もともとはキリスト教を迫害していた人ですが、なぜ回心したのか、次のような伝承があります。

彼がエルサレムから北のダマスカスに向かって旅をしていたとき、突然、光が彼を襲いました。驚いて落馬すると、天からイエスの声が響きました。

「パウロよ、なぜ私の信徒を迫害するのか」

パウロはこの声に打たれて回心したというのです。

もちろんつくり話でしょう。パウロはキリストの教えに同調するようになって、エルサレムに戻った。しかし、そこにはイエスの弟ヤコブを始めとする人々がイエスの教えを守って暮らしていて、キリスト教の迫害者であったパウロを受け入れませんでした。

その頃、バビロン捕囚から解放されたユダヤ人は、ディアスポラ（散在）で大都市に住み、商業に従事していました。パウロは生まれ故郷である小アジア（アナトリア半島西部のこと）や、エーゲ海周辺の都市に住むユダヤ人の共同体を巡り歩いて、イエスの教えを説くようになりました。

ところが、小アジアなどの都市に住むユダヤ人の数はたかが知れています。当初、パウロはユダヤ人の家で、ユダヤ人を集めて説教していましたが、人数が少なくて盛り上がりません。これでは教えも広まらないし、お布施も集まらない。そこで彼は、「ギリシャ人でもいいですよ、イエスの教えは誰にでも開かれています」と、誰にでもドアを開けて迎え入れるようになった。

パウロはリンガ・フランカであるコイネー(ギリシャ語)で説教し、少しずつ共感を集めるようになりました。

一方エルサレムでユダヤ人に説教していた人々は、アラム語を使っていました。イエスが話していたのもアラム語です。パウロとヤコブの関係は多少緊張しましたが、結局、パウロが民族を問わず布教したことで(初期の信徒はユダヤ人が大半でしたが)、キリスト教は世界宗教になる素地を得たのです。

ちょうどインドで大乗仏教運動が始まったころです。

小アジアやギリシャで伝道の旅を続けていたパウロは、「イエスはこう言った」と教えを説きました。けれども、彼はイエスには会っていませんから、伝え聞いたイエスの話をパウロふうに組み立てて話をしました。もっと言ってしまえばパウロの考えを説きました。このあたりの事情は、大乗仏教とよく似ています。

そして、これがイエスの教えであるということで新約聖書がつくられます。それはイエスの死から一、二世代を経たAD六〇年代から九〇年代頃のことでした。その後キリスト教は、他の主だった新興宗教の利点を柔軟に取り入れて（ミトラス教からはクリスマスやパンと葡萄酒のミサ。イシス教からは聖母子像など）、信者を増やしていきます。

〔5〕ローマ帝国は「人類の最も幸福な時代」へ

ユーラシアの西方では、アウグストゥス（在位：BC二七―AD一四）がカエサルのグランドデザインを継承して、ローマ帝国を樹立しました。そのあと婿養子のティベリウスが引き継いだ頃まではよかったのですが、五代目に暴君といわれたネロが出てきます。そしてネロが六八年に自殺してカエサルの家系は絶えます。それから五〇年近くが経って、皇帝と官僚と軍人が治めるというカエサルの考えたシステムが帝国全体で機能し始めた頃に、幸運が訪れました。九六年から一八〇年までの間、五賢帝と呼ばれた皇帝が連続して登場したのです。

この五人は全員養子です。血縁関係はありません。昔の日本の商家でも男の子の出来が悪くて、「これでは商売は無理だな」と思ったら、お嬢さんを賢い番頭さんと結婚させて後を継がせたりします。賢い方法です。

　こうして、ローマ帝国は「人類の最も幸福な時代」を迎えます。この言葉は一八世紀の連合王国の歴史家ギボンの『ローマ帝国衰亡史』に出てくるやや大げさな表現ですが、一〇〇年近い歳月、それほど大きな戦争もなく栄え続けたというのは、人類の五〇〇〇年の歴史のなかでもたしかに稀有（けう）なことです。五賢帝の二人目、トラヤヌスの時代にローマ帝国の領土は最大になりました。

　この「幸福な時代」は地球の気候がおだやかで安定していたことにも大きく依存しています。農業生産が生命線であった古代・中世の社会では、地球が寒冷化すればどの政権にとっても致命的でした。特に大国では、統一が困難になります。北の地方から人々が移動を始め、その玉突きで諸部族が国境を越えて侵入して来るからです。漢の統治システムは始皇帝のグランドデザインを踏襲しており、ローマ帝国はアカイメネス朝とカエサルを手本にしています。気候さえ安定していれば、システム自体がしっかりしているので、ガタガタになることはありません。三人目のハドリアヌス（在位：一一七―一三八）は、帝国全土を巡回してタガを締め直しました。

　しかし、二世紀半ばになるとユーラシアは寒冷化に向かいます。そのなかで、東西の二大帝国は崩れていくのです。

〔6〕ユーラシアの寒冷化が巨大な民族移動を引き起こした

世界地図を眺めると、ユーラシアでは東のモンゴル高原から西のハンガリー大平原に至るまで大草原が広がっています。そこには多様な遊牧民が自由に暮らしていました。スキタイや匈奴という大帝国も彼らがつくったのです。しかし二世紀半ばに寒波が襲ってきた。すると彼らは、南へと動き始めます。これが玉突き現象になって、雪玉がだんだん大きくなるように、大きな民族移動になっていく。

ユーラシアの東では、モンゴル高原で匈奴に代わって鮮卑（せんぴ）が大帝国をつくります。檀石槐（だんせきかい）という英雄が出て、東は遼東（りょうとう）半島から西は敦煌（とんこう）まで征服しました。

漢は鮮卑の外圧に動揺し、しかも寒冷化による農業生産力の低下が社会不安を招き、国政が乱れます。ついに黄巾（こうきん）の乱（一八四）という大反乱が起こり、漢は滅亡をまぬがれたものの、魏（ぎ）の英雄、曹操（そうそう）の傀儡（かいらい）政権になり、『三国志』の時代（魏・呉（ご）・蜀（しょく））に入ります。

ちょうど同じ頃に西では五賢帝の最後のマルクス・アウレリウス・アントニヌスが、

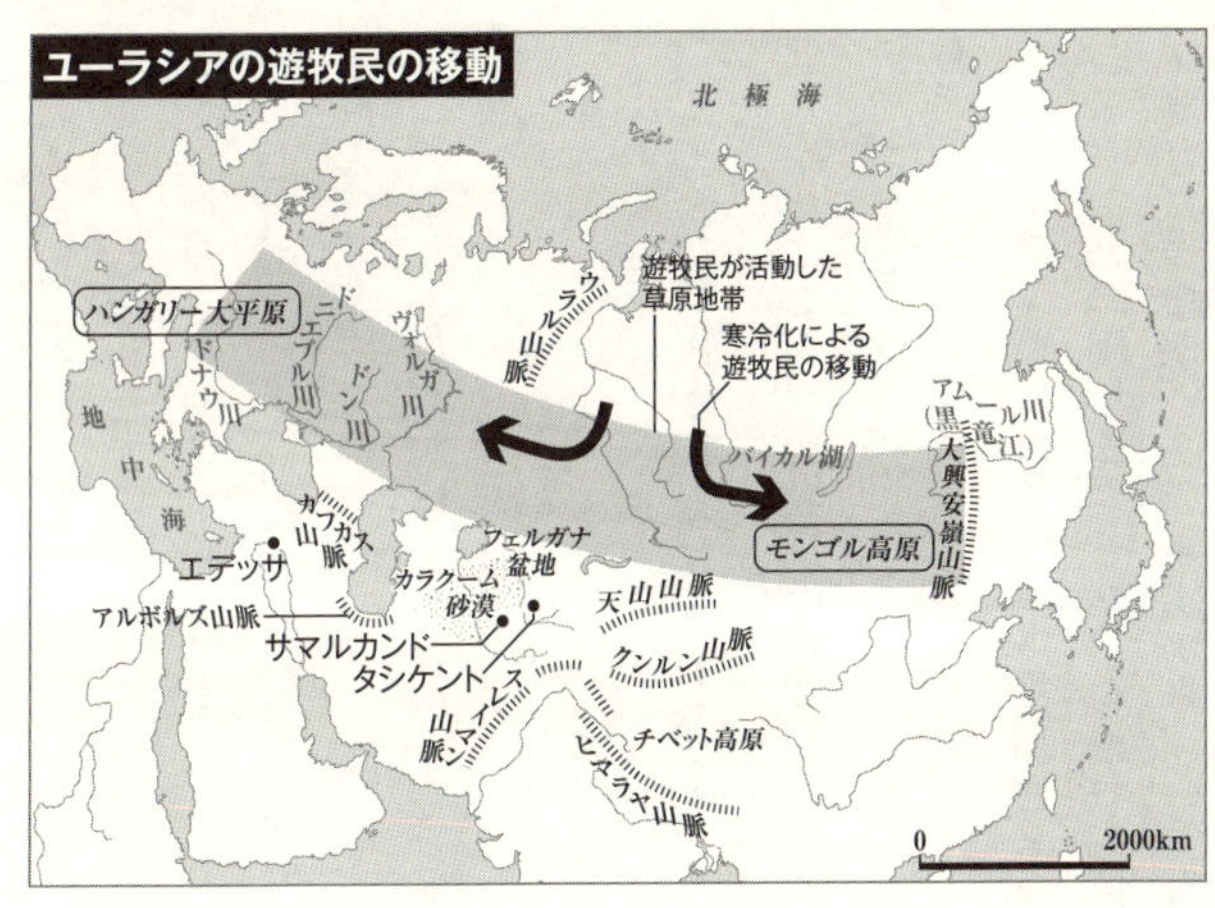

侵入を始めた遊牧民と対峙する帝国の最前線ウィンドボナ（ウィーン）の地で死亡しました（一八〇）。五賢帝の時代が終わったのです。

自然の力は恐ろしいもので、この時代の寒冷化については、次のような話があります。

漢の時代、紀元二年の中国の人口は約五九〇〇万人でした。漢は世界初の戸籍調査を実施して、その記録を残しています。戸籍調査ができること自体、すごいことです。いかに始皇帝のグランドデザインがしっかりしていたかがわかります。日本はまだ卑弥呼のはるか前の時代ですから。ちなみにローマ帝国が最大版図を実現したときの人口が約六〇〇〇万人と推計されています。

ところが『三国志』の時代（一九〇―二二〇）の人口は、一説では一〇〇〇万人を切ったとも言われています。この時代は戦乱が多く、そこに寒さや食物不足で病気も広がったので、子供も産まれず、人がどんどん死んでいったのでしょう。中国が五〇〇〇万台の人口を回復するには、隋の文帝の時代（五八一―六〇四）を待たねばなりません。

このような恐ろしい寒冷化の中で、『三国志』の英雄たちは闘争を続けていたのです。

〔7〕遊牧民が簡単に入れなかった国、インドとペルシャ

寒冷化によって遊牧民の移動が始まると、四極のなかでローマと漢はガタガタになるのですが、インドとペルシャ（現代のイラン）には遊牧民も簡単には進入できません。

インドの北側にはチベット高原とヒマラヤ山脈があります。わずかに西北のアフガニスタンとの国境あたりがひらかれています。しかし、このあたりは豊かなパンジャブ地方につながっていますから、いつもどこかの国が押えています。北からの遊牧民

大移動の頃には、クシャーン朝の勢力圏でした。彼らもまた騎馬民族です。ペルシャの東北は砂漠地帯です。またカスピ海の南側は、アルボルズ山脈が遮断しています。この山脈の最高峰は五〇〇〇メートルを超えます。つまりペルシャも北からは入りにくいのです。

また、遊牧民も、寒さを避けて南下しているので、どこへ行こうかと精緻に考えているわけではありません。山にぶつかったら、「越えるのは難儀だから、東西に分かれよう」、ということになるわけです。

ペルシャの地は、アカイメネス朝が世界帝国を築いた後（BC五五〇）、パルティア（アルサケス朝）が継ぎます（BC二四七）。このパルティアを倒して、サーサーン朝ペルシャが登場します（二二四）。このサーサーン朝を建国したアルダシール（一世。在位：二二六—二四〇）は「私は、かつてインドからエジプトまでを征服した世界帝国アカイメネス朝の血を引く者である」と宣言しました。

サーサーン朝は、東ではクシャーン朝を滅ぼし、さらに西ではペルシャ湾にまで勢力を拡大してシリアに侵攻します。そしてローマ帝国と激突することになります。

この強敵に対して、ローマ帝国も必死に戦います。そして、現在のトルコ共和国の東部にあるエデッサ、そこはローマ帝国の東端の州都でしたが、そこで両軍は激突します（二六〇）。この戦争ではローマ皇帝が、サーサーン朝の捕虜になるなど大苦戦でしたが、なんとかサーサーン朝の進出をくい止めることができました。これからペルシャとローマは最大のライバルになっていきます。

サーサーン朝が生んだ宗教、マニ教について

サーサーン朝の宗教は、ゾロアスター教（拝火教）でした。ゾロアスター教は、BC六〇〇年以前に、イラン高原でゾロアスターを教祖として生まれた宗教です。アフラ・マズダという絶対の正義神と悪神の戦いで世界を理解する原初的な善悪二元論を唱えていました。

ゾロアスター教はアカイメネス朝の宗教でもあり、ペルシャ人に深く信仰されました。中国にも伝わって祆教（けんきょう）と呼ばれました。

さて、サーサーン朝二代目のシャープール一世（在位：二四一―二七二）の時代に、マニという宗教家が登場します。マニはゾロアスター教を進化させて、光と闇（やみ）、霊魂と物質、善と悪などを対峙させる壮大な二元論のマニ教を創出しました。マニの教えは、またたくまにサーサーン朝に広がりました。

一神教の教えでは、全知全能の神様がいるのに、なぜ世の中に悪が存在するのか、

という点が説明しにくい。

二元論は、時間軸でこの難問を解決します。最後の審判では正義が勝つのだが、この世では善と悪が戦っているので、例えば誰かが磔になっているときに神様が人間を助けることができないのは、たまたまそのときは悪の勢力が強かったからだという理屈になるのです。

マニの影響力は大きく、キリスト教にもその思想が入っていきます。西方では北アフリカまで広まり（古代キリスト教の最高の神学者、聖アウグスティヌスは元マニ教徒でした）、東方では中央アジアや中国でも信仰されました。しかしシャープール一世の死後にゾロアスター教を信じるバハラーム一世がマニを捕え、刑死させます。

このマニはたいへんおもしろい人で、自分で絵を描いて布教をし、自分の教えを舞踏にして伝道したそうです。

もともと人類のコミュニケーションでは、話す人の表情であったり、歌や踊りであったり、また絵であったりと、感情に訴えることが大切にされていました。しかし文字が生まれると、その情報量が圧倒的に多いので、言語や文字がコミュニケーションの主力となり、歌や踊りは、演劇、音楽や舞踊の形で伝統芸能になっていったという歴史があるのです。それでも宗教には理屈にはならないこと、たとえば神がかりや奇跡も必要なので、聖歌や踊りという人間の深い感情を呼びさます方法は廃れませんでした。踊り念仏の一遍やイスラム教の旋舞で有名なメヴレヴィー教団（開祖はルーミー）が、その好例です。

北インドではグプタ朝が安定政権を樹立し、文化が花開く

この時代、インドもペルシャと同様、遊牧民の侵入はありませんでした。マウリヤ朝崩壊後約五〇〇年続いてきた分立時代にピリオドを打って、グプタ朝（三二〇―五五〇頃）が北インドに安定した政権をつくりました。首都はマウリヤ朝と同じくガンジス川流域のパータリプトラ（現パトナ）に置かれました。

なお西北インドでは、サーサーン朝の勢力が、いまだ健在でした。またデカン高原も版図には入りませんでした。

グプタ朝下のインドでは文化が開花しました。詩聖といわれたカーリダーサは『シャクンタラー姫』を書き残しています。中国に禅を伝えた僧ダルマ（達磨）も、この時代の人です。またブッダが悟りを開いたブッダガヤの近くにアカデメイアとよく似たナーランダ大学がつくられて、仏教の国際センターのような存在になります。

この王朝はヒンドゥー教のヴィシュヌ神を信仰していましたが、すべての宗教に寛

容でした。インドが誇る二大叙事詩「マハーバーラタ」と「ラーマーヤナ」もグプタ朝の時代までに完成されました。世界遺産のアジャンターの石窟寺院も（領域外でしたが）この時代の産物です。

〔8〕漢が滅亡　晋は北を捨てて南へ逃げる

中国では、黄巾の乱をきっかけに東漢が弱体化し、一四代献帝の時代に、詩人でもあった英傑、曹操の保護下に入り、傀儡政権となります。そして曹操の死後、献帝は帝位を曹操の子曹丕に譲り、四〇〇年続いた漢王朝は滅亡しました。

曹丕（文帝）は魏を建国（二二〇）しましたが、その魏に対抗して、西域とのルートを握る蜀（四川省）で漢の末裔と自称する劉備が「蜀」漢を建国し（二二一）、長江の南、江南の地では孫権が呉を建国します（二二二）。この三国が覇を争った時代を三国時代と呼んでいます。なお『三国志』とは、晋の時代に書かれた正史のことです。卑弥呼が登場する、いわゆる「魏志倭人伝（魏書東夷伝倭人条）」は三国志のなかの一節です。

三国時代は、まず蜀が滅び（二六三）、魏の権臣である司馬氏が、魏帝を退位させて晋を建国し（二六五）、二八〇年には呉を滅ぼして中国を統一したことで終わりを告げます。

ところが三一六年、晋は漢室の姻族でもあった匈奴に倒されます。寒冷化のなかで、南下の機会をうかがっていた遊牧民は、晋が王族間の争いで乱れているのを見逃しませんでした。

晋の滅亡を皮切りにして、遊牧民の侵入が激しくなります。こうして華北の地は、五胡十六国の時代に突入します。

五胡の胡とは、異民族の総称です。具体的には匈奴・鮮卑・羯・氐・羌を指しますが、羯は匈奴の支族ですので、中国人の好きな五行説（万物は木火土金水の五元素から成るという古代の自然哲学）の思想に合わせて、五胡にしたという説も有力です。そして五胡のいずれかに属する大国が、ほぼ十六国、華北に生まれました。

それでは華北を追われた晋の人々や漢民族は、どこに行ったのでしょうか。華北に留まり、五胡と共存した人々もいました。農耕民と遊牧民は、敵対もすれば共存もします（建国時の漢と匈奴の関係は共存でした）。しかし遊牧民に支配されることを拒否する人々は、南へ逃げたのです。

晋の司馬氏の一族は南へ逃れて、かつての呉の都であった建康（現在の南京）で、晋を再建しました。洛陽を都としていたときの晋を西晋、建康を都にしてからを東晋（三一七―四二〇）と呼んでいます。

さて、東晋の人々は華北を捨てましたが、華南に来てみると気候は温暖で暮しやすく、食べものも豊富なので、華北を取り戻そうと考えるのを止めて、貴族と知識人が優雅な王朝生活を始めました。建康は繁栄し、華北から訪ねてくる人も多くなりました。そして文化（六朝文化）が発展します。書聖と呼ばれた王羲之、田園詩人の陶淵明（「帰去来の辞」や「桃花源記」など）も、この時代に登場します。

前秦の符堅とローマ帝国のユリアヌス、理想の前に散った二人の君主

その頃、華北の地では、五胡の氏がつくった前秦の符堅が華北を統一しました。彼は戦争も強かったのですが、理想家肌の君主で、儒教の教えを政治の手本にしていました。漢民族ではないので、よけい名君主になろうと考えたのかもしれません。彼は「降参した者は全部許して重く取り立てれば、必ず忠勤に励むものだ」と信じていました。

そして勝ったたび、敵将を自軍に組み入れました。彼には中国人の王猛という賢い補佐役がいて、お人好しに近い符堅の政策をカバーしていました。符堅が許した敵将で

も、危険だと思うと、遠い地に飛ばすなど上手に処分していました。ところが王猛が死んでしまいます。連戦連勝の符堅は、東晋を攻めます。江南の地にも、理想の政治を施行して、全中国を統一しようと考えたのでしょう。

符堅は、大軍勢を引き連れて南下し、淮河の支流の地で東晋と対決しました（淝水の戦い。三八三）。しかし、許した将軍たちが、最後の最後に裏切ります。東晋のスパイ工作も巧みであったのでしょう。考えてみれば、東晋は中国の本家本元の王朝です。遊牧民である前秦が本家を破るのは、ちょっと話が違う、これは寝返っておいたほうが得だぞと、みんなが考えても無理からぬことだったのでしょう。

実はほとんど同時代に、ローマ帝国でもガリア（現在のフランス）から攻め上がったユリアヌス（在位：三六一—三六三）という皇帝が登場しています。キリスト教がギリシャ・ローマの神様や古典の文献を「焚書坑儒」するのはおかしい、ミラノ勅令（後述）は信教の自由を認めているではないかと主張します。そしてギリシャ・ローマの神々を復活させようとします。これもひとつの理想主義ですが、ユリアヌスはサーサーン朝との戦いで戦死するのです。キリスト教徒は彼を背教者と呼びました。

東西においてほぼ同時代に、理想主義者が現われて共に敗れ去るのも歴史の不思議な暗合です。

〔9〕北魏が華北を統一 拓跋帝国の始まり

前秦の符堅の後、最後に華北の地を征覇したのは鮮卑が建てた北魏（三八六―五三四）でした。鮮卑には六つの有力な部族がありましたが、北魏を建国したのは拓跋部です。この拓跋部は西のフランク族と並ぶすぐれた部族でした。五胡十六国という混乱状態に終止符を打ったばかりではなく、やがて江南の地も制圧して中国を統一します。それが隋です。続けて唐を建国します。

この北魏から隋、唐へと続く支配国家をまとめて、拓跋帝国、拓跋国家と呼ぶ学者もいます。

仏教を弾圧した皇帝、仏教で国を治めようとした皇帝、中国人になってしまおうと考えた皇帝

拓跋部の支配層は、自分たちが中国人ではないことを意識していました。中国人であれば、国を治めるロジックがあります。孟子の易姓革命論です。前の王朝が悪政を行なったので、人民が蜂起して自分が新王朝を開いたという理屈です。ところが自分

たちは中国人ではないので、この理論は使えません。

北魏が華北統一（四三九）を成し遂げたのは、三代目の太武帝のときですが、彼は道教（老荘思想）を組織した寇謙之の教えを受けて、仏教を迫害しました（仏教に対して四回行なわれた大弾圧、「三武一宗の法難」の最初）。

太武帝が華北を統一する四〇年ほど前、長安に鳩摩羅什という西域の僧がやってきました。彼は大量の大乗経典を中国語に翻訳しました（旧訳。これに対して唐の時代の玄奘の訳を新訳と呼ぶ）。寇謙之は太武帝に、西域から来た仏教を弾圧し中国古来の道教思想を大切にすれば、中国人はあなたを皇帝と認めますよ、とでも進言したのでしょう。

ところが、太武帝の後に即位した文成帝は、逆に仏教を保護しました。彼は曇曜という高僧から、国家仏教の教えを受けます。

「皇帝は如来つまり仏である。官僚や軍人は人々を救う菩薩である。そして人民は救いを待っている大衆である」

平たく言えば、こういう教えです。このロジックは、易姓革命論に十分対抗できます。そこで曇曜に命じて、首都である平城（現在の大同。わが国の平城京の語源）西郊の雲崗の石窟に、巨大な石仏をつくらせました。その石仏の顔は、すべて北魏の皇帝を写したものでした。

次に、仏教と関係なしに、自分たちが中国人になりきったら易姓革命論が使えるじゃないか、と考えた皇帝が登場します。第六代孝文帝（在位：四七一―四九九）です。彼は徹底した漢化政策を推進します。

鮮卑の姓を全部中国風に変える、鮮卑語の使用を禁じる、民族衣装である胡服も捨てる、などの政策を実行しました。さらに首都を平城から洛陽に遷都します。かなり強引な政策で、支配層の反対もありましたが、孝文帝は押し切りました。洛陽に入った孝文帝は龍門の石窟を造営し始めます。

彼は五歳で皇帝になったのですが、実母とも伝えられている養祖母、馮太后が約二〇年間称制（政治の代行）を行ないました。事実上の女帝と言っていいでしょう。この女性は類い希な賢い人でした。均田制（国家が土地を農民に分与）を始めるなど中央集権化を推進し、国力を高めました。孝文帝が思い切った政策を断行できたのは馮太后の遺産があったからです。女性の地位が高かった拓跋部には、これから後も優秀な女性たちが登場してきます。

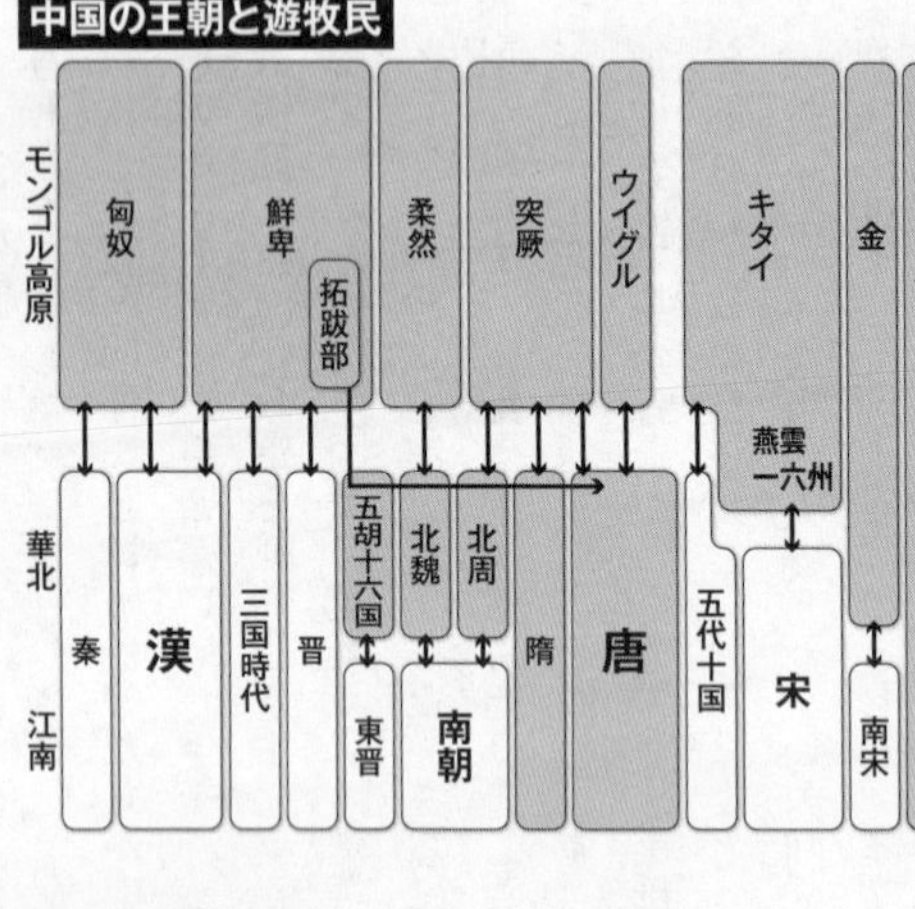

孝文帝が夭折しなければ、南北朝時代はもっと早く終わっていたかもしれない

北魏の太武帝が華北を統一したのは四三九年でしたが、その頃江南の地には東晋の下級軍人であった劉裕が宋を建国していました（四二〇）。この北魏と宋の二国が北と南に並立した頃から、隋の文帝（楊堅）が全中国を統一する五八九年までの時代を南北朝時代と呼んでいます。

ところで孝文帝は中国を統一する大望を持っていました。漢化政策も洛陽遷都（四九四）も、自分こそが中華の皇帝にふさわしい者であるという自負心のなせる業であったのでしょう。しかし彼は四九九年に三三歳の若さで夭折します。早すぎた死と急激な漢化政策は、北魏自体の衰亡の遠因になっていきました。

モンゴル高原では、匈奴、鮮卑に続いて柔然という国家が登場します。特に五世紀の始めに、社崙という英雄が出て遊牧民たちの君主の称号である可汗を名乗り、中央ユーラシアからモンゴル高原に至る大帝国をつくりあげました。

北魏は辺境に六鎮と呼ばれた六つの鎮守府を置き、有力豪族に特権を与えて北方への守りとしていました。しかし洛陽遷都後、六鎮は冷遇されるようになり、やがて六鎮の乱（五二三）が起こって北魏は衰亡に向かいます。

なお、南朝では中国の統一を考えるよりも、文化的でぜいたくな生き方を楽しむ風潮が強く、政権も短命で入れ替り続けます。具体的には、先行した呉と東晋の後、宋、斉、梁、陳の四国が続きました。南朝文化を、六朝文化と呼ぶのはこのためです。

〔10〕ローマ帝国は分割統治を経て、東に重心を移す

ローマ帝国は東方のサーサーン朝とは一進一退、西方ではさまざまな部族の侵入が激しくなるばかりで、広い国土はガタガタになっていました。そこにディオクレティアヌス（在位：二八四—三〇五）という皇帝が登場します。

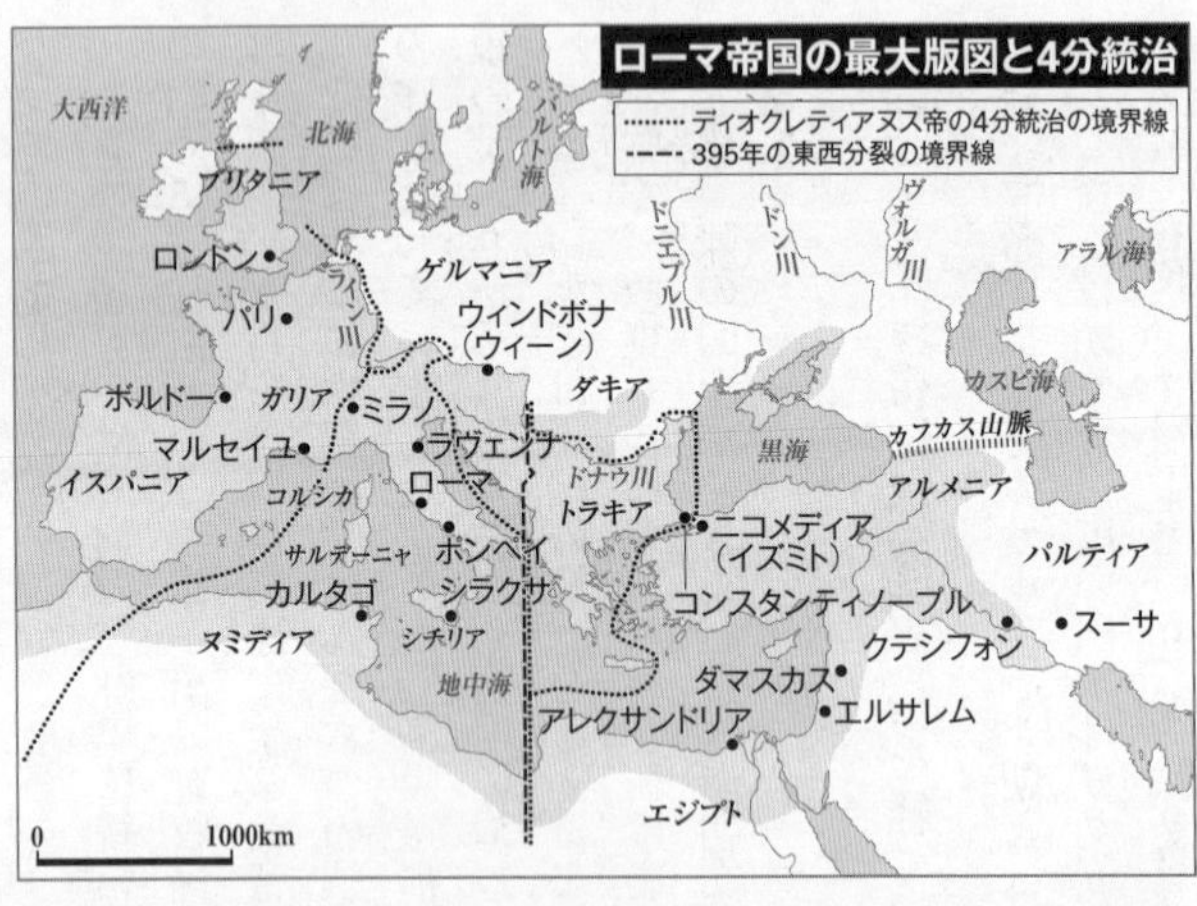

彼は、難局を迎えた広大な帝国は一人では統治できないと思い、分割統治を考えました。長靴の形をしたイタリア半島の東側から、南北に垂直に線を引いたあたりを境界線として、そこから東と西に二分します。そして、この東西の領域をさらに二分して、全体で帝国を四分して統治する形です。

四つに分けて二人の正帝と二人の副帝で効率よく蛮族に対応しようと、いわば道州制を実施したのです。そしてディオクレティアヌスは、アナトリア半島のニコメディア（現在のイズミト）に都を構えました。

この四分統治をテトラルキアと呼びました。四つの首都がいずれも前線近くに置かれたので、ローマ市の重要性は著しく低下しました。元老院も同様です。ディオクレテイアヌスは文字通りローマ帝国の専制君主となりました（ドミナートゥス＝専制君主制の始まり）。

テトラルキアは、ディオクレティアヌス一代でほぼ崩れます。しかし、帝国を東西に二分するシステムは残りました。

三一三年には、東の正帝リキニウス（在位：三〇八―三二四）と西の正帝コンスタンティヌス一世（在位：三〇六―三三七）が共同で「ミラノ勅令」を出して、信教の自由を認めます。多神教のローマ帝国が一神教のキリスト教を認める第一歩を踏み出したのです。

次いでコンスタンティヌス一世は東西を統一し、ビュザンティオンに遷都（三三〇）、やがてこの「新しいローマ」はコンスタンティノープルと呼ばれるようになります。

ローマ帝国が繁栄していた頃、一〇〇万都市ローマの食糧は、エジプトの豊かな小麦に支えられていました。しかし、ローマに運ぶよりも、コンスタンティノープルに運ぶほうが近い。しかも、大敵サーサーン朝の情報も早くわかるし、眼前のボスポラス海峡が天然の防御ラインにもなっています。こうしてローマ帝国の重心は東に移りました。

コンスタンティヌスの遷都から五〇年ほど経って、テオドシウス帝（在位：三七九―三九五）がキリスト教を国教とします（三八〇）。

キリスト教は、他の宗教との軋轢（あつれき）のなかで専従者（司祭）を置いて強力な組織網をつくりあげました。強い連帯感と信仰心を核として、イエスの教えがきちんと伝わり、相互に連絡できる体制ができていたのです。これは日本の新興宗教も同じことをやっています。全国至る所に施設があり、中央と結ばれています。

ところで、ローマ帝国領内に侵入した諸部族は、ローマの看板であった道路を寸断し、各地方にある帝国の出先機関を略奪します。道路も連絡網も断たれた帝国は機能不全を起こし、支配機構が崩壊します。

ところが、大衆の支持を得ている教会は襲撃しにくい。誰であれ神様に逆らうのはいやなものです。また教会は、在地の信者のお布施で維持されていますから、たとえ破壊されても容易に再建できます。

キリスト教の頑強でしっかりした組織網を、テオドシウスは注視していました。それに乗じてキリスト教は、ミラノ司教アンブロシウスを通じて「キリスト教のネットワークを貸すから国の宗教にして保護してほしい」と、バーター取引を持ちかけたのです。つまり教会を県庁、市役所代わりに差し出すというわけです。そして、その代わり他の神様のお祭りは止めてほしい、神殿は閉鎖して教会に転用させてほしい、などと要求しました。

その結果、古代オリンピックは廃止され、ギリシャ・ローマの神々の像はすべて打ち壊されました。公共図書館も閉鎖されました。そこには、キリスト教とは無縁のアリストテレスやプラトンの書物があったからです。ここからキリスト教と聖書以外はすべて排除される「焚書坑儒」、ギリシャ・ローマの知的遺産の受難が始まりました。

一方、キリスト教のなかでも何が正統な教義であるかを巡って論争が生じます。何度も公会議（宗教会議）が開かれ、「父（神）と子（イエス）と聖霊は一体である」とする三位一体説（アタナシウス派）がアリウス派やネストリウス派を斥けて勝ち残りました。

なお、テオドシウスの死後（三九五）、再びローマ帝国は東西に分割統治され、西側にもいわば代官としての皇帝が置かれます。

〔11〕ユーラシアの西方ではフランク族が抜け出す

東の五胡十六国同様、ヨーロッパに侵入した遊牧民もさまざまな部族に分かれていました。昔は「ゲルマン民族の大移動」と呼ばれていましたが、これらの諸部族をひとくくりにできる共通項が見出せないので、現在ではゲルマン民族という言葉はあまり使われなくなりました。なおヨーロッパに入った主なインド・ヨーロッパ語族を古い順に並べると、アナトリア語派（ヒッタイトなど）、ヘレニック語派（ギリシャなど）、イタリック語派（ローマを建国）、ケルト語派（カエサルの時代のガリア＝現在のフランス＝の主たる住人）、ゲルマン語派、バルト・スラヴ語派などとなります。

この当時のローマ帝国は、首都のコンスタンティノープルを中心に、豊かなエジプトとシリアを生命線として、イタリア半島ではアドリア海に面するラヴェンナに西の都を置き、西方の守りとしていました。イタリアを守るというよりも、アドリア海側からの遊牧民の侵入を監視する役割が大きかったようです。コンスタンティヌス一世とユリアヌスがともに西方の俊秀を引き連れて東方に向かったため、ローマ帝国の西方では人材が払底し、もはや侵入者に抵抗ができなかったのです。

フン族に追われてドナウ川を渡り、ローマ帝国に最初に侵入してきたのは西ゴート族でした。彼らの王、アラリックはローマを占領（四一〇）し、さらに南を目指しま

すが、途中で病没します。その後、彼の遺志を継いだ人々が南フランスのトゥールーズを中心に、スペインに至る西ゴート王国を築きます（四一五―七一一）。

パンノニア（ハンガリー）にはフン族の王、アッティラが大帝国を建設しました（アッティラの死後に瓦解）。彼は東方のローマ帝国を攻め、イタリア半島にも侵入しました。しかし、時のローマ司教レオ一世は彼を説得して、ローマを侵略から守ったと伝えられています。おそらく、フン族撤退の真の理由は疫病の蔓延だったのでしょう。レオ一世は、ローマ教会の事実上の初代教皇と考えられています。

四七六年、オドアケルというラヴェンナの傭兵隊長が西ローマ皇帝を退位させ、みずからイタリア王を名乗りました。昔は西ローマ帝国が滅亡した大事件と喧伝されましたが、東西二つの国家が存在していたわけではなく、西方領土の長が単に皇帝号を許されていたに過ぎないので、現在ではそれほど意味のある事件とは考えられていません。しかし、オドアケルはローマ皇帝の命を受けた東ゴート族のテオドリックによって倒されます。こうしてラヴェンナを都として、ローマ帝国が認めた東ゴート王国が、イタリア半島に成立しました（四九三）。

ヨーロッパの西方では、フランク族が勢力を拡大し始めました。

トゥルネー（現ベルギー）を本貫地とするサリ・フランク族のクローヴィスは、小国分立状態にあったライン川低地地方をまず統一し、現在のフランスとドイツ西部を含む広大な地域を支配するメロヴィング朝を建国します（四八一）。彼は、遊牧民の大半が信じていたアリウス派からアタナシウス派に改宗して、ローマ教会の支持を勝ち取りました。今後のヨーロッパを大きく左右するフランク王国が生まれたのです。

東の拓跋部、西のフランク族が遊牧民大移動の最終勝者となりました。

つけ加えますと、西ゴート族を西へ追ったフン族について、彼らが匈奴か否かをめぐって長く論争がありました。しかし近年、中央アジアで発見された古文献のなかで匈奴という漢字がフンと読まれていることが判明し、同一説が有力になっています。

第二章　一神教革命の成就

第四千年紀の後半に入ると、拓跋部が中国全土を支配し、隋唐世界帝国を築きます。その唐に敗れた倭国は、やがて日本へと生まれ変わります。

ユーラシアの西方では、かつての繁栄を夢見たローマ帝国とペルシャが戦争を続けて、お互いが疲弊していきます。そこに現れたのがイスラム教です。商人ムハンマドによってつくられたイスラム教とその共同体（ウンマ）は、またたく間に力をつけてローマ帝国やペルシャを打ち破り、巨大な世界帝国をつくりあげました。

やがて地中海の制海権をも手中に収め、地中海の周辺地域から多神教の神々が消えていきます。ユダヤ教、キリスト教に続く第三のセム的一神教であるイスラム教によって、西方で一神教革命が成就したのです。

〔1〕隋建国、拓跋部が中国の覇権を握る

北魏では、前章でお話しした六鎮の乱のあと、六鎮の実力者たちが相互に争い、北魏は東西に分裂して滅亡します。そして西魏を継いだ北周の武帝（在位：五六〇—五七八）が華北の地を再び統一しました。六世紀の中国では温暖化が進み、人口も回復して統一への気運が高まりつつありました。

英邁な武帝は富国強兵策を執り、仏教や道教を弾圧して（仏教法難の二回目）、中国統一の軍勢を南に向けました。中国の統一は間近と思われましたが、武帝は陣没してしまいます。

一方の南朝は政情が不安定で、いつ北朝に統一されても不思議ではありませんでした。北魏の政争や内乱によって、どうにか平安を保っていたのです。南朝の黄金時代は、梁の武帝（在位：五〇二—五四九）の時代（治世前半）で、貴族中心の仏教や文学が栄え（詩文集『文選』は有名です）、都の建康は、人口一〇〇万人に達したと伝えられています。

しかし武帝没後、梁は南朝最後の王朝、陳に取って代わられます。陳は、それまでの南朝の支配者のように華北からの移住者ではなく、江南土着の一族が建国した最初

の王朝でした。

一方、北周では武帝没後、外戚の楊堅が政権を握り、隋を建国しました（五八一）。そして洛陽から長安に遷都して、文帝を名乗ります。幸運にも柔然の次のモンゴル高原の覇者、突厥（後述）が内紛状態にあったので、文帝はまず内政の充実に力を注ぎます。彼は北魏の支配機構を継承しながらさらに整備を進め、均田制、府兵制（均田制とセットになった兵農一致の徴兵制）、三省六部の設置など、国力の充実に努めました。その治世は「開皇の治」と呼ばれました。開皇律令は律令制を完成させたといわれています。そして余裕をもって、陳を滅ぼしました。時に五八九年、漢が滅びて以来四〇〇年近く続いた中国の分裂時代に終止符が打たれたのです。

遊牧民であった鮮卑の拓跋部が、遂に中国全土の覇権を握りました。

この少し後、チベットではトゥプト（吐蕃）という王朝がラサを都として成立し（六三三）、九世紀まで威勢を誇りました。

〔2〕最強のトルコ系遊牧民、突厥がモンゴル高原に建国

モンゴル高原では鮮卑の後、柔然が国を建てましたが、五五二年に突厥が柔然を駆

逐して、草原の覇者となります。

敗れた柔然は東西に分裂し、西進したグループはアヴァールと呼ばれ、ドナウ川流域に新しい国をつくりました（ドナウ帝国、五五七）。

突厥はトルコ系の遊牧民です。Türk と表記します。彼らは騎馬軍団として類い希な軍事力を有し、のちに西方に展開してイスラム化した集団はトゥルクマーンと呼ばれ、長い間、ユーラシアの歴史に大きな影響を与えることになります。現在のトルコ共和国は、五五二年に突厥が建国した日を、建国記念日に指定しています。

しかし突厥には交易の才能がありませんでした。そこで交易に秀でたソグド人（中央アジア居住のイラン系）と手を組みました。彼らは商業民族として、モンゴルから東ヨーロッパに至る広い地域で活躍したことで名を残しています。

突厥は五八三年に内紛によって東西に分裂します。隋は安心して中国の統一に取り組むことになりました。

〔3〕ローマ帝国のユスティニアヌス一世、東西統一を夢見る

コンスタンティノープルに遷都してからのローマ帝国を、後世の歴史学者たちは、

「ビザンツ帝国」とか「東ローマ帝国」と呼びます。しかしこの国の正式名称は一貫してSPQR（Senatus Populusque Romanus）、「ローマの元老院と人民」でした。すなわちローマ帝国です。

また、西ローマ帝国という呼称も出てきますが、現実の国はひとつであり、「西ローマ帝国の都」とされたミラノ（のちにラヴェンナに移る）には、ローマ帝国の出先機関としての宮廷があって代官が存在していたというのが史実です。その代官のことを便宜上、「西ローマ帝国皇帝」と呼んでいたのです。

さて、ローマ帝国はコンスタンティノープルを首都として、豊かな生活を営んでいました。

ところがユスティニアヌス一世（在位：五二七―五六五）という夢想家肌の皇帝が登場します。彼はテオドラという美しいサーカスの踊り子を皇后にした人ですが、「やはり西方領土があってこそのローマ皇帝だ」と考えたのです。

これはほとんど誇大妄想狂です。西を捨てたからこそ、いまの繁栄を得られたのです。華北を捨てた南朝の六朝文化と同様です。元に戻すとは、どういうことか。想像するだけでも、たいへんな物入りだとわかります。

しかし皇帝が、「西を再征服する」と言うのですから、どうにもなりません。西方へ攻め込むことが国策になりました。西方領土を放棄してすでに半世紀、情報についてもキリスト教の組織網に頼るしかありません。そこで、アカデメイアを閉鎖してしまいます。

アカデメイアはプラトンが創設した総合大学です。ここではギリシャやローマの古典を教えていましたから、これを異教としてつぶしてしまう。こうしてキリスト教の協力を得ようとしました。職を失った学者たちは、哲人王ホスロー一世（在位：五三一―五七九）の名声を頼りにサーサーン朝のジュンディー・シャープール学院に逃れました。サーサーン朝には、世界帝国は知を集積すべきだという、アッシリア帝国のニネヴェの大図書館以来の伝統が脈々と受け継がれていたのです。こうしてギリシャ・ローマの古典や学問の成果は、サーサーン朝に引き継がれました。

ユスティニアヌスは西への進軍体制を固めるために、ホスロー一世と和平条約を結びます。実はサーサーン朝も、東の国境をエフタルという遊牧民に脅かされていたので、渡りに舟でした。

ユスティニアヌスはキリスト教を味方につけ、サーサーン朝とも手を打って、名将ベリサリウスを出陣させます。そして、北アフリカのカルタゴを中心に栄えていたヴァンダル族の王国を滅ぼしたのを皮切りに（五三三）、おおよそ二〇余年を費やして、ついにローマ帝国を再興させました。その戦いのピークは、イタリア半島の東ゴート王国との対戦でした。東ゴート人たちの抵抗はすさまじく、ようやく五五三年に、東ゴート王国を滅ぼしたのも束の間（つかのま）、それから十数年後には、ミラノにランゴバルド族が自分たちの王国を建設してしまいます。

ユスティニアヌスは、一歩もコンスタンティノープルを出ないまま、地中海に覇権が戻ったと大満足で死にました（五六五）。残されたローマ帝国は、東に遷都して以来貯（たくわ）えてきた富も、育ててきた軍隊も、ほぼ使い果して破産寸前のありさまでした。ユスティニアヌスの功績としては、ローマ法を集大成したことが挙げられます（ローマ法大全）。

〔4〕サーサーン朝のホスロー一世と二世もペルシャ帝国の夢を追う

さて、ホスロー一世は、ユスティニアヌスが西へ進軍している隙（すき）に東方へ進出して、国益を拡大します。

しばしばペルシャ国境を脅かしていた遊牧国家エフタルを、中央ユーラシアの新興勢力であり、モンゴル高原の新たな覇者でもある突厥と組んで滅ぼしました。

さらにこの頃、エチオピアのアクスム王国が、紅海ルートを押えて東方交易で潤っていましたが、ホスロー一世はエチオピア勢力をアラビア半島から追い払いました。東方交易のルートは、アラビア半島の両側、ペルシャ湾ルートと紅海ルートのふたつがありました。ホスロー一世はその両方を独占したのです。これによって、中国やインドからヨーロッパにつながる交易利権をすべて我が物にしました。こうしてサーサーン朝は、さらに豊かで強大な国になっていきます。

ホスロー一世は、エジプトをも視野に収めていました。穀倉地帯であるエジプトは、アカイメネス朝時代にペルシャが支配していた土地だったからです。しかしホスロー一世は夢を果たす前に死去します（五七九）。それから十数年後、彼の孫ホスロー二世（在位：五九〇—六二八）が豊かな国力を背景に、弱体化したローマ帝国に挑戦します。狙いはエジプトと、もうひとつの豊かな土地、シリアです。

彼は六一四年にシリアやパレスチナを占領します。さらに六一九年には、エジプトを征服しました。ホスロー二世は、ついにアカイメネス朝の旧領を回復したのです。しかし、ホスロー二世が、夢の実現に喜んでいられたのは、束の間でした。ローマ帝国が反撃に出たからです。

〔5〕ローマ帝国とサーサーン朝によるシリア・エジプト争奪戦

ユスティニアヌス時代の無理がたたって疲弊しきっていたローマ帝国を、植民地カルタゴの総督の息子であったヘラクレイオス（在位：六一〇―六四一）が継ぎます。彼は、まず国を建てなおす政策を実行して、国力を回復させます。そして六二二年、シリア・エジプトをサーサーン朝から奪回する戦いを始めました。

ふたつの強大な帝国は、どちらも一歩も引かずに激戦を続けました。ローマ帝国の生命線であるシリア・エジプトの穀倉地帯を賭けての死闘でした。そして臥薪嘗胆、シリアを奪われてから一四年後の六二八年、ついにヘラクレイオスはホスローニ世を破ってサーサーン朝の首都クテシフォンに侵攻し、シリア・エジプトの地を奪い返しました。

この戦いは両者を、ヘトヘトにしてしまいました。特に敗れたサーサーン朝の混乱は激しく、ホスローニ世の死後、王朝は衰亡に向かいます。彼もまた、夢を追いかけすぎた君主の一人であったのでしょう。

一方、勝利したローマ帝国側も疲れを癒す余裕は与えられませんでした。新たな敵が登場してきたのです。アラブの新興勢力、イスラム教徒です。

〔6〕預言者ムハンマドがイスラム教を興し、一神教革命が成就する

預言者ムハンマドがアラビア半島の商業都市マッカ Makkah（メッカ）で、ユダヤ教、キリスト教に次ぐ第三のセム的一神教、イスラム教の布教を始めたのは六一〇年です。奇しくもそれは、ヘラクレイオスがローマ皇帝になった年でした。ヘラクレイオス同様、ムハンマドも最初は苦労の連続でした。それでもどうやら、新しい教えを定着させて死亡します（六三二）。幸運にも彼の遺志を継いだ二人のカリフは、たいへん有能な人物でした。

カリフとは、預言者の代理人を意味します。宗教的権威は預言者ほどではありませんが、イスラム共同体の政治的、社会的指導者のことです。カリフ制はムハンマドが死去した時に始まります。初代カリフのアブー・バクル、二代のウマルの二人とも、ムハンマドの戦友でした。

二代カリフ、ウマルは軍勢を率いてアラビア半島を出ます。六三六年には、ヨルダン川の支流ヤルムーク河畔で、アッラーの剣と呼ばれた名将ハーリドがローマ軍を大敗させて、豊穣なシリアを奪取します。続いて、エジプトのアレクサンドリアからもローマ軍を撤退させました。ローマ帝国は、またしてもシリア・エジプトの穀倉地帯

を奪われたのです。エルサレムもウマルの手に落ちました。サーサーン朝最後の君主は、イラン北方のトルクメニスタンのメルヴ（現マル）まで逃走して、その地でイスラム軍によって殺害されました（六五一）。サーサーン朝の終焉です。

イスラム軍がこれほどまでに強かったのは、勢いもあるでしょうが、結局、ローマとペルシャという両横綱が二〇年以上も相撲を取り続けて、お互いにくたくたになったところに、若くて元気のある前頭が、突然土俵に上がってきて二人の横綱を押し出した、ということだと思います。権力の空白があったことが、イスラム帝国を早く大きく成長させたのです。

イスラム教の用語について

ここで比較的なじみのうすいイスラム教の用語について簡単に説明しておきます。

＊イスラム（Islām）とは、アラビア語で、全知全能の唯一神 Allāh（アッラーまたはアッラーフ、アラーとも。ユダヤ教、キリスト教と同じ神様です。それでこの三つの宗教をセム的一神教と呼びます）に絶対的に帰依し服従すること、またはその状態を指します。平たく言えば「帰依・服従」という意味です。それは社会生活のすべてを規定するものである、という理解のされ方もあります。すなわち、単に宗教の教えだけでは

ないので、「イスラム教」と呼ばず、「イスラム」と呼ぶべきである、そのように主張する研究者も、近年増加しています。しかし、この本では「イスラム教」という表現を使用しています。また、イスラム教徒のことを、アラビア語で「ムスリム」と言います。語源は「イスラムを信ずる者」という意味です。

＊クルアーン（Qurān）とは、イスラム教の聖典を指す言葉です。日本ではかつては、コーランと呼ばれていました。

＊ムハンマド（Muhammad）とは、言うまでもなくイスラム教の創始者です。日本では、かつてはマホメットと呼ばれていました。

＊回教とは、イスラム教のことです。これはトルコ系遊牧民ウイグル族（中国では回紇と表記）によって、イスラム教が中国に伝わったとき、これを回回教（ふいふいきょう）と呼んだことから来た言葉です。

教祖の死後まもなく聖典がつくられる

商人であったムハンマドは、四〇歳前後の頃にマッカ郊外のヒラー山の洞穴で、アッラーの啓示を受け、預言者としての自覚を持つようになります。しかし当時のマッカでは、クライシュ族という多神教を信ずる人々が有力で、ムハンマドもその一族で

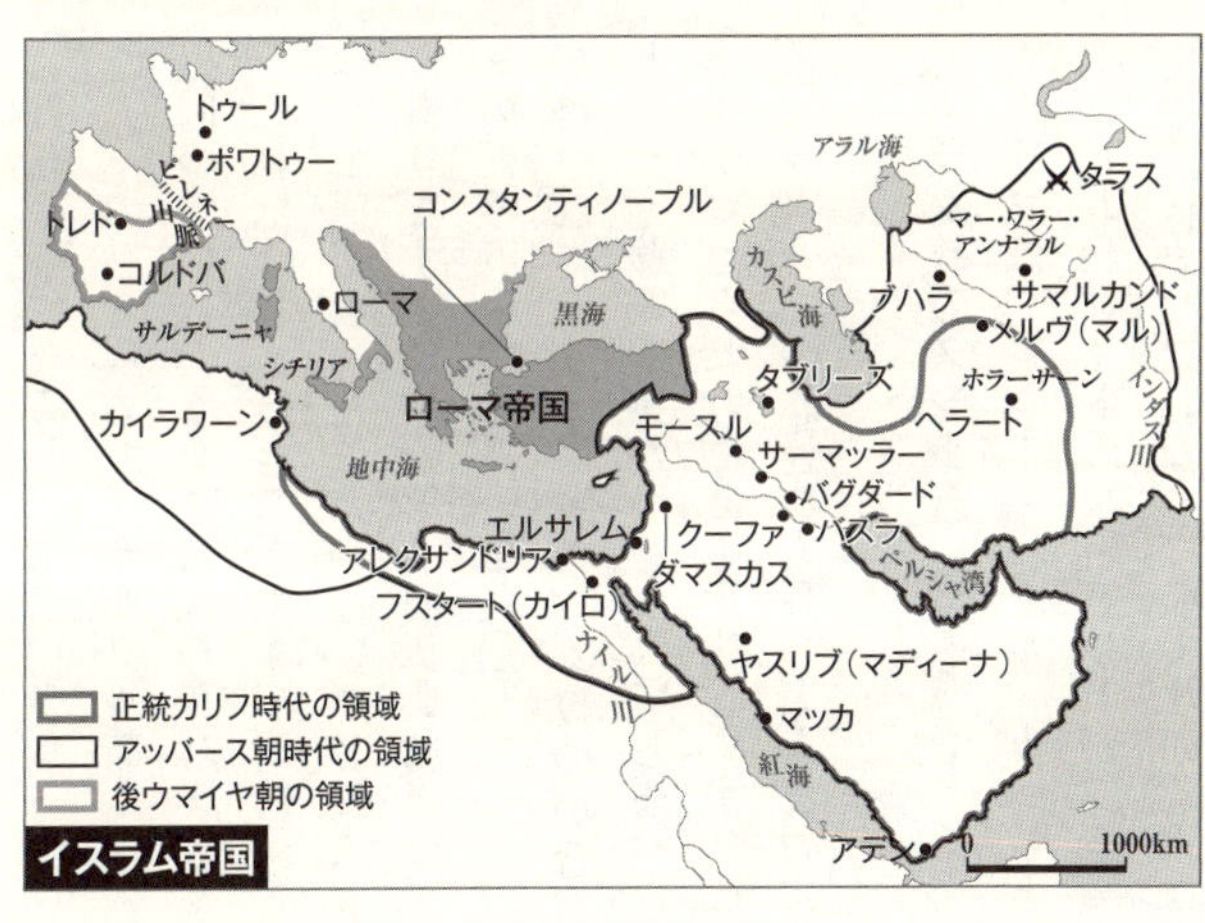

イスラム帝国

した。彼らの迫害を逃れて、ムハンマドは信者や家族と一緒にヤスリブ（現マディーナ）に逃れました（六二二）。イスラム教では、これをヒジュラ（聖遷）と呼びイスラム暦の元年としています。そこで信者を増やすと、クライシュ族を打ち破ります（六三〇）。そして、マッカのカアバ神殿の偶像をすべて撤去し、キスワと呼ばれる布で包みました。

軍人としても政治家としても超一流であったムハンマドは、短期間で新しい一神教を成立させましたが、それから数年を経ずに亡くなってしまいます。そしてアブー・バクルがアラビア半島を固め、ウマルがイスラム世界を拡大させるという流れになります。

六五〇年になると、第三代カリフのウスマーンが、ムハンマドから直接教えを受けた人々の話を集めて、聖典クルアーンの編纂を行ないます。編纂後ウスマーンは当時出回っていた異本を全部焼却させました。

これは注目すべきことです。新約聖書はイエスの死後半世紀ほど経過してから、イエスと直接会ったことのない無名の人々によって、まとめられました。異本もたくさんあります。仏教の第一回仏典結集はブッダの死後まもなく行なわれましたが、ブッダの死後五〇〇年以上を経過してから、膨大な量の大乗仏教経典が無名の人々によって書かれています。イスラム教の場合、教祖の死後一八年で、「この教えが正しい」という完璧な聖典がつくられてしまった。ということは、異論の出しようがない宗教集団がつくられたことを意味します。このことと、すぐれたカリフが続いたことが、イスラム帝国の急速な成長の大きな力になっていたと思います。

イスラム教のスンナ派（主流派）とシーア派（反主流派）の争いについて

カリフは、アブー・バクル、ウマルと続いた後、第三代を名門ウマイヤ家のウスマーンとムハンマドの娘婿アリーが、選挙で争いました。その結果、ウスマーンが勝って第三代カリフになったのですが、彼はクルアーンをつくった後に暗殺されてしまいます。その後を継いでアリーが第四代カリフになります。

このあたりから、主流派と反主流派の問題が始まるのですが、それは次のような経緯を辿りました。

実はウスマーンだけではなく、二代カリフのウマルも暗殺されています。

その当時、カリフはどこに住んでいたのでしょう。ムハンマドはマディーナで初めてウンマと呼ばれるイスラム共同体を築きました。そして、マディーナの自宅（現在の預言者モスク）で亡くなりました。カリフたちもそれに倣って、マディーナの防御設備もない、警備の手薄な普通の住宅に住んでいました。

ウマルは、そういう住居でペルシャ人の奴隷に暗殺されました。ウスマーンはエジプトから来た不満分子に暗殺されました。

兵士たちは、小さい家に住んでいるカリフに対して親近感を持っていた。しかも護衛の兵士も少ないので、自分たちの仲間のように思っています。こういう感情がひっくり返れば、相手のことが気に入らなくなると、平気で暴力を振るうようになる。そこには君主と家臣といった意識は、まるでなかったのです。

さて、アリーは四代カリフになったのですが、これに待ったをかけた男がいました。シリア総督になってダマスカスの宮殿にいたウマイヤ家のムアーウィヤです。この人は、平たく言えば、ローマ帝国のカエサルのような発想を持っていた。
「イスラムはシリアもメソポタミアもエジプトも統治する大きな国になったのだから、マディーナのようなアラビア半島の小さな町から治めることはもうできない。ダマスカスのような世界の中心に近い大都市に都を置いて、官僚制を整えて統治すべきだ」

これに対して、アリーはおそらく次のように考えていた。戦友同士が一緒に戦って、みんなで膝（ひざ）を交えて話し合うのが、イスラムだ。いってみれば直接民主主義です。アリーとムアーウィヤは肌合いが異っていました。

ムアーウィヤは反乱を起こしますが（六五七）、戦場では決着がつきません。そこでアリーは妥協して休戦協定を結び、反乱者ムアーウィヤを、忠誠を尽くすことを条件に許したのです。すると猛烈な反発が生じました。

反発の急先鋒（きゅうせんぽう）として登場したのがハワーリジュ派です。彼らはこう主張しました。
「アリーは正統な手続きを経てカリフになった。その人間が反乱者と妥協するとは何事であるか。ムアーウィヤもアリーも殺して、新しいカリフを選ぼう」。そして、両者に対して刺客（しかく）を差し向けました。その結果、アリーはクーファのモスク（礼拝堂）で殺され、ダマスカスの宮殿にいて無事だったムアーウィヤが新しいカリフになります（六六一）。

ムアーウィヤは首都をダマスカスに定め、ウマイヤ朝を開きました。このイスラム王朝は世襲となり、彼の後は息子のヤズィードに継がれます。なお、アリーまでの時代、イスラム初期の約三〇年間を、正統カリフの時代と呼ぶ歴史学者もいます。

さて、殺されたアリーには二人の息子がいました。長男のハサンは、イスラム帝国の現実を見極めてムアーウィヤを認めました。しかし次男のフサインは、ウマイヤ朝に反発しました。ハサンの死後、フサインのところに使者がやってきます。そして言いました。

「クーファに来ませんか。一緒にウマイヤ朝を倒しましょう」

フサインは勇んで出かけました。ところがクーファに向かう途中のカルバラーで、ウマイヤ朝の軍隊と遭遇して、みな殺しにされてしまいました。クーファの市民は激しく後悔しました。そして、これからはフサインの子供たちを担(かつ)いで戦っていくしかないと決意します。このグループがシーア派なのです。

シーアというのは「党派、ファン、セクト」という意味です。もともとはアリーに続くハサン、フサインの一族を支持する党派を「シーア・アリー」（アリーの党派）と呼んだことから始まります。なおシーア派では、アリー一族の直系をイマームと呼び、リーダーとして尊重しています。

このシーア派に対して、カリフに従った多数派をスンナ派と呼びます。スンナとは、慣行（従来どおり行なうこと）という意味です。そしてこれ以後、イスラムの世界ではスンナ派とシーア派が存在するようになります。

シーア派の十二イマーム派の教えについて

さて、シーア派のイマーム、フサインには妻がいました。彼女はなんとサーサーン朝ペルシャの皇女であったという伝承が残されています。ということは、フサインの子供たちは、ムハンマドの血筋とペルシャのアカイメネス朝以来の高貴な血筋を継いでいるのです。だからこそ、シーア派はイランの人々の琴線に訴えるのです。このシーア派のなかで主流を占めるのが、十二イマーム派です。

この十二とはアリーから続く十二人のイマームが世の中を救うという教えです。そして十二番目のイマームは、いまは隠れているのです。これをガイバと呼びます。世の終末には現れるが、いまは「隠れ」ている状態だと。現代のイランの政体を見ると、最高権力者としてホメイニー師を継いだハメネイ師が国を統率しています。ハメネイ師は、イマームが九世紀にお隠れになったので再臨するまで代わりに国を治める立場に立つ、というロジックを用いています。サファヴィー朝以来十二イマーム派が国教になったイラン（ペルシャ）ならではです。

イランの高等学校の教科書はガイバについて次のように説明しています。

イマームが隠れてから何百年以上も経っているけれど、それは不思議ではない。セム的一神教の最初の預言者で一七五歳まで生きたとされるアブラハムのように、人間が長く生きることは昔にもよくあった。すなわちイマームは生きていて、いずれ現われると。そう今でも教えているのです。

「クルアーンか、剣か」という言葉は嘘である

八世紀初頭のイスラム帝国はインダス川からピレネー山脈に至る史上最大規模の版図を擁し、地中海の制海権を確保します。彼らはこの大帝国をどのように支配したのでしょうか。

「クルアーンか、剣か」という言葉を聞いたことはありませんか。イスラム帝国は征服した民族に、「改宗するか、死ぬか、どちらかを選べ」と強要したという話です。これは明らかな嘘、もしくは誤解です。

そもそもイスラムの政権運営は寛容を旨としていました。税金（通常税とジズヤ＝人

頭税）さえ払ったら（貢納）、今まで通りの宗教や習俗は認めるという考え方です。特にユダヤ教やキリスト教は神様が同じなので、啓典の民として保護されました（ズィンミー＝庇護民）。もちろんクルアーンを信じてくれるのなら、それでもいいよ、ということで、よほどの抵抗をしない限りは殺さなかったのです。

イスラム教の創始者ムハンマドは商人でした。商人がつくった宗教ですから、合理性を重んじたのです。無駄なことはしなかった。この寛容さがスペイン、北アフリカからインドに至るまで、イスラム教が広く受け入れられた理由です。イスラム教を砂漠で生まれた厳しい宗教だ、と考える人は、おそらくクルアーンを丁寧に読んでいないのだと思います。いまでも世界中のモスク（礼拝堂）の周囲はだいたい商店街です。

また、一五世紀半ばの話になりますが、オスマン朝が東ローマ帝国を滅ぼしたとき、彼らは首都コンスタンティノープルにあったキリスト教東方教会の大本山と総主教の存在を、抵抗しないことを条件に是認しました。現在も東方教会はイスタンブールに本拠を置いています。この寛容さは、キリスト教とは異質なものです。もしもローマにイスラム教の大本山があったら、即時に破壊されていたことでしょう。

軍営都市による支配

イスラム教の合理性や寛容性の一例として、ミスルと呼ばれる軍営都市の存在があります。

イスラム軍が他国を制圧したとき、血気にはやる軍隊が都市に乱入したら、略奪が起きます。また、イスラム教徒が占領した土地は、すべて異教徒の国ですから宗教的軋轢も必ず起きます。これを避けるために、イスラム軍は占領した都市郊外の適当な場所にミスルをつくる。そこにイスラム軍が駐屯して、そこから占領地を支配したのです。

軍人は軍人だけでまとめておく。これも商人の知恵です。イスラム帝国の賢さであったと思います。

このようにして建設されたミスルは、イラクのバスラやクーファ、エジプトのフスタート（現在のカイロ）、チュニジアのカイラワーンなどですが、のちにすべて大都市に発展しました。

クルアーンとは「読め」、「声を出して詠唱せよ」という意味である

ムハンマドは字が読めませんでした。中年になってヒラー山の洞穴で人生について瞑想しているとき、アッラーが現れて、「おまえの心に浮んだ、私の言葉を読め」と

マッカに巡礼する人々。中央の黒い布（キスワ）に覆われた建物がカアバ神殿（AA/時事通信フォト）

命じたのです。それがクルアーンであると伝えられています。神の言葉なので翻訳は不可能です。翻訳はあくまでも参考であって、世界中のムスリムたちは、アラビア語で声を出してクルアーンを詠唱しています。その言葉はリズミカルで美しく、歌のように聞こえます。

なぜ、歌うような聖典が生まれたのか、それには理由があります。

マッカという商業都市は、紅海ルートの商業の中継地点でした。中国やインドから船で運ばれてきた貴重な品物がアデンに陸揚げされて、そこからシリアまでラクダによって運ばれたのです。マッカには、アラビア商人たちが昔から信じていたカアバ神殿があって、ここで彼らはお祭りを行ないました。シリアやアデンへのキャラバン（隊商）の無事や、商売繁盛を祈ったのでしょう。

そのときに商人たちが、それぞれに即興の歌をつくって神殿に捧げました。今日ならば、カラオケ大会のようなものです。みんなが商売の途中で体験したことを、声に出して歌ったのです。そしていちばん優れた歌を選んで、それを布に書いてカアバ神殿の壁面に掛けました（キスワの起源）。ムハンマドは、そういう環境で商人として育ったので、自然とクルアーンの言葉も、声に出して読むと心地よいものになったのでしょう。

一神教革命によって多神教の神々が滅ぼされた

イスラムが地中海の制海権を確保して、一神教革命が成就したと言われます。それはどういう意味でしょうか。

一神教革命は、ローマ帝国のキリスト教の国教化に源を発し、ユスティニアヌス一世がアカデメイアを閉鎖して、アカデメイアの学者たちがギリシャ・ローマの古典を携えて、サーサーン朝に亡命したときに半ば成功への道を歩み始めます。さらにキリスト教と同じ神を信じるイスラム教が北アフリカの沿岸地帯を制圧してしまったので、地中海世界の南北から、ギリシャやローマの古典文明を築いた多神教の神々が消えてしまったことを、「革命が成就した」と表現しているのです。

ギリシャ・ローマの知の財産も多神教の神々もみんなサーサーン朝に行ってしまって、地中海とヨーロッパ世界からギリシャ・ローマの知の伝統がほぼ死滅したのです。見方を変えれば、一神教革命とは、一神教による多神教に対する「焚書坑儒（ふんしょこうじゅ）」が完成してしまったことだと言えるのではないでしょうか。

気候変動などの偶然の条件と、世の中の大きな流れと、高い能力を持った個人と、この三つの波長（歴史学者ブローデルが提唱した長波、中波、短波）があったときに、大帝国ができるのです。ナポレオン（一世）がその典型ですが、ムハンマドもそうでした。

ムハンマドは無学で字が読めませんでしたが、宗教家としても軍人・政治家としても超一流でした。しかも四〇歳以上も若いアーイシャという愛妻の部屋で死んでいます。これほど幸せな人はそうはいないでしょう。彼はイエスともブッダとも、かなり経歴の違う人です。そこにイスラム教の現世的な特徴があると思います。教祖がどんな人か、ということは宗教を理解する上でとても大切な要素であると思います。

〔7〕隋唐世界帝国の成立

漢の建国の話をしたときに、秦漢帝国という言葉を使いました。秦の始皇帝がつくった骨組の上に漢が建国されたので、国は違うけれども国家のグランドデザインやシステムは同じだという意味でした。隋と唐の関係も同様です。隋の文帝（楊堅）が国を興して基礎を固めて、彼の次男楊広が二代煬帝となります。次いで李淵（実質的には李世民が誘導）が唐を建国しますが（六一八）、実は李淵と煬帝は従兄弟同士なのです。深い血縁関係にあるわけです。

西のフランク族に相当する東の拓跋部は、北魏から始まって、唐で拓跋帝国を完成させたのです。

高祖（李淵）は漢の劉邦のやりかたを踏襲して、隋の文帝のグランドデザインを基礎に、唐を経営しました。高祖の後は、次男の李世民が即位して太宗となりますが、後世にその治世を「貞観の治」（漢の文景の治に次ぐ二度目の盛世）と称えられた名君太宗と、隋の煬帝の関係はたいへん興味深いものがあります。

煬帝は、文帝の仕事を継いで黄河と長江をつなぐ大運河を開削したものの、高句麗との戦争に敗れ、贅沢をして殺害されたと史書に書かれていて、暴君の代名詞のようになっています。一方の太宗、李世民はすばらしい時代を開いた名君と言われています。

ところで、煬帝は兄の皇太子を讒言で陥れ、のちに殺害、文帝をだまして皇帝になった人です。ところが太宗も、玄武門の変で兄の皇太子建成を射殺し、高祖を幽閉して、帝位についたのです。そして高句麗との戦いにも敗れた。つまり、煬帝と太宗は瓜ふたつのキャリアを持っているのです。

ここで易姓革命の理論を思い出してください。悪い政治を行なって悔い改めないと、天がサインを出して（飢饉など）人民を蜂起させ、王朝が替わるのです。ということは、太宗にとっては、煬帝が暗君でなければ自分を正当化できないのです。しかも煬帝も自分も、ほぼ同じキャリアを持っているとなれば尚更です。

さらに煬帝には南北二五〇〇キロにおよぶ大運河を完成させた実績がある。中国にとってこの京杭大運河はたいへん価値のあるインフラです。ところが太宗には目立った実績がありません。ということは、煬帝を貶め、自分が立派な政治をしなければ後世に悪名を残す。それで政治に精を出し、必死に名君伝説づくりに励んだように思います。太宗の言行録である『貞観政要』は、その典型だと思います。

残されている史書では、片方が極悪人に描かれ、片方が中国史上最高の名君になっていますが、この二人にはそれほどの差はなかったのではないかとも思います。

人生感意気（人生、意気に感ず）
功名誰復論（功名誰か復論ぜん）

この詩は、魏徴という政治家の「述懐」という詩の最後の二行です。「人生で大切なことは、心の触れ合える人がいることだ、わが身の栄誉など、誰が問題にするものか」。そのような意味でしょうか。日本でもよく知られている詩です。

魏徴は、もともと太宗が殺害した皇太子建成の守り役でした。彼は世民が能力で抜きん出て、野望も並並ならぬことを知っていました。そこで皇太子に弟を退けるように、早い話が殺すようにと、口をすっぱくして訴えていました。そうしないと、あなたが殺されますよ、と。ところが建成は決断できない。逆に世民が機敏に動いて兄を殺してしまいます。

魏徴は捕縛されて世民の前に引き出されました。世民が問い質します。おまえが毎日のように兄貴に、俺を殺せと言っていたのだな。魏徴は答えます。

「あなたのお兄さんがもう少し賢くて、あなたを早く殺していれば、私は左団扇だったのに。お兄さんがアホだったので、私は殺されようとしている。えらい迷惑です」

それを聞いて世民が言いました。これからお前は一時も俺の側を離れないで、悪口を言い続けてくれと。こうして魏徴は太宗の片腕となりました。そして、魏徴が先に死んだとき、「鏡を亡くした」と太宗は述べました。もう自分の周りは茶坊主ばかりで、誰も自分を諫めてくれない。自分の本当の姿を教えてくれる人はいなくなったと、嘆き悲しんだそうです。

たぶん、この話の半分は真実だろうと思います。太宗も、やはり凡庸な君主ではなかったのでしょう。

太宗の時代に名将の李靖が、モンゴル高原に勢力を拡げていた東突厥を滅ぼしました。太宗の力に驚いた遊牧民たちは、太宗に天可汗の称号を贈りました。太宗は唐の皇帝であると同時に、遊牧民の可汗にもなったのです。可汗はのちに訛ってカアンとなります。つまりチンギス・カアンと同じ立場です。

太宗を始めとして唐の皇帝たちは、遊牧民の鮮卑の出身です。ですから、万里の長城はつくりませんでした。同じ遊牧民同士、共存関係を求めていたのです。唐の対外政策は羈縻支配と呼ばれていますが、これは異民族の長を唐の官吏に任命して統治権を行使させたものです。

〔8〕ハルシャ・ヴァルダナによる北インドの統一

インドでは遊牧民エフタルの侵入により、五五〇年頃にグプタ朝が滅びます。その後、小国家の乱立が続きますが、六〇六年にハルシャ・ヴァルダナが北インドの地を統一しました。煬帝が即位した二年後のことでした。

この国はハルシャ王ひとりの才覚・カリスマによって統一された国でした。大いに栄えて四〇年あまり平和な時代が続きましたが、彼が死ぬと、たちまち瓦解しました。

この繁栄時に、三蔵法師と呼ばれた僧玄奘がインドを訪れました。中国からインドへの旅は、難路です。中国の南側にはヒマラヤ山脈があり、西はいつも遊牧民が競い合っています。玄奘はシルクロードを西へ行き、アフガニスタンからインドに入りました。北インドが平和な時代であったことは幸運以外の何物でもありませんでした。

玄奘はグプタ朝が創設したナーランダ大学で学んだのち、六四五年に帰国、持ち帰った経典を翻訳しました（新訳）。また、彼が太宗に提出したレポート『大唐西域記』

は、唐の西域支配の貴重な資料となりました。玄奘の旅が『西遊記』のモデルになったことはあまりに有名です。

仏教の第二の変革、密教

ハルシャ王の時代に密教が始まりました。大乗仏教に次ぐ、仏教第二の変革です。これまでの仏教は、ブッダが広く大衆に教えを説く形式(顕教)でしたが、密教では宇宙仏である大日如来が、特定の行者に秘密に教えを説く、という形になりました。その経典が、七―八世紀に成立した大日経や金剛頂経です。

ここで思い起こして欲しいのですが、仏教が都市のインテリの信者に寄りすぎて、農民や貧しい人々がヒンドゥー教に流れてしまい、それを防ぐために大乗仏教が生まれたのでした。ところが今度は、それに対する不満がお金持ちやインテリ層から出始めました。平たく言えば、「観音さま、ありがとう」とか、「南無妙法蓮華経」だけでは物足りない。「俺たちは、もうちょっと賢いで。もっと高尚な教えはないのか」とインテリたちは考えるわけです。

これも無理からぬことです。そこで考えられたのが密教です。

ブッダの本当の教えは、むずかしくてオープンに大衆に話しても理解されない、ですから、あなたにこっそり教えます、という理屈なのです。そして宇宙の姿や智慧を絵にした曼荼羅を見せたり、サンスクリット語そのままの呪文を真言と称して唱えたり、いままでにない仏器や花を飾り、荘厳な世界を演出したわけです。「あなたにだけ、教えましょう」と。

これが密教ですが、その中で漢訳された一部の経典を日本に持ち帰ったのが、九世紀初頭の空海と最澄でした。

〔9〕白村江の敗戦ショックと倭国の鹿鳴館政策

倭国という名前は、西漢（前漢）の歴史を著述した『漢書』のなかに初見されます（紀元前一世紀）。その後、三国時代の史書『三国志』の魏書巻三〇の「東夷伝倭人条」に記述され、ここで卑弥呼が登場します（三世紀）。次に南北朝時代の宋朝に、倭の五王がしきりに使者を送り朝貢していることが『宋書』に記録されました（五世紀）。

この倭の五王は、おそらく天皇（当時の大王）であろうと推測されています。そして王統が変わり、大和を中心に覇権を確立したのが、継体天皇（在位：五〇七―五三一）の時代でした。彼の時代に九州筑紫の豪族、磐井の一族が大和軍によって滅ぼさ

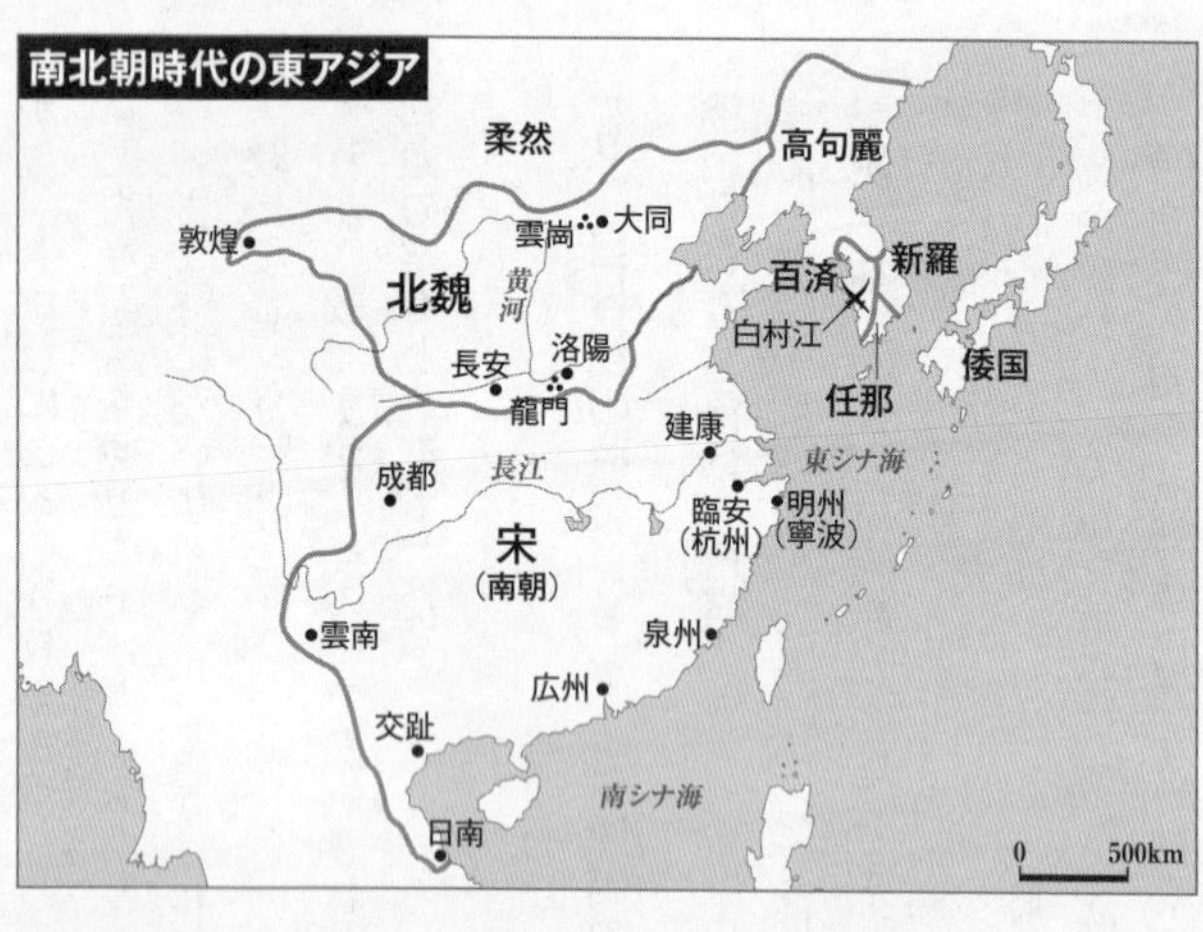

れました。いわゆる大和朝廷の歴史が形を整えるのは、この辺りからであるといわれています（「天皇」と表記していますが、彼ら自身が「天皇」と自称していたわけではありません。この名称が登場するのは、もう少し後になります）。

さて、六世紀から七世紀にかけての東アジアは、中国では南北朝対立から拓跋帝国成立へ、朝鮮半島では高句麗、新羅（しらぎ）、百済（くだら）三国の勢力争いから新羅による統一へと向かう激動の時代でした。倭国は半島や大陸の動静に気を配り、頻繁に使節を送っていました。

当時の倭国は、中国や半島からみれば、まだまだ文化の遅れた田舎でした。けれども腕っぷしは強かったと思います。田舎の子供がケンカに強いのと同じです。

倭国は、百済などの要請に応じて傭兵政策をとり、半島に軍を送りました。半島に出先機関も置いたようです（任那の日本府）。百済は見返りに、仏教というワンセットの最新の技術体系（寺院・仏像・経典・仏具・漢字など）を倭国に贈りました。こうして倭国は半島にも国勢を伸ばしていきましたが、限界がありました。

もともと傭兵政策は、小国が分立しているときにこそ有効です。有名なスイスの傭兵もイタリアが小国家の競り合いとなっていたので活躍できたのです。ところが、大国ができてしまうと、傭兵では太刀打ちできなくなる。倭国の場合も、大唐世界帝国が成立し、半島を新羅が統一してしまえば、その役割は激減します。

倭国は、百済を応援するために出陣して、現在の錦江河口の白村江の戦い（六六三）で唐と新羅の連合軍に完敗します。そして百済は滅亡しました。

白村江の敗戦は、倭国をパニック状態に陥れます。唐からは郭務悰という将軍が軍団を連れてやってきました。倭国に敗戦処理を求めるためでした。第二次世界大戦後のマッカーサー将軍のようなものです。難波（大阪）にあった都を大津（滋賀）に移したのも、海からの唐軍来襲を避けたかったのでしょう。壬申の乱の後、天武天皇とその皇后（のちの持統天皇）が都を大和に戻します。

ところで大唐世界帝国との交渉を有利に進めるために、倭国は一世一代の大見得を切りました。

役人たちは、唐を真似て脚にぴったり合った、ズボンの原型となるものを穿いて椅子に腰をかけて机に向かい、唐人と対座しました。自分たちは野蛮人ではなく、みなさんと同じ胡服を着ています、というわけです。ヨーロッパの文化を取り入れて文明国をアピールした明治の鹿鳴館と同じ発想です。

さらに、自分たちのアイデンティティを立て直し、相手に自分たちのことを知ってもらうために、倭国の歴史や民族のことを本にまとめました。『古事記』と『日本書紀』です。さらに、唐と同じ律令体制の整備も進めました。また、唐の長安のような都を建設する計画も構想しました。

これら一連の仕掛けを考えたのは、天武天皇や持統天皇、そして持統天皇の知恵袋だった藤原不比等だったと思います。

白村江の敗戦ショックに対応するために、日本は必死に律令国家をつくろうとしたのですが、やがて九世紀後半を過ぎると、唐も衰退期を迎えました。そして菅原道真の進言によって、遣唐使を廃止します（八九四）。このときから、「国風文化が発達した」といわれています。しかし、人々の本音は、次のようなことだったのではないでしょうか。

「もう、唐はやって来ない。日本は湿っぽい国なのだから、体にピッタリした胡服はやめて、ゆったりした着物を着よう。椅子と机もやめて畳の上に寝転がれる生活がしたいなあ」

大唐世界帝国から長い間受けてきたプレッシャーから解放されて、「やれ、ひと安心」と本音が出た、それが「国風文化」であったのではないでしょうか。

〔10〕女帝・武則天(ぶそくてん)、大唐世界帝国の実力者となる

唐では名君といわれた太宗が亡くなると、高宗が後を継ぎました（六四九）。高宗は頭脳明晰(めいせき)で美しい妻を皇后に迎えます。武照(ぶしょう)、のちの武則天です。

この女性は、実は高宗の父太宗の後宮にいた女性でした。遊牧民ではよくある風習です。彼女は、おとなしくて体の弱かった高宗を助けました。政治的センスや人を見る眼にも秀(ひい)でていたので、おのずから国政を取り仕切るのは皇后の役割になっていきます。

武則天は、皇帝を天皇、皇后を天后と呼ぶことにしました。理由は皇后という言葉

には、権威がなにもないということを痛感したからです。皇帝という言葉は、始皇帝が考えた格式があるものです。ところが、始皇帝の皇后はその名前すら伝わっていないのです。武則天は高宗を補佐して政治を進めましたが、実際は彼女の才覚が世の中を動かしていました。それなのに、皇后には誰も重みを感じないし、すべては皇帝次第であって、自分は御簾（みす）のうしろからアドバイスをすることしかできない（垂簾（すいれん）政治）。彼女は、この現実を変えるために、皇帝・皇后という呼称を、天皇・天后と変更することに決めたのでした。こうして「二聖政治」が始まります。天皇と天后は並んで座って、いわば共同で閣議を主催するようになりました。

高宗が亡くなった後は、二人の息子を順次皇帝に立て、後見しましたが、二人の政治的能力が心もとないので、遂（つい）に自分が即位して国号を周（しゅう）としました。しかし、唐室を取り巻く大貴族たちは、家格の低い武則天に対して心から服従しているわけではありませんでした。彼女は自分を軽んずる者は遠ざけ、邪魔する者は殺しました。その代わり、隋の文帝が始めた選挙（科挙＝官僚登用試験）を重視して優秀な人材を民間からたくさん登用しました。その人材がいかに豊富であったかを誇る有名な言葉が残されています。

「自家薬籠中（じかやくろうちゅう）のもの」

武則天の国老を務めていた狄仁傑の言葉です。どの病気にも対応できる多様な薬が備わっている薬箱のように、我が政府にはどのような政治課題でも解決できる優秀な人材がたくさん育っている、といった意味です。実際に、武則天が実質的に権力を握っていた約半世紀の間は、おだやかな時代が続き、農民の反乱もほとんど起きていません。

高句麗を滅ぼしたのも白村江の戦いも武則天の時代です。大唐世界帝国は、太宗と武則天の二人がその土台をしっかりと築き上げたのです。

武則天の活躍が持統天皇のロールモデルとなった

拓跋部は、能力第一主義で男尊女卑の考え方は希薄でした。平城から洛陽遷都を決行した北魏六代孝文帝の養祖母馮太后が活躍した前例もありました。また武則天と相前後して、新羅にも二人の女王が登場しています。善徳女王（在位：六三二―六四七）、真徳女王（在位：六四七―六五四）です。

このような女帝たちの活躍は、必死に唐や朝鮮半島の情勢を見つめていた倭国にも、伝わっていたでしょう。当時の唐は現在のアメリカ以上の存在感があったと思います。武則天の活躍を、またとないロールモデルとして熱心に見ていたのは、持統天皇であったのではないでしょうか。

次の対比を見てください。

武則天　立后（六五五）、天皇・天后（六六〇）、半島出兵（六六〇）、高宗の死（六八三）、周の建国（六九〇）、死去（七〇五）

持統天皇　夫・天武天皇の治世（六七三―六八六）、称制（六八六―六九〇）、持統天皇時代（六九〇―六九七）、上皇時代（六九七―七〇三）、死去（七〇三）

持統天皇が国政に関わっていた時代が、武則天をまるで追いかけるように重なっていることがよくわかります。また、持統天皇の死後、約七〇年の間に、四人の女帝（うち一人は退位後に再び即位した重祚）が出現しています。

このような白鳳・奈良時代の様相を称して、日本史では「女帝の世紀」と呼んでいます。天皇になるべき後継者の男性が病弱であったり、幼少であったので、女性を仲継ぎの天皇にしたと説明されるのですが、本当でしょうか。そうではなくて、そこには彼女たちの意志が働いていたと思います。

持統天皇の本名は讃良といいます。母は蘇我氏の直系で、父は天智天皇です。蘇我氏は、天皇家に多くの正妃を入れてきた名門豪族でした。

少し話が逸れますが、天皇がいろいろな豪族の娘と結婚してしまうと、次から次へと外祖父（母方の祖父）が出てきて、外戚の専横につながりかねません。それを防ぐために、天皇家は皇族と結婚するか、特定の豪族としか婚姻関係を結ばないようにしたのです。蘇我氏はおそらく、そのために選ばれた一族であったと思われます。

天皇家は大王を出し、蘇我氏は大臣かつ正妃を出す。この両者の持ちつ持たれつの関係は、聖武天皇の皇后に藤原不比等の娘、光明子が立后されるまで続きました。そしてこのときから、藤原氏が台頭してきます。

つまり、持統天皇は天皇になるために十分すぎるほど立派な条件を備えていました。彼女は天武天皇の死後、みずから天皇に即位しました。武則天が周を建国したのと同じ年です。持統天皇は極めて有能で、天武天皇存命の頃から政治に参画していたと考えられています。

唐に対抗するためのパッケージとしての鹿鳴館政策の構想と決断・実行にあたっては、持統天皇の力が大きかった。また、天皇という称号の使用も、彼女が武則天に倣って定着させたのだと思います。さらにこの時代から日本という国号も定着します。古事記の天照大神のモデルは、まちがいなく持統天皇でしょう。ふたりとも孫に位を引き継ぐのですから（ニニギノミコトと文武天皇）。

持統天皇が武則天をロールモデルとしたように、武則天や持統天皇の活躍をお手本として、元明天皇・元正天皇・孝謙天皇（称徳天皇）と、女帝が続きました。女帝だけではなく、この時代には権謀術数に長けた気力ある女性が登場しています。例えば聖徳太子伝承を完成させた光明皇后（藤原光明子）、そして不比等の妻であった橘三千代などです。

いずれにせよ、倭国が日本に生まれ変わった天武・持統の時代から奈良時代へかけての激動と変革は、白村江の敗戦に端を発しているのです。日本を産み落としたのは持統天皇を始めとした意志ある賢い女性たちの登場でした。

平城京には、白村江で滅びた百済の王族を始めとして、唐からの来訪者、唐を経由してきたペルシャ人、海からは南アジアの人々などがやってきて住みつき、人口の七割が外国人であったという説さえあります。東大寺の大仏開眼供養の導師はインド人でした。主催者は孝謙女帝です。この時代の日本は、グローバルに開かれた国だったのです。

武則天が「長安の春」を呼んだ

武則天は仏教を保護しました。帝位に登るため（女帝は中国には先例がないので）、みずからを弥勒菩薩の生まれ変わりと称して性を超越しようとしました。このことを記したのが大雲経で、大雲経寺という寺院を全国に建立して、鎮護国家を祈願しましたが、これが日本に伝わって国分寺のモデルとなりました。雲崗と並んで有名な洛陽市南郊の龍門の石窟にある奉先寺の大仏（盧舎那仏）はたいへん美しい顔をしていますが、それは武則天の顔を写したものであると伝えられています。そして、東大寺の大仏も同じ盧舎那仏です。

さて、武則天が八〇歳を超えてさすがに体が動かなくなったとき、クーデタが起こって、国名は周から唐に戻ります。

武則天をモデルにしたともいわれる奉先寺の盧舎那仏

武則天の死後、多少政情は混乱しますが、孫の玄宗が即位して、「開元の治」（三度目の盛世。七一三―七四一）と呼ばれる豊かで平和な時代が訪れます。人口も五〇〇〇万人台を回復した唐の全盛期です。この時代は、盛唐あるいは長安の春とも形容されました。玄宗の愛した美女、楊貴妃には桃の花のイメージがありますが、地球の温暖化もあって、この頃の長安の気温は現代より二、三度高かったそうです。梅や桃の花が咲きみだれていたことでしょう。李白や杜甫、少し下って白居易（白楽天）などの詩人が活躍した時代でもありました。

長安には、ネストリウス派のキリスト教（景教）やマニ教、そしてゾロアスター教（祆教）の寺院もありました。夜の繁華街では、シルクロードから送られてきた白い肌と青い眼の女性たちが、西域の舞踊を舞っていました。

煬帝が大運河を開削して、南北の物資の往来が豊かになり、太宗がじっと我慢を重ねて善政を施した。その後に、武則天が合理的な政治を行ない、古い体質の大貴族をつぶして、科挙により優秀な民間の若いパワーを吸い上げて育てた（初唐）。その優秀な官僚たち（姚崇や宋璟など）が、玄宗の「開元の治」を実現したのです。玄宗がいちばんいい目を見たように思います。楊貴妃におぼれるまでは。

〔11〕宮宰ピピン二世、フランク王国（メロヴィング朝）の実権を握る

さて、ユーラシアの西の方では、四八一年にサリ・フランク族のクローヴィス一世が、メロヴィング朝を開きました。フランク王国の始まりです。ところが、当時のヨ

ーロッパは中国に比較すると、まだまだ未開の土地でした。文字も紙もなく、始皇帝がつくった文書行政の仕組みなどは夢物語の世界です。

　メロヴィング朝は、クローヴィスの死後、子供たちに分割されたり、また再統一されたりと、七世紀後半になるまで分裂、統一を繰り返していました。そのうちにメロヴィング王家の宮宰（きゅうさい）という役職、これは秘書官長のような地位ですが、その宮宰のピピン一族が勢力を拡大して、ピピン二世がメロヴィング朝の実権を掌握してしまいます（六八七）。

　ところでフランク王国の心臓部は、ライン川下流の低地地方にありました。地中海交易の商品は、マルセイユあたりから河川によって内陸に運ばれ、北海交易とつながりますが、その拠点であり中継地点になっていたのが、低地地方の諸都市でした。フランク王国の最も重要な地域のひとつです。

　ピピン二世がその都市のひとつであるマーストリヒトに着くと、地元の大豪族が丁重に歓迎をしました。ピピン二世とこの豪族の娘との間に生まれた子供がカール・マルテルだといわれています。この子供は庶子なのですが、お父さんはいわば総理大臣、お母さんはいわば大財閥の娘です。やがてカール・マルテルは、新しいフランク族の王朝、カロリング朝の太祖となります。

第三章　ムハンマドなくしてシャルルマーニュなし

ユーラシアの東方に唐が建国され、中央部から西方にかけてはイスラムの大帝国（ウマイヤ朝、アッバース朝）が生まれたことで、八世紀になると、この二つの地域にローマ帝国やフランク王国を加えた三つの地域間の交易が盛んになります。ちなみに八〇〇年の主要都市の人口は、長安八〇万人、バグダード一〇〇万人、コンスタンティノープル三〇万人と推計されています。なお、ローマは五万人でした。この時代にローマ教会がローマ帝国から自立を始め、新興のフランク王国と結託して、もう一人のローマ皇帝を誕生させます。

〔1〕フランク人の改宗　ローマ教会はローマ帝国からの自立を目指す

最初にローマ教会について、少し時代を遡ってお話しします。

ローマ帝国がコンスタンティノープルに遷都（三三〇）したのち、キリスト教は国教化され、皇帝の権力とキリスト教の権威が結びつきました。そのなかで最高の権威を自任したのは、皇帝のお膝元のコンスタンティノープルの教会です。当時、キリスト教では、コンスタンティノープルを筆頭に、アンティオキア（シリア）、エルサレム、アレクサンドリア（エジプト）、ローマの五教会が権威ある地位（五大総主教座）にありました。このなかで、アレクサンドリア教会とローマ教会の総主教は教皇と呼ばれていました。

ローマ教会は、ローマで殉教したと伝えられるイエスの十二使徒の筆頭ペテロの墓所の上に建てられた教会です。しかし首都としての機能が東のコンスタンティノープルに移ってしまった後のローマは、もはや昔日の百万都市の面影はまったくなく、人口数万の田舎町に過ぎませんでした。ローマ教会も、ペテロの衣鉢を継ぐ教会であるという自負と権威以外に誇るべきものは何もない貧しい教会になっていました。

教会には、神様に仕える仕事だけをする専従者（聖職者）がいます。彼らが生活して教会を維持していくためには、信者からお金や土地を喜捨してもらわなければなりません。そのためには布教をして、信者を増やす必要があります。

それでは、ローマ教会に布教のために残されている土地はどこか。蛮族が我が物顔で闊歩している西ヨーロッパしかありません。アドリア海の東側にはコンスタンティノープル教会の眼が光っています。

ところが、西ヨーロッパの蛮族の多くはアリウス派のキリスト教を信じていました。これは、アレクサンドリア教会のアリウスが唱えた説で、平たく言えば、「イエスは人の子である」という教えです。神とイエスを分ける考え方です。この説に対して同じアレクサンドリア教会のアタナシウスが反論します。彼の主張は、神と聖霊とイエスは一体である、要するに「イエスは人の子ではない」という説です。この説は三位一体説と呼ばれます。この論争はキリスト教会をゆさぶりますが、難解なアタナシウス派に比べ、イエスも人の子なのだというアリウス派の教えは庶民や素朴な蛮族にもわかりやすく、枯草に火がつくように広がっていきました。

この宗教論争に決着をつけるべく、時のローマ皇帝コンスタンティヌス一世は、主だった教会の司教たちをアナトリアのニカイアに集めて、公会議（宗教会議）を開きました。そしてアタナシウス派を正統とし、アリウス派を異端としました（三二五）。これ以降、教義上重要な問題は公会議にかけるという伝統が生まれます。イエスを神格と人格の二つに分けて考えたネストリウス派も四三一年のエフェソス公会議で異端と認定され、ユーラシアの東方に活路を求めていきます（のちに唐に伝わり景教と呼ばれます）。

ローマ教会の西ヨーロッパ布教は、こういう事情もあって悪戦苦闘の連続でした。しかし幸運な知らせが飛び込みます。フランク王国をつくったクローヴィスがアリウス派から正統派へと改宗したのです（四九六）。

さらに六世紀末になると、クローヴィスによって南フランスを追われて、スペインのトレドを都にしていた西ゴート王国も正統派に改宗します（五八九）。

五九〇年にローマ教皇となったグレゴリウス一世は熱心にヨーロッパへの布教活動を推進しました。貧しく大半は字が読めない住民のために、イエスの教えを歌にしたり絵に描いたりして布教に努めたのです。いまも残るグレゴリオ聖歌は彼の発案によるものです。

コンスタンティノープルの教会とローマ皇帝は、ローマで誇り高く振る舞い、言いたいことを主張するローマ教会に冷たかった。ちょっとでも反抗的な態度に出ると、ローマからコンスタンティノープルに船で拉致（らち）されて、教皇が大変な目にあうという事件も起こりました。

こうしてローマ教会は、グレゴリウス一世の頃から東のローマ帝国から離れて、西方の世界で生きていこうと考えるようになりました。それから一世紀以上経過すると、ローマ教会が自立を決心するもっと大きな事件が起こりました。イコノクラスム（偶像破壊運動）です。

ローマ皇帝はイスラム軍に勝つためにイコノクラスムを始めた

レオン三世（在位：七一七—七四一）がローマ皇帝に即位した頃は、ウマイヤ朝の全盛期でした。イスラム軍は何度もコンスタンティノープルを包囲攻撃しました。レオン三世は防衛戦に必死でしたが、敗け戦が続くうちに考えました。キリスト教もイスラム教も信じている神様は、同じアッラーであり、ＹＨＷＨです（ヘブライ語はいまでも母音がなく、この読みに定説はありません。一応ヤハウェと読んでいます。セム的一神教に共通する、独占欲が強くて嫉妬深い神様です）。

レオン三世にしてみれば、ローマ帝国はキリスト教を国教にして、税金も免除しているのに、なぜ神様はイスラム教徒ばかりを勝たせるのだ。えこひいきではないか、と八つ当たりをしたくなったのでしょう。

そして、彼は気づきました。昔、モーゼが十戒を神様から授かってシナイ山から下りてきたとき、仲間が黄金の子牛の像を拝んでいるのを見て激怒した。偶像崇拝はいけないと。もともと神様は偶像崇拝を嫌っていた。イスラム教徒は偶像崇拝をしないのに、コンスタンティノープルの教会には黄金のイコン（聖画像）がたくさん飾られているじゃないか、偶像が山ほどあるじゃないか。

「これだ。このぜいたくな信仰を神様は怒ったのだ」

そこでレオン三世は、イコノクラスムを始めたのです。

もちろんレオン三世の本音は、別の所にありました。税金も納めず贅沢をしている教会をつぶしてしまえば、教会のお金を戦費に充てられると。そういう秘めたる目的もあって、偶像破壊を続け、教会が貯えた金品を奪いました。この運動は、七八七年にニカイアで開催された第七回公会議で廃止が決定されるまで続きました。

ところで、イコノクラスムがなぜローマ帝国では可能だったかといえば、東方は文化の高い地域だったからです。かなりの数の民衆は字が読めたので、イコンがなくても布教は可能でした。しかし西方、ローマ教会の担当地域は貧しく、ほとんどの民衆は文字が読めません。ローマ教会の宣教師たちは歌や紙芝居がないと、イエスの物語や教えを伝えることが難しかった。一方、東方教会では皇帝の権力に負けて泣く泣くではあっても、字が読める民衆がいたので、なんとか布教ができた。

ここで、ローマ教会は立腹します。こんなことをいつまでもやられていたら、誰もキリスト教徒になんかならない、東は東で勝手にやったらいいだろう、自分たちは西側だけで生きて行こうと考え、一刻も早く東のローマ帝国から離れたいと思い始めました。

〔2〕カロリング朝が誕生 ローマ教皇は領土を持つ「君主」に

フランク王国では、メロヴィング朝の宮宰であったピピン一族が実権を握りつつありましたが、なかなか自分の王朝を開けませんでした。というのはメロヴィング朝が神話的、伝説的な飛び抜けた名門だったからです。海の聖獣を先祖に持つというメロヴィング朝の伝説は、いつしかフランス王家に引き継がれ、フランス王がライ病患者などに手をかざすような儀式が残りました。

この聖なるメロヴィング王家を簒奪（さんだつ）する役割を担（にな）ったのが、ピピン二世とマーストリヒトの豪族の娘の間に生まれたといわれるカール・マルテルでした。

彼は庶子ですから、箔（はく）をつけないと他の貴族がその権威を認めてくれません。そのとき、スペインのイスラム軍がピレネー山脈を越えてフランスに侵入し、これをカール・マルテルの軍隊が打ち破り、スペインへ追い返しました（トゥール・ポワトゥー間の戦い。七三二)。彼はヨーロッパを救ったという評判が立ちました。

しかし、この事件については、今日では次のような解釈が支配的です。スペインのイスラム軍が戦略的にピレネー山脈を越えたのではなく、気まぐれに略奪に出向いたところを、カール・マルテルの軍隊が追撃したのでスペインに戻った。それだけのささいなトラブルだったのではないか。

けれども、カール・マルテルはこの事件を大袈裟(おおげさ)に伝えるよう命じた。すなわち、ヨーロッパに侵入しようとしたイスラム帝国の軍隊を撃破して、ヨーロッパを救ったのであると。そして、さすがカール・マルテルは頼りになる、彼ならメロヴィング朝を廃して自分の王朝をつくってもいいだろう、という世論を醸成しようと考えたのではないか。そう推論されています。これ以降、外敵からヨーロッパを救うということが、強大な王権の条件のようになります。

このピピン一族に多大な関心を払ったのが、ローマ教皇でした。ローマ帝国を頼りにできず、武力も持たないローマ教皇の眼に、カール・マルテルの言動は、たいへん頼もしく映ります。一方のピピン一族は、イスラム帝国との交易で国の富も兵力も豊かになっていくフランク王国の実権者でありながら、誇るべき伝統も格式もない一族です。ローマ教皇には、カール・マルテルが権威を求めていることが痛いほど理解できました。そこで、この新興勢力をうまく使えないかと考えるようになります。七四一年にカール・マルテルが死亡して、その子ピピン三世がメロヴィング朝の宮宰になります。それから一〇年後の七五一年。この年は唐軍とイスラム軍が衝突したタラスの戦いがあり、その前後に製紙技術がアラブ世界に伝播した年ですが、ピピン三世が遂に、形ばかり残っていたメロヴィング朝の国王を廃してカロリング朝を起こします。カロリングという名前はカール・マルテルから採られています。

ローマ帝国はイタリアを見捨てた

同じくこの年、北イタリアのランゴバルド族が、ラヴェンナにあったローマ帝国の総督府を攻撃して占領しました。ローマ帝国はイスラム軍との攻防やイコノクラスムの混乱のなかでイタリアを見捨てたのです。ローマ教皇は、しめたと思いました。なにかと自分たちを妨害するローマ皇帝の勢力が、イタリア半島からいなくなったのです。しかし蛮族が闊歩するのも困ります。

そこでピピン三世に、カロリング朝を認めるので、ランゴバルド族を追い払ってもらえないだろうかと持ちかけたのです。

魚心あれば水心で、ピピン三世は話に乗ってきました。ローマ教皇には、宗教的権威があります。その権威が自分の王権を正当化してくれるのだったらと、大軍を引き連れてイタリアにやって来て、ランゴバルド族を追い払います。戦いに勝ったピピン三世は、占拠した土地の一部をローマ教皇庁に寄進しました（ピピンの寄進。七五六）。教皇さまもご飯を食べなきゃいけないでしょ、というわけです。これによりローマ教皇は領土を持つ「君主」にもなってしまったのです。

このときピピン三世に従ってきた豪族たちがイタリアに住み着いて、イタリアの貴族の元になりました。

〔3〕シャルルマーニュ、ローマ皇帝として戴冠(たいかん)する

カロリング朝はピピン三世のあとを、子のシャルルマーニュ（カール大帝）が継承します。カロリング朝はローマ教会という後盾(うしろだて)を得ましたが、まだメロヴィング朝を乗っ取ったというイメージが残っていました。これを払拭(ふっしょく)したのがシャルルマーニュです。

彼は異教を信じるザクセン族を打ち破り、スペインにも遠征しましたが、いちばん著名な戦果は、ヨーロッパを東方から脅(おびや)かす外敵、アヴァール族（西進した柔然）の

ドナウ帝国を激戦の末に打ち破ったことです。

またシャルルマーニュは、ほぼ西ヨーロッパ全域に拡がったフランク王国支配の動脈として、ローマ教会のネットワークを利用しようと考え、その支配網の血流をよくするために、当時乱れていた聖職者の言葉、ラテン語を正しくする努力を重ね、標準文字であるカロリング小文字体を生み出しました（カロリング朝ルネサンス）。

このシャルルマーニュを、教皇がローマで、ローマ皇帝として戴冠します（八〇〇）。もちろん東のローマ皇帝は怒ります。皇帝は自分一人であって教皇が戴冠した皇帝は認めないと。しかしローマ教皇は聞く耳を持ちません。東は東で勝手にやってください、西はローマ教会とフランク王国でやりますから、ということでしょう。ご丁寧にも、ローマ教会は「コンスタンティヌスの寄進状」と呼ばれる世紀の偽書を捏造します。

その内容は「西方世界をローマ司教に委ねて自分と同等の権力を与え、自分はコンスタンティノープルに隠棲する」というものです。ガリア（現在のフランスを中心とする地域）を本拠地としたコンスタンティヌス一世がこのような書状を書き残すはずもありませんが、ローマ教会はこの偽書を拠り所として、ピピンの寄進やシャルルマーニュの戴冠を正当化したのです。この寄進状が偽書であることを最終的に実証したのは一五世紀の人文学者ロレンツォ・ヴァッラでした。

この戴冠により、東と西にローマ皇帝が二人、誕生しました。シャルルマーニュはフランク王であり、ローマ皇帝でもあるという立場になりました。カロリング朝は喜びました。

ところで、教皇の意図は何だったのでしょうか。教皇は領土を貰って君主になったとはいえ、しょせんはお坊さんです。武力はありません。東のローマ皇帝は守ってくれませんから、自分たちを守ってくれる武力が必要でした。その条件とは、「教皇に従順で、言うことをよく聞いてくれて、しかも強大な武力を持ち、ローマ教会を守ってくれる君主であること」です。

しかしこれは虫が良すぎる発想です。強大な君主は、いずれは宗教の権威など認めなくなります。ローマ教皇の首も自由にできると思うでしょう。かといって弱い君主では、教会を守ってくれないので意味がありません。現代風に言えば、これはトレード・オフの関係なのです。案の定、この後のローマ教皇は苦労を続けることになります。結局、これまでのローマ皇帝がフランク王に替わっただけでした。

〔4〕イラン東部からアッバース革命が始まる

イスラム帝国のなかには、シリアに都を置くウマイヤ朝に不満を持つ人々がいました。シーア派の人々です。アリーの子孫は、ペルシャ王家の血も引いていましたので、イランにはシーア派が根強い勢力を保っていたのです。またマワーリーと呼ばれるイスラムに改宗した被征服地の人々も、ウマイヤ朝のアラブ人優遇策には強い不満を持っていました。クルアーンの説く神の前での平等とは異なっていたからです。

そして、アリーの一族がカリフに復権できるようなムードが生まれ、イランで叛乱(はんらん)が起こります。誰が誘導したのかは今日になっても特定できていません。

叛乱軍はアブー・ムスリムに率いられてイラン東部のホラーサーンで旗揚げすると、瞬く(またた)まにイラン全土を平定し、イラクへ進撃しました。そして七四九年、クーファの街で、(アリーの一派ではなく)ムハンマドの叔父の家系に当る名門、アッバース家の当主サッファーフをカリフに推挙しました。この事件をアッバース革命と呼んでいます。シーア派はいつのまにか裏切られてしまったのです。

彼らはウマイヤ朝の首都ダマスカスも襲って、ウマイヤ一族を殺害します。そのなかの王子が一人逃げのびてスペインに渡り、後(こう)ウマイヤ朝を再興します。

アッバース朝はイラン東部を拠点に誕生しました。現在のアフガニスタン西北部と中央アジア南西部を含む地域です。古来からホラーサーンと呼ばれ、遊牧民がペルシャに侵入する地点でもあり、東方交易の拠点でもありました。そのためペルシャを治めた歴代王朝は、ホラーサーンには遊牧民対策として、強力な軍隊を置くのが常でした。アッバース革命に立ち上がったのは、この軍団でした。

なお、ホラーサーンとは、「太陽の昇る地」という意味です。

タラスの戦いで紙とパスタが東から西へ流れていった？

アッバース革命からまだ日も浅い頃、中央アジアのタラス河畔で、唐の軍隊とイスラム軍が衝突しました（七五一）。この戦いが有名なのは、このときに、紙と麵（めん）（パスタ）が東から西に流れていったと伝承されているためです。

ただ、このときに突然イスラム世界に紙が登場するのではなく、以前からシルクロード交易などで紙の存在はイスラム側に知られていたと思われます。推測できるのは、この戦いでイスラム軍に捕まった唐人のなかに紙職人がいて、紙づくりの技術がイスラム圏に広がったのではないかということです。また、パスタについては反論もあって、パスタはイタリア人が洋上食として海上で開発したという説もあるようです。

〔5〕バグダード建設が生みだした巨大な有効需要

アッバース朝の二代カリフ、名君マンスールは、ティグリス川西岸に新首都バグダード（マディーナ・アッ＝サラーム＝平和の都）を築いて遷都しました。アッバース朝は東部に重心を置いていたため、ダマスカスでは西に寄りすぎていたのです。

バグダードはやがて人口五〇万―一〇〇万人の巨大都市になります。マンスールがバグダードの建設を推し進めたのは、インド洋交易と地中海交易を結ぶためでもありました。円城都市バグダードの四つの門がクーファ門（マッカへ）、シリア門（ローマ帝国へ）、ホラーサーン門（中央アジア、中国へ）、バスラ門（ペルシャ湾ルートの海の道へ）と呼ばれていたのは象徴的です。一三世紀に東西交易を念頭に大元ウルスのクビライが大都（北京）を建設しますが、マンスールもクビライと同じように広い視野を持っていたのです。マンスールが開いたインド洋交易圏と地中海交易圏を結ぶルートは、クビライによってさらに東へ展開して中国の広東と結ばれ、「海の道」として完成します。

この新首都建設は大公共事業でした。大都市をゼロから造営するためには、さまざまな公共施設をつくらなければなりませんし、人間が生活を営むためのあらゆる物資が必要になります。つまり八世紀後半のイラクを発信地に、空前の好景気が訪れました。木材は東アフリカのタンザニアあたりからも伐り出されたという記録が残っています。

アッバース朝はローマ帝国とは敵対していましたが、敵の敵は味方ということでフランク王国との関係は良好でした。そこでフランク王国にも膨大な有効需要が生まれました。石材、木材、食糧、さらには毛皮、毛織物なども、バグダードに向かったことでしょう。

朝鮮戦争の特需で戦後の日本が立ち直るきっかけを得たように、バグダードプロジェクトの莫大な有効需要のおかげで、片田舎だったヨーロッパも交易が盛んになりました。その結果、フランク王国も財政が豊かになり、そのお金がシャルルマーニュによる西ヨーロッパ統一に寄与することになります。

また、マンスールは中央集権化を推し進め、官僚機構を整備しました（ワズィール＝宰相、ディーワーン＝省庁、カーディー＝裁判官など）。人材登用にも熱心で大帝国の運営に長い経験を持つペルシャ人官僚を重用しました。帝国の隅々にまで張り巡らされたバリード（駅伝制）を通じて、マンスールの知らないことは何もなかったと言い伝えられています。こうしてマンスールはアッバース朝五〇〇年の礎を築いたのです。

〔6〕「ムハンマドなくして、シャルルマーニュなし」の意味

バグダードの建設によって生じた巨大な有効需要が、フランク王国を始めとする周辺諸国を豊かにしました。シャルルマーニュがドナウ帝国を撃破できたのも、アッバース朝の特需で金庫が潤い、兵力や武力を大量に確保できたからです。シャルルマーニュの時代のアッバース朝のカリフは、マンスールの孫に当たる五代、ハールーン・アッ＝ラシードです。有名な『千夜一夜物語』の主人公です。彼の時代にアッバース朝は黄金時代を迎えます。ハールーンとシャルルマーニュは親密な関係にあり、外交使節を交換しています。そしてなんと、バグダードから北ドイツのアーヘンにあるシャルルマーニュの宮廷まで象が贈られています。

象も大変だったでしょうが、運ぶ人たちも苦労したことでしょう。大きい象と大量の食糧を同時に運んだわけですから。アーヘンは寒い地方です。象はおそらく長生きはしなかったと思います。

この話が象徴しているように、フランク王国の興隆には、イスラム帝国の存在が不可欠だったのです。一神教革命のところで述べたように、地中海がイスラムの海になることによって古代の世界が消滅し、カロリング朝に代表される中世ヨーロッパが始

まったのです。それを、二〇世紀のベルギーの歴史学者アンリ・ピレンヌは「ムハンマドなくして、シャルルマーニュなし」という一言で表現しました。

〔7〕安史の乱とアッバース革命は連動していた？

中央ユーラシアでは七四四年、モンゴル高原の遊牧民ウイグルが突厥を滅ぼして建国します。ウイグルも突厥と同じ、トルコ系の遊牧民です。

唐では七五五年に安史の乱が起こります。これは現在の北京を根城にした節度使（玄宗が置いた地方防衛長官）の安禄山が起こした叛乱です。楊貴妃に迷った玄宗の治世に叛旗をひるがえしたのです。唐室は四川に逃れ、長安は一時占領されました。

安史の乱は八年間も続き、国力が衰微した唐を見て、周辺の国々が勢いを増します。ウイグル、トゥプト（吐蕃）、それに雲南の南詔の三国です。唐を含めたこの四国は、この時期ほぼ対等でした。唐はウイグルと連合して、ようやく安史の乱に勝利を収めました。唐は亡国の危機に立ちましたが、七八〇年に宰相、楊炎が税法を改正して、持ち直しました。昔も今も国を再興するのは税制のようです。

唐のもともとの税制は、日本のモデルにもなった均田制と租庸調です。この税制は、中間層である健全な自作農を育てて、一律に税金を徴収する方法です。ところが国が乱れて、戦争があったりすると、田畑が荒れたり家を焼かれたりで、自作農がやっていけなくなります。その結果、大豪族の農園に雇われるようになります。極言すれば自作農の農奴化です。

そこで楊炎は現状を追認して、大土地所有を認めてしまいます。租庸調は止めて、夏の麦や綿と冬の稲を対象に、資産に比例して課税し、銭納を原則にしました。年二回の徴税なので、両税法と呼ばれています。この改革が功を奏して唐は息を吹き返します。しかも、九世紀半ばにはライバルであったウイグルやトゥプトが滅亡するという幸運も手伝って、唐はこれからまだ一〇〇年続きます。

両税法は、一六世紀後半に一条鞭法が施行されるまで長く使われました。

重なり合う両者。中国とペルシャは近かった

安史の乱が起きたのは、アッバース革命の少し後でした。また安禄山は、父がサマルカンド出身のソグド人、母は突厥の名族です。そうすると、安禄山のグループとアッバース革命の主体となったペルシャのホラーサーンにいたグループは地理的に重なり合うのです。

そこから、ひょっとすると、互いの間で話し合いがあったのではないか、という推論も生まれています。確証はありませんが。

「ウマイヤ朝は、アリーを尊敬せず生意気だ。国がまとまらない」

「玄宗も楊貴妃に入れ揚げて、困ったものだ。おかげで国は傾いている」

そして、いっそのこと同時決起しようか、という連携プレーではなかったのか。イスラム帝国がひとつ倒れて、大唐世界帝国もガタガタになった。偶然にしては出来すぎです。

ユーラシア街道（草原の道）は、古代から往来が盛んでした。イスラム軍に追われたサーサーン朝の皇太子が長安に亡命したように、中国とペルシャの距離は意外に近かったのです。ちなみに禄山という名前はソグド語で、「光」という意味があるそうです。彼等にも大きな野心があったのかもしれません。叛乱は成功すれば革命と呼ばれ、失敗すれば乱と呼ばれるのです。

〔8〕チベットでインド仏教（密教）が中国仏教を圧倒した理由

七世紀半ばから八世紀にかけて、インドでは密教の代表的経典である大日経や金剛頂経が書かれましたが、密教の教えは、まずチベットに伝わりました。八世紀後半のことです。仏教が東アジアに浸透する第二波が始まったのです。

大乗仏教は中国に伝わりましたが（第一波）、その布教ルートはパンジャブ地方からシルクロードを東へ向かう道でした。ところが密教はチベットに行きました。わざわざヒマラヤ山脈を越えて行ったのです。なぜかというと、インダス川のあたりはすでにイスラム圏になっていたからです。異教徒よりは山越えの方がまだ楽なのです。

当時のチベットにはトゥプトという国があり、中国の皇女が嫁いでいました。中国仏教も入っています。そこで、八世紀末に、インド仏教（密教）と中国仏教（大乗仏教）が、論争（宗論）を行ない、優劣を競うことになりました。その結果、インド仏教が勝ちました。しかし、このことは必ずしも大乗仏教と密教の教学上の差ではなかったと思います。

新しい仏教を布教したいという信念に満ちあふれてヒマラヤを越えてきたインドの僧と、トゥプトに占領された敦煌から連行された中国僧とでは、意欲の点で最初から勝敗の帰趨は決まっていたと思います。

この宗論の後から、チベットは密教圏になります。チベット仏教という呼び方もあります。そして、モンゴル、満洲へと拡がっていくのです。

日本にも密教は入ってきました。しかし、日本に伝わったのは密教の一部分だけでした。密教がチベットを経由して中国に入ってくるまで、時間がかかったのです。だから、最澄と空海が持ち帰れない経典がたくさんありました。

〔9〕ヴァイキングの登場

密教がチベットに流布（るふ）した頃、初めてヴァイキングが記録に登場します。七九三年、ヴァイキングがイングランド北部の小島にあるリンディスファーンの大修道院を襲いました。なぜ大修道院を襲うかといえば、財宝があるからです。教会やお寺は無税なので、お金が貯（た）まります。それで、襲撃のターゲットになりやすいのです。普通の宗教施設は神様の祟（たた）りが恐（こわ）いので襲われにくいのですが、大修道院ともなると財宝の魅力が祟りの恐さに打ち勝つのです。学者のなかには、この襲撃はシャルルマーニュのキリスト教圏拡大に対する反攻の一部だと解する人もいます。

いずれにせよ、これが記録に残る最初のヴァイキングです。なおヴァイキングとは入江（vík、フィヨルド）の人という意味です。

第四章　イスラムの大翻訳運動とヴァイキングの活躍

九世紀には製紙技術を手に入れたイスラムで大翻訳運動が起きます。アラビア語で蓄えられたギリシャ・ローマの古典は、その後のヨーロッパのルネサンスを準備します。またイスラム世界は、トゥルクマーンのすぐれた軍事的能力に目をつけ、マムルークと呼ばれる軍人奴隷（どれい）を登用します。体力と知力にすぐれた子供を買ってきて、教育を施し軍人に育て上げるのです。のちにこのマムルークたちは次々と独自の王朝を建国し、これから五〇〇―六〇〇年にわたって中央ユーラシアで大活躍することになります。

ユーラシアの東では唐の国勢が衰え、滅亡に向かいます。西のヨーロッパではフランク王国が唐同様に衰亡し、ヴァイキングの活動が活発化します。西に向かったヴァイキングはイングランドを支配し、フランス北部にノルマンディー公国をつくります。

東に向かったヴァイキングはロシアにノヴゴロド公国やキエフ大公国を建てます。

〔1〕製紙技術を学んだイスラムが大翻訳運動を始めた

タラスの戦いの前後に唐からイスラム世界に製紙技術が伝わりましたが、製紙の原材料はぼろ切れでした。古くなったり傷(いた)んだりして、ぼろになった綿や麻の植物繊維を紙に加工したのです。これは革命的な筆写材料でした。当時のイスラム世界には羊皮紙という子羊の皮を用いた筆写材料がありました。しかし、子羊を大量に殺すわけにはいきません。羊毛を採取したり、肉を食用にするほうが高い利益を生み出すからです。経済原則に合わない羊皮紙は、あまり普及しませんでした。

一方、ぼろ切れであれば、人が生活している限り大量に供給されます。下着が穴だらけになったら捨てるしかない。だから買ってくれる人がいたら、みんな喜んで売ります。ぼろ切れは集めやすいのです。

こうしてイスラム世界は、紙の大量生産技術を学びます。最初の紙の都はサマルカンドでした。幸か不幸か、当時のアラビア人は知りたがり屋の人々でした。ムハンマドがこう言ったと伝えられています。

「知識を求めよ。たとえ中国のことであろうとも」

またアラビア人の好奇心を物語る当時の諺として、次の言葉が残されています。

「(人間の) 楽しみは、馬の背の上、本のなか、そして女の腕のなか」

こういう異常に好奇心の強い人々に、紙という武器を与えるとどうなるか。当然のこととして、大翻訳運動が起こります。何を翻訳したかといいますと、サーサーン朝に眠っていた膨大な量のギリシャ・ローマの古典です。

ユスティニアヌス一世が、アテナイのアカデメイアを閉鎖したことを思い出してください。あのとき、大学の教授たちはみな、寛大なサーサーン朝に逃れて、ジュンディー・シャープール学院で教鞭を取ったのです。サーサーン朝がイスラム軍に滅ぼされたとき、ギリシャ・ローマのあらゆる古典が発見されました。

この古典を読みたいと思っていたアラビア人は、紙という強力な筆写材料を手にして、一大翻訳運動を始めたのです。

この運動がピークを迎えたのは、アッバース朝七代カリフ、マアムーンの時代です。彼はバグダードにバイト・アル＝ヒクマ (知恵の館) という、図書館兼天文台を建設します (八三〇)。ここにユダヤ人やギリシャ人 (ネストリウス派のキリスト教徒が多かったようです) など、多くの知識人を招集すると、ギリシャ語からアラビア語への翻訳活動を命じました。

この翻訳運動に対するマアムーンの熱の入れ方は半端(はんぱ)なものではなく、アリストテレスの翻訳コンテストを行ない、勝った者には翻訳書と同じ重さだけのダイヤモンドを渡したという話も残っています。ものすごいインセンティブですが、同時にアッバース朝の豊かさを物語っています。

こうして、ペルシャに残されていたギリシャ・ローマの文献は、ほとんど全部がアラビア語に翻訳されます。

なお、人類の二大翻訳運動と呼ばれるものがあります。ひとつは、このイスラムによるギリシャ・ローマの古典の翻訳です。もうひとつは、大乗仏教典を漢訳した運動です。中国の五胡十六国時代に、鳩摩羅什(くまらじゅう)を中心に行なわれました。

〔2〕アッバース朝がマムルークを採用する

アッバース朝は翻訳コンテストの賞金をダイヤモンドで支払うような時代になったわけですが、そのことは文化が爛熟(らんじゅく)してきた証(あか)しでもありました。知的水準も上がり、みんなが豊かになります。すると兵士など嫌だなと思う男性が増加します。兵士が出世する物語は、貧しい時代のものです。戦ってがんばったら大将になれるかもしれないというインセンティブがあるから、やる気も出てきます。けれどもカリフがすぐれた翻訳家にダイヤモンドを与えているような世界を見ていると、すぐれた人材が兵士になろうとは思わなくなります。しかもアッバース朝は強盛ですから、戦争もありません。

八代カリフのムウタスィム（在位：八三三—八四二）は考えました。いつの時代でも権力闘争の火は、どこかで燃えています。権力者には強力な親衛隊が不可欠なのですが、バグダードにはろくな兵士がいない。軟派ばかりになってしまった。そこで、親衛隊員としてマムルーク（トルコ系の軍人奴隷）を登用したのです。

これで、やれ、ひと安心なのですが、困ったことが起きました。マムルークは中央ユーラシアの草原で育ちました。田舎育ちで、いわば当時のニューヨークであるバグダードの市民から見れば、立居振舞が乱暴に見えます。アラビア語もろくに話せません。バグダード市民と喧嘩（けんか）になるので評判が悪い。ムウタスィムも非難されます。そこでムウタスィムは、文句ばかり言うバグダード市民を嫌って、マムルークの親衛隊と一緒に、サーマッラーに遷都（せんと）してしまいます（八三六）。

しかし、カリフは首都バグダードの市民の支持があってこその存在でした。サーマッラーも大きい都市ですが、文化的には田舎です。そこに、親衛隊と引き籠(こも)ったらどうなるでしょうか。

　親衛隊の賢い人間は思うでしょう。しめた、これでカリフは袋のネズミだ。言うことを聞かなかったら殺してしまって、言うことを聞くカリフを立てよう……。実際、ムタワッキルというカリフがマムルークに殺されてしまう事件も起きました。結局、アッバース朝は六〇年後、一五代カリフの時代にバグダードに首都を戻します。しかし、この六〇年の間にバグダードは荒れてしまいました。このサーマッラー遷都のあたりから、アッバース朝は揺らぎ始めます。

〔3〕イスラム教とトゥルクマーン、マムルークの関係

　八四〇年、キルギスがウイグルを滅ぼします。しかしキルギスはそこで力を使い果たして、ついに自前の帝国をつくれませんでした。

　中央ユーラシアの大草原の覇者は、スキタイ、匈奴(きょうど)、鮮卑(せんぴ)、柔然(じゅうぜん)、突厥(とっけつ)、ウイグルと、いずれも大帝国をつくってきたのですが、キルギスはつくれなかった。そこに権力の空白状態が生まれて、新たな小さい部族が台頭してきます。そのなかからキタイ

（Qitan、契丹（きったん））が、勢力を伸ばすのです。

さて、キルギスに滅ぼされたウイグルは突厥と同じトルコ系の遊牧民です。彼らはユーラシア街道を西へ向かいます。その道程でイスラム教を受容します。彼らを一般にトゥルクマーンと呼んでいます。彼らは二〇ぐらいの大集団に分かれて、西進しました。草原世界の圧倒的な軍事力がバラバラに別れて西進したのです。

イスラムの王族や豪族は、この乗馬と騎射が巧みなトゥルクマーンの男の子供たちを買ってきて、マムルークと呼び、軍人に育て上げたのです。

マムルークは、単なる奴隷ではありません。トゥルクマーンの男の子が多い家と交渉して、お金を払って養子にした大切な奴隷なのです。子供のときから教育を授（さず）けて大切に育てますから、プライドもあります。

のちにマムルークたちは、独自の王朝を続々と建国しますが、それは体力と知力にすぐれた人が多かったからです。

〔4〕サーマーン朝のマムルークビジネス

アッバース朝の権威に陰りが生じ始めた頃、中央アジアのブハラを首都にして、マー・ワラー・アンナフル（トランスオクシアナ、トゥーラーン。アム川の向こうの地の意味）からホラーサーンに至る、サーマーン朝（八七五―九九九）という大地方政権が生まれます。このイラン系の王朝は、近世のペルシャ語を完成させたことで歴史に名を残しています。

またこの王朝は、東から続々とやってくるトゥルクマーンの通り道にありました。これに目をつけたサーマーン朝はマムルークの輸出を始めました。トゥルクマーンから元気のよい子供を買い取り、文字を読めるように教育して学習をさせ、武器の使い方を教えたのです。こうして英才教育を施した上で、アッバース朝やイスラムの豪族たちに輸出しました。

人間を輸出品にするなんて、と現代人は眉をひそめるかもしれませんが、シルクロードでは昔から人間がいちばん高い値段のつく交易商品だったのです。自分で馬にもラクダにも乗れる商品です。もちろん売る側には子供が沢山いますので、一人ぐらいはいいだろうと、おそらく養子に出すような感覚だったと思います。

サーマーン朝は、マムルークをセットにして販売しました。これを大々的に国策として始めたのです。この王朝から巣立って行ったマムルークたちが、これから五〇〇

―六〇〇年にわたって、ユーラシアで大活躍することになるのです。

〔5〕唐の武宗による宗教弾圧とトゥプトの滅亡

ウイグルがキルギスに滅ぼされた頃、唐では一五代武宗が道教を除く全宗教を弾圧します（八四五）。この頃の唐室は老子の子孫だと喧伝して道教を保護していましたが、唐は本来、世界帝国としてその他の宗教にも寛大でした。しかし、中唐から晩唐へと国勢が衰えるにつれて、閉鎖的になっていきます。この時の弾圧は仏教だけではなく、キリスト教（ネストリウス派。景教）、ゾロアスター教（祆教）、マニ教など、すべての外来宗教が弾圧されて姿を消しました。

ウイグルに圧迫されていた武宗は、特にマニ教（ウイグル人が信仰していた）に対する反発が激しかったようです。この宗教弾圧を八三八年に遣唐使として入唐していた天台宗の僧円仁が、『入唐求法巡礼行記』に詳細に記録しています。

唐の宗教弾圧と同じ頃、トゥプトでも仏教を弾圧する君主が出てきて、その混乱から国が分裂して滅びてしまいます。

なお、中国の仏教界では、「三武一宗の法難」が伝えられています。北魏の太武帝

（五世紀）、北周の武帝（六世紀）、唐の武宗（九世紀）、後周の世宗（一〇世紀）による四回の大弾圧です。廃仏の目的は、いずれも財産の没収と僧尼の還俗が中心でした。

ウイグルが滅び、さらにトゥプトも分裂して滅びたことで、唐は北と西の強大な圧力から解放されたことになりますが、ほっとするほどの余裕は、もはや唐にはありませんでした。

安史の乱以後、すでに唐には大帝国の面影はなく、節度使の専横は目に余るものがありました。東ユーラシアは、中国・モンゴル高原・西域と、権力の分極化、小国家の乱立局面に入ろうとしていました。

〔6〕唐で黄巣の乱が起きる

唐では、八七五年に黄巣の乱が起こります。

黄巣は塩賊（私塩の密売人）でした。中国では、漢の武帝以来、塩は専売制でした。塩を国家管理して高い値をつけて売っていたわけですが、独占商品には必ず闇商品が出てきます。

塩賊は中国闇社会の淵源ともされる存在でしたから、地下に強固なネットワークを張っていました。黄巣は、この地下ネットワークをフルに活用して、山東から南下して広州を落とし、反転して戦いながら長安に向かいました。二〇世紀に毛沢東が敢行した長征の、二倍とも三倍ともいえる大長征をやってのけたのです。

長安を黄巣に奪われた唐室は四川に逃亡しました。この大叛乱は八八四年に至り、ようやく平定されます。しかし、そのときには唐は昔日の東周のように、首都の近郊を領有するだけの小政権に落ち込んでいました。

広州には多数のムスリム商人がいた

黄巣の叛乱軍は、広州で激しく抵抗した市民を虐殺しました。そのなかにはアラビア人のムスリム商人が、一万人以上含まれていたという記録が残されています。

アッバース朝のマンスールがバグダードを建設したのが七六六年です。そしてペルシャ湾を基点に、地中海交易とインド洋交易を結びつけたのですが、わずか一〇〇年ほど後には、広州にそれだけのアラビア人が居住していたことがわかります。中国との交易の利点が大きかったことや、海のシルクロードが発展していたことを如実に物語っています。

いま日本人がいちばん多く住む海外の都市は、バンコクや上海ですが、それでも十万人規模だといわれています。そのことを考えると、九世紀末の中国に、アラビア商人が万単位で生活していたことは、驚くべきことです。

〔7〕カンボジアにアンコール朝が成立

メコン川下流域に栄えた扶南（ふなん）（一―七世紀）の属民であったクメール人は、七世紀に独立して真臘（しんろう）（カンボジア）を建国します。そして九世紀にアンコール朝を開きました（八〇二）。この王朝は一二世紀前半から一三世紀にかけて最盛期を迎え、王都アンコール・トムや寺院アンコール・ワットは今日まで残されています。

〔8〕フランク王国は三つに分かれ、ローマ帝国にはマケドニア朝が成立

アッバース朝に知恵の館がつくられた頃、イタリア半島では、ローマの外港であるチヴィタヴェッキアが北アフリカから来襲したイスラム軍に占領されました。さらにローマも包囲されます（八三〇）。ローマは城壁に守られて、侵入されずに済みましたが、チヴィタヴェッキアにはイスラム軍が九〇年近く居座りました。なお、シチリ

ア島も八二七年に占領されています（ローマ軍は撤退）。

教皇はカロリング朝に来援を求めましたが、シャルルマーニュの後継者たちは地元で手一杯で、助けに来てはくれませんでした。八〇〇年の戴冠から、わずか三〇年しか過ぎていません。ローマ教皇も苦労が絶えなかったのです。

このときの西のローマ皇帝は、シャルルマーニュの息子ルートヴィヒ一世（ルイ一世。在位：八一四―八四〇）でした。彼の死後、三人の子供がヴェルダン条約を締結し、フランク王国を三分割して継承しました（八四三）。さらに八七〇年のメルセン条約で、今日のフランス（西フランク）、イタリア、ドイツ（東フランク）の原型が形づくられました。

一方、イスラムに攻められ、イコノクラスムの混乱などもあって衰退していたローマ帝国では、八六七年にアルメニア系のマケドニア朝が生まれました。この王朝下でローマ帝国は再び強盛に向かいます。

その要因はテマ（thema）と呼ばれる制度が機能し始めたところにありました。節度使に似ていますが、これは領土をある大きさに分けて、その軍事権と徴税権と行政権を、一人の人間に任せてしまう制度です。

ローマ帝国の統治原則は、もともと軍事と政治を分けるということでした。けれども、イスラム教徒に間断なく攻められて、原則どころではなくなりました。交戦状態が続いているなかで、軍人と政治家が違うことをやっていては、国は滅びます。そこで、ローマ帝国は、テマを採用したのです。

テマによって国を立て直したローマ帝国は、これから二〇〇年ほど再び最盛期を迎えることになります。一〇世紀の前半には文人皇帝コンスタンティノス七世（在位：九一三―九五九）のもとで、マケドニア朝ルネサンスと呼ばれるビザンティン文化の黄金時代が現出したのです。

〔9〕ヴァイキングが活動開始　東はロシアへ、西はイングランド、フランスへ

一〇世紀に向けて、地球は少しずつ暖かくなっていきます。バルト海沿岸やスカンディナビア半島でも、去年は一キロしか採れなかった麦が今年は二キロ採れるというようになります。みんな元気になって、人口も増えます。しかし北の地は、もともと穀物の生産量が少ないので、食糧不足になりがちです。そこで彼らは、ロングシップに乗って南の方に出かけて、魚と穀物を交換しようとします。

ところが、金髪で青い眼をした粗末な身なりの大男たちを、ヨーロッパ沿岸やイン

グランドの人々は、必ずしも好意的には迎えませんでした。魚を分捕られて追い返されたり、魚と交換に受け取った麦の袋のなかの半分が小石だったりすることもありました。そこでヴァイキングたちも考えます。真っ当な交易を行なうためには武力が必要だと。そして相手の対応次第では、武器を使用しました。

北方の貧しい人々は、武力の裏付けがないと交易ができなかったのです。こういう経緯があって、ヴァイキングは海賊などと呼ばれるようになりました。実際には彼らの収益の九割以上は交易によるもので、略奪は例外だったのですが。

北欧を出た一部のヴァイキングたち（ノルマン人とも言われます）は、交易と海賊行為を繰り返しながら、定住の地を求めました。東のロシアと西のイングランド、フランスに向かったのです。

ロシアに向かったスウェーデンのヴァイキング（ヴァリャーグ）は、伝説のリューリクを首長として、ラドガ湖から上陸して川を上り、ノヴゴロド公国をつくりました（八六二）。ここにロシアの歴史が始まります。

彼らは道のない土地を川伝いに入っていきます。道がない所は、陸路より水路が行きやすい。彼らは小さいボートで川を上り、川がなくなると、みんなでボートを担いで行く。そしてドニエプル川やヴォルガ川を下り、コンスタンティノープルを攻撃して、最終的にはキエフ大公国（正式な国号はルーシ）をつくりました（八八二）。

一方、西へ船出をしたヴァイキングは、イングランドやパリへ侵攻しました。

イングランドではアングロサクソンがつくった南西部のウェセックス王国を除いて、ほぼ全土がデーン人（デンマークのヴァイキング）の支配下に置かれましたが、ウェセックスのアルフレッド大王が八八六年にデーン人からロンドンを奪回し、彼らをイングランド東北部に追いやりました。

しかし、最終的にはイングランド全土がデーン人の支配する所となります（一〇一三年にスヴェン王が征服。その子クヌート大王はデンマーク、ノルウェーを合わせた北海帝国を築きました）。

西フランク王国（フランス）では首都のパリが、セーヌ川を遡ってくるヴァイキングに悩まされていました。名門ロベール家のパリ伯（パリの地方長官）ウードは、ヴァイキングのパリ攻撃を打ち破り、八八八年、カロリング家以外から初めて王位に就きました。

しかし、ヴァイキングは何度もセーヌ川を遡ってやってきます。そこで九一一年、ウードを継いだカロリング家のシャルル三世は、ノルマン人の首長ロロに、セーヌ河口の地域を与えて和解します。土地を渡すから、侵略は止めて後からやってくる連中

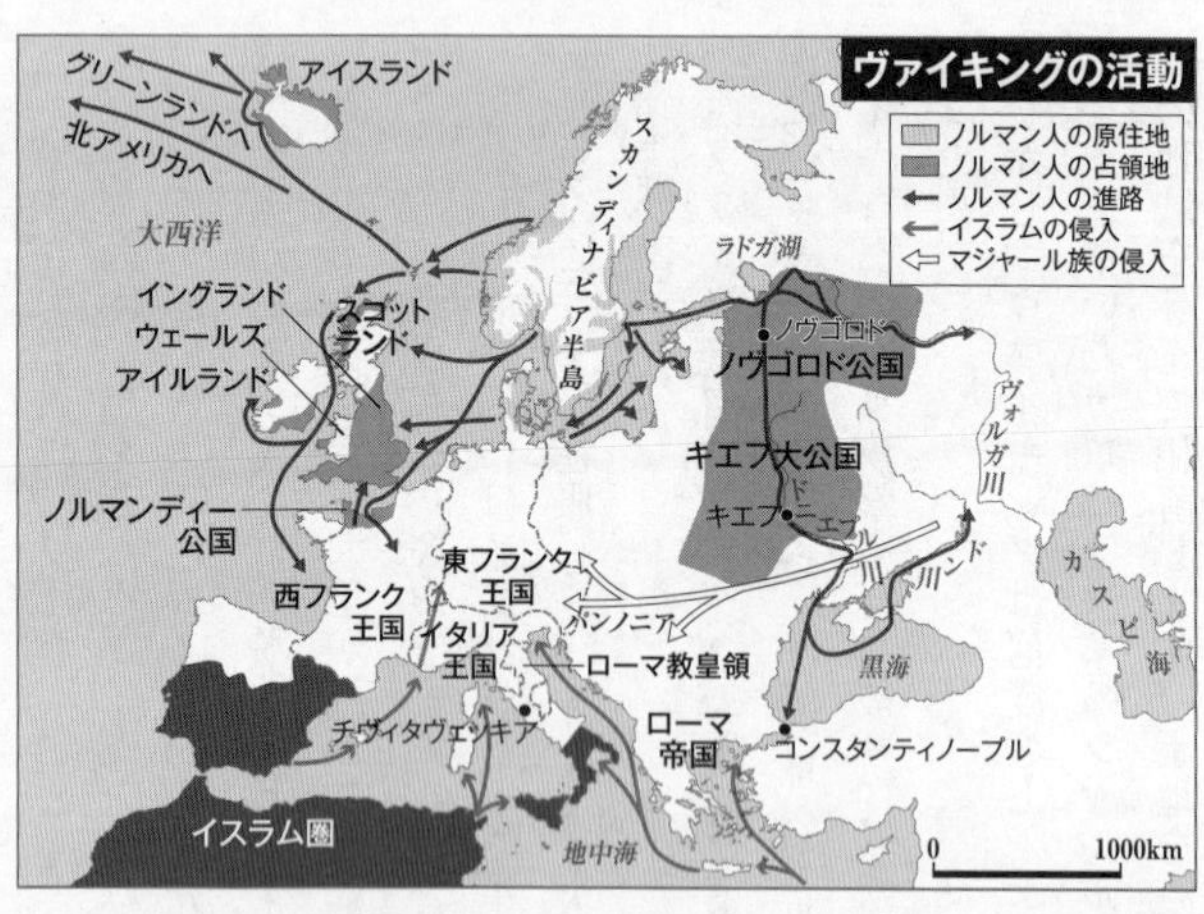

を阻止してほしいという意図でした。これが功を奏します。こうしてノルマンディー公国が誕生したのです。

ヴァイキングの民族移動を、次のように区分する人もいます。

・南へ発展した人々（デンマーク系、イングランドとフランスへ）
・東へ発展した人々（スウェーデン系、ロシアとローマ帝国へ）
・西へ発展した人々（アイルランド、アイスランド、グリーンランド、北アメリカへ）

〔10〕マジャール族がパンノニアに侵入　ハンガリー建国へ

八世紀にシャルルマーニュがアヴァール族のドナウ帝国を倒しますが、フランク王国による支配は長続きせず、九世紀に入るとウラル語族のマジャール族がパンノニアの地に侵入してきました。パンノニアは、現在のハンガリーとクロアチアあたりの呼称です。古くから西と東を結ぶユーラシア街道の要衝の地でした。マジャール族はドン川中流域に生活していましたが、やがて黒海北岸に居住した後、パンノニアに侵入します。そして一〇世紀末には全土を征服してハンガリー王国を建国しました。

初代国王イシュトヴァーン一世（在位：九九七―一〇三八）は、ハンガリーのキリスト教化に貢献し、ローマ教会から列聖されました。

第五章　唐宋革命とイスラム帝国の分裂

一〇世紀の初頭には、第四千年紀前半（二～三世紀）の遊牧民の大移動を勝ち抜いた東の拓跋（たくばつ）帝国と西のフランク王国が共に滅びます。中国は五代十国（ごだいじっこく）時代に入りますが、のちに宋（そう）によって統一されます。宋は繁栄を極め、唐宋革命と呼ばれるほどの大きな変化が起こります。この時代に現在の中国の社会や文化の原型がほとんどでき上がりました。モンゴル高原ではキタイが興隆し、中国の北部を支配します。

西と東に分かれたフランク王国では、双方でカロリング朝が途絶えます。ドイツにはザクセン朝が生まれ、オットー一世がローマ皇帝として戴冠（たいかん）します。フランスにはカペー朝が生まれ、次第に力をつけていきます。東のローマ帝国はバシレイオス二世の時代に最盛期を迎えます。イスラム世界ではアッバース朝が衰退し、後ウマイヤ朝やファーティマ朝と共立する時代を迎えます。

〔1〕唐が滅びて五代十国時代へ

衰弱しきっていた唐は九〇七年、節度使の朱全忠によって倒されます。朱全忠は大運河による物資の集積地である開封を首都として後梁を建国しますが、二〇年足らずで後唐に滅ぼされます。こうして中国の中枢である中原には、これから約五〇年間、五つの王朝が建国されては倒される時代が続きます。後梁、後唐、後晋、後漢、後周の五代です。それぞれの建国者は、すべて朱全忠と同じ節度使上りでした（後唐・後晋・後漢はトルコ系の突厥沙陀族の王朝）。

一方、中原を除く地方には一〇国が相次いで登場したので、この時代を総称して五代十国時代と名付けています。

しかし、一〇国には北の大国キタイ（契丹）は含まれていません。五行説によって、後世にまとめられた一〇国のようでもあります。

安史の乱の所で、節度使について触れましたが、もう少し付け加えたいと思います。

隋唐時代の原則は均田制と平仄を合わせた徴兵制（府兵制）でしたが、これが崩れ、傭兵の増加に対応して、辺境の守りとして節度使が置かれました。節度使は管轄諸州の民政も財政も握って、強大な軍事権を持ち、唐が弱体化すると、半独立状態となって諸州を治めていました。唐を倒した朱全忠は、もとは塩賊でした。黄巣の幹部の一人でしたが、寝返って唐に帰順して節度使になった人物です。

新羅（しらぎ）も同じ頃、高麗（こうらい）によって滅ぼされました（九三五）。この高麗がコリアの語源となります。

モンゴル高原にキタイ建国。「タブガチュ」と「キタイ」について

ウイグルの崩壊以降、力の空白が続いていたモンゴル高原に、九一六年耶律阿保機（やりつあぼき）がキタイを建国しました。キタイは中国史では契丹や遼（りょう）の名前で登場します。強力な軍事力でモンゴル高原を支配し、五代十国時代には中国の脅威となっていました。五代の後晋の建国を助けた返礼として、九三六年には北京や大同を含む燕雲（えんうん）一六州を獲得しています。

キタイは中国の大帝国として中央ユーラシアの遊牧民にその名前を知られ、やがてヨーロッパにも伝わり、キタイ（キャセイ）が中国の別名となりました。今日、香港に本社を置くキャセイパシフィック航空の名前はここに由来しています。では、キタイ以前は中央ユーラシアの遊牧民は中国のことを何と呼んでいたのでしょうか。

それはタブガチュです。北魏から続く隋唐世界帝国を拓跋帝国と呼びましたが、拓跋というこの名称も、中央ユーラシアから西では広く知られ、彼らは中国のことをタブガチュと長い間、呼んでいたのです。

〔2〕フランク王国（カロリング朝）の滅亡　ドイツはザクセン朝、フランスはカペー朝へ

カロリング朝は、メルセン条約の後、東フランク王国と西フランク王国に分かれます。

東フランク王国（ドイツ）では、九一一年にカロリング朝が絶えて、フランケン公のコンラート一世がドイツ王に選ばれます。ところが後継者に恵まれずに一代で絶え、ザクセン公ハインリヒ一世が王位を継ぎます。ハインリヒ一世はフランク伝統の分割相続の慣例を廃止してザクセン朝を開きました。

一方、西フランク王国（フランス）では、九八七年にルイ五世が夭折（ようせつ）してカロリング朝が絶え、ユーグ・カペーが王位に就き、カペー朝が誕生しました。東西のフランク王国は滅亡したのです。

例えてみれば、徳川家（カロリング家）が断絶したので、諸大名が次の将軍を大名

のなかから選んだようなものです。ザクセン公は雄藩でしたが、カペー家は小藩でした。フランスには新しい将軍家（カペー家）より広い領土を持つ諸侯（公や伯など）が何人もいたのです。

この後の展開ですが、ドイツでは嫡男（ちゃくなん）が続かず、王朝が約一〇〇年毎（ごと）に交替していきます。一方のカペー朝では、「カペー家の奇跡」と言い伝えられていますが、これから三五〇年間ずっと男子が生まれ続けて王統が世襲されます。そのためもあって、最初はドイツのほうが強大だったのですが、やがてフランスがじわじわと大国に成長していきます。

カロリング朝の末期にアキテーヌ公がクリュニー修道院を建設

九一〇年、現在のフランス南西部にあったアキテーヌ公国のギョーム一世が、西フランク王国のクリュニーの地に修道院を建設しました。この修道院はイタリアのベネディクトが六世紀に建てたモンテ・カッシーノ修道院に範をとり、祈りと労働に重きを置く禁欲的な修行を実践する目的でつくられました。これから後に起きる修道院改革やローマ教会改革運動の中心となっていく組織です。創建後、ローマ教皇は直ちに認可状を与えました。

〔3〕オットー一世がローマ皇帝戴冠　帝国教会政策を採る

ドイツではザクセン朝が始まりましたが、ザクセン族（サクソン族）とはシャルルマーニュに一度叩き伏せられた部族です。シャルルマーニュに、部族のシンボルであった大木、聖なる木を倒されています。その一族がどうしてドイツ王になれたのかといえば、オットー一世（大帝）がハンガリーから侵入してきた遊牧民マジャール族を撃破したからです（九五五）。

カペー朝を開いたユーグ・カペーも、先祖ウードがパリを囲んだヴァイキングを退けた実績が物を言いました。

結局、ヨーロッパで王権を固めるには、外敵を撃退することがいちばん効果的なのです。カール・マルテルはイスラム教徒、シャルルマーニュはアヴァール族、オットー大帝はマジャール族、というわけです。

オットーは、ローマ教皇からローマ皇帝に戴冠されます（九六二）。まるでシャルルマーニュが甦ったかのようでした。ローマ教皇は、ザクセン朝の力を計算したのでしょう。オットーも、その権威をヨーロッパ全域に反映させたいと思ったのでしょう。

しかし彼の狙いはもう一つありました。帝国統治のために、ローマ教会を利用しようと考えていたのです。

その政策は帝国教会政策と呼ばれました。遠隔地に有力な臣下を派遣すると、本人が生きているうちは忠誠を尽すとしても、その子供の代になるとその地方に根付いてしまって、中央の言うことを聞かなくなる恐れがあると、オットーは考えました。

そこで着目したのが、キリスト教の司教です。司教は独身ですから、子供がいない。実はそれは建て前で、ほとんどみんな妻子がいたのですが、すべて庶子ですから後を継げない。だから、地方の世襲貴族になる恐れはないのです。

そこでオットーは、司教を知事に任命したのです。

この当時、ローマ皇帝はイエスの代理であり、ローマ教皇はペテロの代理であると考えられていました。教皇は皇帝の弟子ですから、皇帝が司教を任命しても何の問題も生じないのです。オットーは司教を自分の部下として自由にすげ替えていきました。

ザクセン朝はオットー一世、二世、三世と続きますが、オットー三世が任命した教皇は、先進地域であるスペインのイスラム世界で学問を修めた彼の家庭教師でした。自分が皇帝になったので、先生の恩に報いたのでしょう。幸いにも有能で立派な人でしたが、ローマ教会にとっては、たまったものではなかったはずです。

結局、東のローマ皇帝とカロリング朝、ザクセン朝の皇帝は、ローマ教皇にとっては何も変わるところがなかったのです。

〔4〕アッバース朝が衰え、三人のカリフが並立する

イスラム世界では、アッバース朝の弱体化が進み、各地にサーマーン朝を始めとして、多くの政権が生まれましたが、それでもカリフは、バグダードのカリフただ一人でした。

ところが、イスマーイール派（シーア派の一派）が北アフリカにファーティマ朝を設立し（九〇九）、君主みずからカリフであると宣言しました（九一〇）。ファーティマは預言者ムハンマドの娘の名前で、その娘婿（むすめむこ）がアリーです。この王朝の設立者は、ファーティマの子孫であると、みずからの正統性を主張して、カリフを名乗ったのです。ファーティマ朝は、エジプトを征服してフスタートの近くにカイロを建設しました。そしてカイロにアズハル・モスクとアズハル学院をつくります。九七〇年にシーア派の教学を確立するためにつくられたアズハル学院は、現存する世界最古の大学といわれています。入学随時、受講随時、卒業随時の三信条はよく知られています。

ローマ帝国とイスラムの三王朝

すると今度はアンダルス（イベリア半島）のコルドバを首都とする後ウマイヤ朝の君主も、カリフだと名乗りを上げます（九二九）。こうしてカリフは三人になりました。もめごとの多いイスラム世界でも、これまではさすがにカリフは一人であったのに、誰もがカリフを名乗れるような状態が生まれて、イスラム帝国はバラバラになっていきます。

この頃、アッバース朝の衰えを浮き彫りにするような事件が起こりました。

聖地マッカのカアバ神殿に、シーア派の分派カルマト派が侵入して、神殿のシンボルである黒石を略奪したのです（九三〇）。黒石は九五一年に返還されましたが、この事件で、当時のアッバース朝は、すでにイスラムの聖地を守りきれないほど弱体化していることを、露呈してしまったといえます。

後ウマイヤ朝が全盛期を迎える

後ウマイヤ朝は、一〇世紀の半ばに全盛期を迎えます。人口五〇万人といわれた首都コルドバは当時の世界第一の都であり、図書館には四〇万巻の書物が収められていました。アブド・アッラフマーン三世（在位：九一二—九六一）が手がけたコルドバ郊外のザフラー宮殿はヴェルサイユ宮殿に匹敵する規模を誇っています。

九八一年に宰相になったアル＝マンスールは並外れた拡大主義者で、多くの軍事的成果をあげてイベリア半島のほぼ全域を支配下に置きました。しかしその死後、後ウマイヤ朝では内紛が勃発（ぼっぱつ）して、急速に衰退に向かいます（一〇三一年に滅亡）。

〔5〕バシレイオス二世が再現した東のローマ帝国の黄金時代

ローマ帝国（マケドニア朝）では、英明なバシレイオス二世（在位：九七六—一〇二五）が登極しました。ブルガリアに大勝して（クレディオンの戦い。一〇一四）、四〇〇年ぶりにバルカン半島の全域を回復し、ドナウ川を北の国境とします。またイスラム勢力やランゴバルド族にも勝利を収めて南イタリアを奪還し、東ではシリアやカフカス山脈南方のジョージア（グルジア）やアルメニアをも制圧し、大帝国を再現させました。

ブルガリア人殺しの異名

バシレイオス二世はクレディオンの戦いに大勝したとき、捕虜となった一万四千人ものブルガリアの兵士を一〇〇人一組とし、その中の一人の片眼だけを残して全員の眼をつぶしました。

そうしておいて、捕虜たちをブルガリアへ送り返しました。一眼の兵士に連れられた盲目の軍団の長蛇の列が帰国したのを見て、時のブルガリアの皇帝サムイルは卒倒して死亡してしまったという話が残っています。

キエフ大公国をキリスト教化し、東方教会の版図を拡（ひろ）げたことも、バシレイオス二世の大きな功績です。質素な生活を旨（むね）とした皇帝の下で財政は健全化し、東のローマ帝国は奇跡的な黄金時代を再度迎えることになりました。しかしバシレイオス二世が独身で死去したため、無能な弟が後を継ぎ、ローマ帝国は衰退に向かいます。

〔6〕宋が建国　唐宋革命と呼ばれるほど大きな変化が生まれる

五代十国の最後は後周でしたが、後周の二代世宗は五代随一の名君でした。廃仏令を出して国家財政を健全化、節度使の弱体化を図ると同時に皇帝直属の軍（禁軍）を強化、統一事業に乗り出したところで病に倒れました。南北朝時代に華北を統一し、志半ばで倒れた北周の武帝の再来と見まがうような人生でした。

三代目となった世宗の子供が幼少であったので、重臣たちが相談して世宗の信頼が厚かった将軍趙匡胤（太祖）に、皇位を禅譲させました（最後の禅譲。ただし後周の皇室は宋の全時代にわたって手厚く遇されました）。趙匡胤はこれを受けて開封を都として、宋を建国しました（九六〇）。そして弟の二代趙匡義（太宗）の時代に、燕雲一六州を除いて中国全土を再統一しました（九七九）。

昔、商周革命で多くの大変革が行なわれましたが、唐から五代十国を経て宋になる時代も、それに匹敵する歴史の大きな曲がり角になりました。この時代に、今日の中国の社会や文化の原型がほとんど生まれたと言えるほどです。この大変革を唐宋革命と呼んでいます。

その背景を一言で述べれば、交易が盛んになって、経済活動が飛躍的に伸びたからです。

黄巣の乱の時、広州で一万人を超えるイスラム教徒が殺されましたが、すでにその頃の広州には市舶司（しはくし）と呼ばれる、今日の税関に当たる役所が置かれていました。これは世界で最も早い税関のひとつでした。地球の温暖化が進んだことを追い風にして世界貿易が盛んになっていたのです。

科挙の完成、政治革命

科挙は国家公務員上級試験です。原型は隋の文帝が始めた選挙です。武則天も積極的に活用しましたが、まだまだ不完全でした。なぜなら、公平な公務員試験を実施するためには、受験志望者が平等に勉強できる参考書の存在が不可欠だからです。広大な中国でそれを満たすには、大量の出版物が印刷され、流通している必要があります。隋と唐の時代には、それはまだ不可能でした。唐末から宋にかけて木版印刷が発達したことで、科挙が完成したのです。

こうして宋の時代になると、高級官僚はすべて科挙によって選抜されるようになります。これが何を意味するかというと、門閥貴族や外戚（がいせき）が政治を壟断（ろうだん）する余地がなくなったということです。何かやりたいことがあるなら先ず試験にパスしてください、という世界です。しかも筆記試験の後には、殿試と呼ばれる皇帝みずからによる面接試験が控えていました。

科挙が完全に施行されるようになって、始皇帝がグランドデザインした文書行政による中央集権国家が、初めて完成したといえると思います。宦官はまだ動く余地はありますが、原則として彼らは政府の要職にはつけません。科挙によってフェアに選ばれたエリートしか高級官僚にはなれず、皇帝と官僚が直に結びついた近代国家体制が、早くも実現したのです。ちなみに、この時代の日本は外戚である藤原道長の全盛期でした。

農業革命により人口が一億人に迫る

長江の南では、ユーラシアの気候の温暖化によって、ベトナムから持ち込まれたチャンパ米（占城米。チャンパは林邑もしくは占城と呼ばれたベトナム中部の王国）という粒の長い米が耕作できるようになりました。この米は早稲であったので、米と麦の二毛作が可能になりました。鉄製農器具も発達し、さらに埋め立てなどによる新田開発も進んで、農業革命が起こりました。

これによって中国の人口は、漢や隋唐の盛んな時代の五〇〇〇万人から、ついに一億人近くまで膨れ上がりました。

火力革命、飲茶革命、景徳鎮

農業革命を助けた製鉄業の発展の元は、火力革命にありました。具体的には石炭とコークスを活用する技術が発達したのです。

高熱が得られたことで、料理法も変わりました。現代の中華料理の特徴は、油を使う炒めものにありますが、これにはかなりの高温が求められます。それを可能にしたのがコークスの利用でした。宋の時代に油を使った加熱法が改良されて、今日の中華料理の原型がつくられました。

この料理に呼応するように、おいしいものを食べてお茶を飲むという飲茶の習慣が盛んになりました。そこで陶磁器産業が飛躍的に発展します。漢代から窯が開かれていた景徳鎮の景徳は、宋の一〇〇四年から一〇〇七年までの年号です。この時代に陶磁器産業がいかに急拡大したかが想像できます。

海運革命、ジャンク船、羅針盤

五代からの首都、開封は中国の北と南を結ぶ大運河の結節点にある都市でした。このことも、この時代の海運業の重要性を示唆しています。外洋航海の発展はなかでも著しいものでした。この時代に竜骨を持ち、防水横隔壁を持つ、頑丈で大きなジャンク船が開発されて、海運技術が急速に向上しました。海のシルクロードは東シナ海からインド洋へと大きく開かれました。その海には、三角帆をつけたアラビアのダウ船も中国に向けて帆走していたのです。

当時は、広州、泉州、明州（寧波）が三大貿易港とされていました。

加えてこの時代に羅針盤が実用化されて、遠洋航海の大きな力となりました。さらには宋の初期に、福建省の漁村の娘が海難に遭った父を捜しに海に出たという故事から、やがて船乗りたちの信仰を集め、媽祖という民間信仰の神様が誕生します。

このような海運革命を受けて、宋の政府は、特に南海貿易を管轄する目的で、改めて広州に市舶司を設置しています。

浄土宗と禅宗、大衆の仏教と知識人の仏教が広まる

中国に入った仏教は国家仏教を中心に発展してきましたが、何度も弾圧を受けるなかで、政権を頼らず民衆のなかで生きていこうと考えるようになります。そこで唐の

後半から宋の時代に入ると、庶民や知識人を巻き込んだ浄土宗と禅宗が盛んになりました。

仏教教団は、木版印刷という新しい技術を積極的に活用しました。宗教やイデオロギーを宣伝するには、新聞（アジビラ）が有力な武器になることは、のちのフランス革命に見られるように全世界共通ですが、中国の仏教界も積極的に自分たちの新聞を出して、競い合いました。そのなかで大衆に浸透したのが、わかりやすい浄土宗でした。南無阿弥陀仏と唱えれば誰でも極楽浄土へ行けますよという他力本願の教えです。けれども、知識人や、科挙を受験して官僚を目指すような人々、彼らのことを士大夫と呼びますが、そのような人々は、南無阿弥陀仏では物足りないと考えます。知識人は、そもそも西方に浄土があるのかと疑う。人生とは何かとか、もっといろいろ考えたい。そこで禅宗が登場します。禅宗には面白い一面があります。わけのわからない難問を出して考えさせる（公案、禅問答）。これが知識人に受けました。

こうして中国で生き残った仏教は、大衆の仏教と知識人の仏教という二つの大きな流れになり、それが鎌倉時代に日本に入ってくるのです。

粉にしたお茶、葉を沸かして飲むお茶

ところで宋の時代のお茶は、お茶の葉を固めて、それを削って粉にして飲むものでした。この時代に日本に入ってきたお茶が、今日の茶道の原型となります。裏千家、表千家、みんな粉茶です。これに対して、のちのモンゴルや明の時代になって、お茶を飲む習慣がさらに大衆化すると、削って飲むような面倒なことはできなくなります。それで薬罐や湯沸かしの器具に、お茶の葉を放り込んで沸かして飲むという簡単な方法が広がったのでしょう。

東京は不夜城だった

中国で古くて由緒のある都といえば洛陽です。わが国でも京都を洛陽と呼ぶことがあります。洛陽の東にあった宋の都開封は東京とも呼ばれました。明治維新後の東京も当初の発音はトウケイでした。一方で洛陽の西に位置する古都長安は、西京とか西安と呼ばれました。

さて唐の都、長安は世界都市でした。そこでは、西域からやって来た白人の美女が当時のクラブでたくさん働いていました。奴隷貿易で買われて、シルクロードをラクダの背に乗せられてやって来たのです。けれども長安の夜に華やいだ雰囲気があったのは特別な地区だけで、この都は夜になると四方の門や各地区の門をすべて閉じてし

東京のにぎわいを描いた清明上河図の一部（北京・故宮博物院蔵）

まいます。治安を維持して外敵の侵入に備えるためです。ですから長安の夜は、真っ暗で人通りはありませんでした。

ところが、運河の結節点にあり商人の多かった開封の都は、各地区の門がなく、夜も開放されていて、市民は深夜までお茶やお酒を飲み、デートをし、お芝居を見るようになりました。茶館が立ち並び、五〇以上の劇場があり、大道芸人が芸を演じる場所もありました。

『東京夢華録（とうけいむかろく）』という本には不夜城であった開封の繁栄と商売の様子が実にいきいきと描かれています。また二〇一二年に日本でも展示された国宝級の

『清明上河図』には、開封郊外で春の清明節を迎えた市民の様子が、ほんとうに楽しそうに描かれています。また劇場では、包拯という裁判官がいろいろな事件を解決するお芝居が人気を博していましたが、実は江戸時代の大岡越前の話は、ほとんどこの芝居がネタ本になっていたのです。

このような宋の時代の文化が、日本の文化の源流になりました。仏教や茶道に限らず、人形浄瑠璃や能・狂言なども、開封の大道芸からわが国に入ってきたようです。

宋の女性は幸せだったか

一方、この時代になると、儒教が社会の隅々にまで浸透して、女性の社会での活躍の場が徐々に閉ざされ始めました。また生活が豊かになってくると、もう女性は働かなくてもいいよ、となってきます。女性はセクシーでかわいいほうがいい、家の奥にいなさい、というわけです。そこから纏足という忌まわしい習慣が始まります。

拓跋帝国の時代は、孝文帝の養祖母、馮太后や武則天のようなたくましい女性が何人も登場して、大活躍をしていたのですが、そういうたくましい女性の時代は、宋の繁栄の陰に消えてしまったのです。

第四部　第五千年紀前半

第一章　ユーラシアの温暖化と商業の隆盛

　第五千年紀の前半は、気候の温暖化に伴って、ユーラシア全域で人口が増大します。特にヨーロッパでは、一〇〇〇年に二五〇〇万人程度だった人口が、一三〇〇年には七五〇〇万人まで膨れ上がったという推計があります。この間、世界の人口は約二億六〇〇〇万―七〇〇〇万人から三億六〇〇〇万―七〇〇〇万人へと増加しています。ヨーロッパで人口が急増した背景には、三圃（さんぽ）式農業と呼ばれる輪作（農地を夏穀・冬穀・休耕地の三つに分けて回していく農法）が普及して農業の生産性が向上したことが挙げられます。

　人口の増大を背景に、ヨーロッパでは商業が復活し、都市が生まれ、市民階級の台頭が目立つようになりました。またイスラム勢力の力が弱まったことで地中海交易が盛んになり、イタリアで海の共和国が栄えます。一方、人口の増大は、十字軍と呼ばれる東方世界への侵略を生みだしました。

イスラム世界ではトゥルクマーンによる初の大帝国セルジューク朝が誕生します。この時代にインドやアフリカにもイスラムが浸透していきます。ユーラシアの東では、モンゴル高原と中国北部にキタイ（遊牧民国家）、中国本土に宋（漢民族）が共存していました。軍事の北、経済の南という澶淵システムが機能して、これから約三〇〇年間安定が続くことになります。

〔1〕キタイと宋が澶淵の盟（ODA）を結ぶ

モンゴル高原から中国の北部までを支配していた強国キタイが、遂に南下を始めます。名君といわれたキタイの六代聖宗が国力を充実させ、大軍を率いて宋に向かったのです。

一方の宋は、国力は十分でしたが、時の皇帝三代真宗は臆病者でした。長江の南まで逃げようという家臣になびくありさまです。ところが、寇準という気骨のある宰相が強く真宗を諌めます。軍事力はほぼ同等です、堂々と立ち向かいましょうと説得して、澶淵まで出陣させました。こうして二人の皇帝が親征して対峙しました。両軍数十万同士の睨みあいです。

しかし寇準も聖宗も賢いので、正面衝突したらどちらも損だと、すぐに理解します。そこで、両軍は澶淵の盟という和約を結びました（一〇〇四）。

澶淵の盟は、キタイが弟となり、宋が兄になります。兄の宋は毎年、銀一〇万両と絹二〇万疋を贈るという内容でした。国境の変化はありません。これは一種のODA（政府開発援助）です。キタイに渡ったお金は、陶磁器や茶など宋のさまざまな物品の購入に向けられますから、宋も潤うのです。寇準には先見の明があって、名より実を取りました。軍事の北と経済の南というこの優れて安定的な分立システム（澶淵システム）は、クビライの中国統一まで約三〇〇年間も続きます。

真宗が最後の封禅を行なった

澶淵の盟では、次のようなエピソードが残されています。澶淵まで出向いた真宗は、不安で夜も眠れず、逃げることばかりを考えていた。ところが寇準は大いびきをかいて熟睡している。それを聞いた真宗は、宰相がいびきをかいて寝ているということは、交渉がうまくいっているのだろうと思って、やっと眠れたというのです。

それでも真宗が正面から聖宗と向き合ったからこそ、講和は成立したのです。皇帝と皇帝の対決ですから。しかし真宗には恐(こわ)かったという思いだけが残ったのでしょう。そういう彼にお追従(ついしょう)を言う部下が出てきます。陛下は都にいてもよかったのに、前線まで引っ張り出すとは寇準は不忠者ですよ、と。それを聞いた真宗は、寇準を左遷(させん)してしまいました。そういうお追従者が、さらによからぬことを焚(た)き付けます。

「あなたは偉大な皇帝なのだから、それを天下に知らしめるため、封禅の儀をやりましょう」

封禅の儀については、始皇帝の所で触れました。始皇帝は最後のライバル斉を破った後、山東省にある名山、泰山を訪れて、天地を祀(まつ)って誓いました。私は中国を統一しましたが、今後も天地の神を始めとして、各地の神を疎(おろそ)かにすることはありません。こうしてお祈りして守りますから、安心して私の覇権を承諾してくださいと。

当時は、ライバルを倒すと、ライバルの守り神を丁重に祀ったのです。神様は嫉妬(しっと)深いので、自分を祀っていた国が滅びると、自分が大事にされなくなると思って祟(たた)るのではないか。それを勝者は心配します。この心理は今日でもあります。お墓は誰が守るのかなどと。始皇帝はそういう心理を読み、また自分を権威づける計算もあって封禅の儀に臨んだのでした。それからのち、名君といわれる皇帝は、泰山を訪れるようになります。しかし、封禅の儀はだんだん儀式化していきます。部下をたくさん連れて、貢ぎ物をたくさん持って、わざわざ山東省まで出かけて行き、しかも泰山に長逗留するわけですから、これはたいへんな出費です。それもあって、この儀式はだんだん廃れていきました。

封禅の儀を真宗の前に最後に行なったのは、二五〇年前の唐の玄宗でした。どの王朝でも宰相や官僚が賢くなっていき、皇帝が「やりたい」と言っても許さなくなるのです。山に登るのに大金を使うなんてダメです、却下ですと。中国の統治システムは当時としては世界に隔絶して合理的なものでしたが、真宗のような暗君は止めようがない。これが中国では最後の封禅になりました。

〔2〕仏教伝播の第三波　上座部仏教がスリランカからビルマへ

一〇三八年、中国の北西の地にチベット系タングート族の西夏が建国されました。この国の軍事力を支えたのは鉄器です。その精巧さは有名でした。西夏はなかなか勢いがあったので、宋は西夏とも銀と絹を贈るＯＤＡ関係を結びました。ただ、しばしば小競り合いが起こるので、宋は北西の国境に大軍を配置せざるを得ませんでした。

同じ頃、北ベトナムでは、ハノイに李朝が建国されました。北ベトナムはいわば中国の外港としての価値が高かったため、中国にしばしば侵略されましたが、広州が国際貿易港として発展したことで、その戦略的価値が弱まり、李朝は長期政権になりました（一〇〇九―一二二五）。

この時代の東南アジアで、いちばん興味深いことは、ビルマ（現ミャンマー）に生まれたパガン朝が、上座部の仏教を採り入れたことです。パガン朝は、ビルマ人が建国した初めての王朝です。ですから、何か新しいことをやりたかったのかもしれません。

これまで仏教がアジアに伝播したルートは、二つありました。第一波は、大乗仏教がパンジャブ地方からシルクロードを通って中国へ。第二波は、密教がまっすぐ北上してチベットへ。

第三波は海を経由しました。実はインドとビルマを結ぶ地には、アッサムという酷暑地帯があり、雨が多く、山脈にも遮られています。そのため古代からインドと東南アジアとの間は、なかなか道が通じなかったのです。そこで海のルートが登場するのですが、インドでは廃れていた上座部仏教がセイロン島（スリランカ）に残っていて、この最も古い仏教の教えが、海沿いにビルマに入ってきたのです。

こうしてパガン朝に入ってきた上座部仏教は、タイのスコータイ朝に伝わり、カンボジアからラオスへと広がります。東南アジアには上座部仏教という、いわばいちばん古い仏教が、いちばん新しく伝わって現在に至っているのです。

〔3〕宋の名宰相、王安石の構造改革
小さな政府で中間層を育成して富国強兵を図る

さて、澶淵システムで安定した宋は、経済活動が盛んになり国が豊かになるとともに、放漫財政になっていきます。一〇〇万人の軍隊を抱え、官僚組織も肥大化していきました。

宋の財政に黄信号が点灯したとき、即位したのが二〇歳の神宗でした（一〇六七）。神宗は「万言の書」を上奏し政治改革を訴えていた王安石を登用して、国政改革に当たらせました。この天才的な名宰相は、優秀な新進官僚を集めてプロジェクトチームをつくり、徹底的に議論を重ねて法案を整備し、一部の地域で実験を済ませたのちに、新法と呼ばれる改革を全国規模で断行しました。

王安石の新法は、合理主義が大きな特色で、小さな政府で中間層を育成して富国強兵を推し進めるものでした。その政策はルイ一四世の財務大臣だったコルベールが採用した六〇〇年後の重商主義と多くの点で似通っています。ちなみに本書では、商業

や交易を促進することで国を豊かにしようとする考え方を重商主義と呼びます。

中間層の育成に重点をおいた政策

新法の主な政策は概ね次の通りです。

●青苗法　零細農民に対して国が低利で種籾（代金）を貸し付け（貨幣による貸付、穀物による返済が原則）、彼らの破産や小作農への転落を防いだ。同様の救済処置を零細商人に対して取ったのが市易法だった。

●均輸法　江南から開封に運ばれる物資について、大商人の独占運輸や買い占めを国が統制・介入して物価を安定させた。

●募役法　国への労役義務（職役）を遂行させる代わりに、保有財産に比例して銭納させ、そのお金で国が労役者を雇った。職役を免れていた層（例えば科挙の合格者を出した官戸）からも銭納させた。

●保甲法　常備軍を補完する民兵と郷村制の再編を目的とした軍事改革法。軍馬の飼育を委託する保馬法も続いて施行された。

古来、政権を強化しようとする改革は、貧富の格差を嫌い、中間層を育てようとします。大商人や大地主が市場や土地を独占していたら、経済はうまく回りません。王安石は、マーケットメカニズムを活用して、経済を活性化させ、新陳代謝をよくすることが必要だと考えたのです。まさに、現代の構造改革路線そのものでした。

礼制も改革、天壇と地壇

中国の王朝は、代々多くの神々を祭ってきました。陰陽道によって定められた季節や方角、そして五行説によるお祭り。そこへ儒教による祖先を敬うお祭りやお葬式を盛大に行なう教えも加わりました。

国が豊かになると、国家のお祭りも派手になっていきます。特に儒教は高度成長を是認し、それが供養（くよう）であるとばかりにお金を祭礼に向けようとします。王安石は礼制の改革をも断行し、小さな政府を理想として、不要の祭礼を排除しました。

すなわち、祭るのは天と地だけでよいとします。世の中は「天知る・地知る・我知る・汝（なんじ）知る」（四知（しち））であって、天の神と地の神だけが万人を見ている。だから、むやみに神様を祭ることはせず、天帝と地帝のみを国として祭ることにしたのです。そして、天帝を奉祀（ほうし）する祭壇である天壇と、地帝を奉祀する地壇のみを設けることにしました。こうして宗教的祭祀にかかる経費を減らしたのです。天壇と地壇は、いまも北京に残されています。

王安石の新法と司馬光の旧法の争い

王安石の改革は多くの成果をあげましたが、猛烈に反対する人々がいました。大地主・大商人（兼幷）たちです。中間層を育てるということは、独占を排除することですから、当然といえば当然です。もしも王安石の改革があと一〇年二〇年と続いていたら、中国は夢のような強国になっていたに違いないという人もいます。けれども、そうは問屋が卸しません。あまりに時代を先取りした政策であったため、新法は中途半端に終わってしまいました。彼は宰相の地位を五年で辞します。

王安石の新法に対して、それに反対する人々の政治を旧法と言います。

王安石の政策は、すべての分野にわたって整合的な具体案が用意されており、彼の宰相としての傑出した能力を示しています。対して、旧法は、新法に反対する以外、目立った政策も理論もありませんでした。既存勢力の利益を守ること以外にコンセプトがないのだから当然です。旧法の代表の司馬光は、儒教的、理念的な論陣（例えば、国家が貸付などの商売をするのはおかしいなど）を張るのみでした。

現代にも通じる構造改革を主導した合理主義者、王安石

ただ、司馬光は文化人としては優れた人で、その編著『資治通鑑（しじつがん）』は編年体の歴史の名著とされています。また、政治を離れれば、司馬光と王安石はお互いに尊敬し合う文人同士であったようです。

大儒（たいじゅ）、王安石。合理主義者の流星

王安石は、圧倒的に優秀な人で、筆も立ち（散文の唐宋八大家の一人です）、政治はもとより学者としても超一流でした。人格も高潔です。そこで偉大な儒学者、大儒として孔子廟（びょう）に合祀（ごうし）されます。孔子と同じように、人々から尊敬される対象となったのです。

彼は科挙を、人材登用制度として完成させるために、それまでの試験の内容が詩賦（しふ）（詩や韻文（いんぶん））中心であったのを経典（儒学の四書五経（ししょごきょう））中心に切り換え、周礼（しゅらい）などの注釈書を自らつくりました（三経新義）。この書は科挙受験者の必読文献となりました。

王安石の新法の精神は、科挙の内容まで変えてしまったのです。新法改革は、旧法党の抵抗で必ずしも実を結びませんでしたが、精神的には深い影響を残しました。

王安石の合理主義が最終的に姿を消すのは、南宋の時代になって、孔子廟から王安石が取り除かれ、代わりに朱熹（しゅき）が入ったときです。朱熹は朱子学というイデオロギー色の強い学問を提唱した人物です。進歩の時計の針が逆回転してしまったのです。

〔4〕インドで二つの大王朝が繁栄　ガズナ朝とチョーラ朝

サーマーン朝に仕えていたトルコ系のマムルークがアフガニスタン東部の地にガズナ朝を立てます。そのガズナ朝にマフムード（在位：九九八―一〇三〇）という英雄が登場します。

彼はサーマーン朝を滅ぼした後、何度も何度も北インドの最も豊かな地域であるガンジス川流域に侵入します。そして、都市の富裕層とインテリに支えられて財物を貯（た）め込んでいた仏教寺院を略奪しました。ヒンドゥー教寺院も同じ運命を辿（たど）ります。特にソームナート寺院の破壊はイスラム対ヒンドゥーの対立のひとつのシンボルとなりました。

侵略者が大きな建物から襲撃するのは世の習いですが、庶民の信仰はヒンドゥー教に持って行かれ、インテリと富裕層のみを基盤にしていたインドの仏教は、やがて北インド・マムルーク朝のアイバクの時代（一二世紀末〜一三世紀初頭）に、最後に残った仏教の拠点、ナーランダ大学とヴィクラマシーラ大学が破壊されて自然死のように絶えてしまいます。支える人がいなくなった宗教の運命でした。

このマフムードに、フェルドウスィー（Ferdowsi）はペルシャの一大叙事詩『王書』（シャー・ナーメ）を捧げました。この書はイランの『古事記』であり、『平家物語』であると思います。

またアル＝ビールーニー（al-Biruni）という万能の学者が、マフムードのインド遠征に従軍して『インド誌』を書きました。この本はインドについての百科事典として、イスラム世界で長く読まれました。

南インドのチョーラ朝、マラッカ海峡へ

インド南東部タミル地方には紀元前三〜紀元三世紀頃に、チョーラ朝など三つの伝説的な王国があり、古典文芸（サンガム文学）が栄えたと伝えられていますが、その末裔と称する一族がチョーラ朝を建国したのは九世紀半ばのことでした。

海のシルクロードの中継地を押さえたチョーラ朝は拡大を始め、ラージャラージャ一世（在位：九八五—一〇一六）の時代には南インドの地と、セイロン島（スリランカ）

北部までを版図としました。そして、息子のラージェーンドラ一世の世になると積極的に海への進出を開始しました。

ラージェーンドラ一世は、当時マラッカ海峡を支配していた海洋王国シュリーヴィジャヤに遠征して（一〇二五）、スマトラ島までを勢力範囲としたのです。インド洋貿易の利を独占したチョーラ朝は、宋にも朝貢使節を送っています。

〔5〕ファーティマ朝のハーキム、「知恵の館（やかた）」を建設

イスラム世界ではアッバース朝が衰え、三人のカリフが並立していましたが、そのなかのひとりであるファーティマ朝の六代カリフ、ハーキム（在位：九九六―一〇二一）が、エジプトのカイロに知恵の館を開設します。

知恵の館はアッバース朝のマアムーンがバグダードに建てた大図書館（兼天文台）の名称でした。これに対してイスマーイール派の都カイロにも知恵の館をつくることで、こちらがイスラム文化の中心であると主張したかったのかもしれません。また当時すでにカイロの繁栄がバグダードを上廻り、文化の流れはカイロに向かっていたことも背景にあったはずです。ファーティマ朝が生んだ光学の父、イブン・ハイサムは

この時代を代表する大学者です。

また、ハーキムはカリフとして教徒たちにイスマーイール派の教義を厳格に守ることを命じ、飲酒や歌舞音曲も禁止しました。さらに、当時ファーティマ朝の支配下にあったエルサレムで、これまでキリスト教徒の宗教的自治によって守られていた聖墳墓教会を破壊します。彼の失踪後、ハーキムをマフディー（救世主）として信じる、ドゥルーズ派が生まれます。

〔6〕トゥルクマーンによる初の帝国、セルジューク朝の誕生

トゥーラーン（マー・ワラー・アンナフル）の地で、トゥルクマーンのセルジュークの一族が自立しました。この一族は、サーマーン朝に仕えていましたが、トゥグリル・ベクという英雄が出現して、セルジューク朝を建国しました（一〇三八）。

さらにトゥグリル・ベクは、一〇四〇年にダンダンカーンの戦いでガズナ朝に勝利し、ホラーサーンの支配を固めました。そこでアッバース朝のカリフは、群雄割拠状態になってしまったアッバース朝の秩序を回復するために一〇五五年、トゥグリル・ベクをバグダードに招請したのです。

トゥグリル・ベクはバグダードに入城して、カリフからスルタンの称号を受けました。スルタンとは「権威」という意味で「預言者の代理」であるカリフから、帝国の軍事・行政面の実権を得たことを象徴しています。カリフはこの後、ローマ教皇のような立場となり、宗教的権威のみを拠り所とする存在になります（アッバース朝もセルジューク朝の庇護下で存続します）。

トゥグリル・ベクがティグリス川を渡るときのことでした。彼の馬の手綱を取っていた召使が感極まって言いました。

「いままで私たちは、この川をマムルーク（奴隷）として渡りました。けれども、あなたは初めて君主として、この川を渡ったのです」

〔7〕セルジューク朝の大宰相ニザーム・アル＝ムルク

セルジューク朝第二代スルタン、アルプ・アルスラーンは、傅役（アタベク、養育係）のペルシャ人官僚ニザーム・アル＝ムルクに養育されました。ニザームは優秀な政治家で、アルプ・アルスラーン（在位：一〇六四―一〇七二）が第二代スルタンになると宰相（ワズィール）に任命されました。

セルジューク朝はアナトリア半島の東部でローマ帝国と戦い（マラズギルトの戦い。一〇七一）、これを撃破して皇帝ロマノス四世を捕虜にしました。この戦争でアナトリア半島からローマ軍が一掃され、トゥルクマーンが移り住みます。これが現在のトルコ共和国につながっていきます。

ニザームはイスラム教の主流派であるスンナ派の興隆にも力を注ぎました。彼はシーア派のファーティマ朝がカイロに建設したアズハル学院に対抗して、スンナ派の最高学府として自分の資金でニザーミーヤ学院をバグダードに設立しました（一〇六七）。イスラム世界では、学校や公共施設が個人の寄付でつくられる慣例があります。これをワクフと呼び、つくられた施設には個人の名前が冠せられます。ニザーミーヤという名前もニザームに由来しています。

ニザームは誠にすぐれた宰相であったので、三代目のスルタン、マリク・シャー（在位：一〇七二―一〇九二）の時代には次のような戯れ歌が流行りました。

「ニザームがみんなやってくれるので、マリク・シャーのやることは、狩りと宴会をひらくだけ」

まさにセルジューク朝の全盛期でした。ニザームは『統治の書』という帝王学の教科書も執筆しています。

偉大な政治家のおかげで、しばらく平和で豊かな時代が続きました。『ルバイヤート』（四行詩集）を書いた天文学者ウマル・ハイヤームは、後のグレゴリオ暦より正確なジャラーリー暦を作成しました。

暗殺教団伝説の誕生

イスマーイール派はファーティマ朝をベースに、イランにも広がっていきましたが、スンナ派のセルジューク朝はこれを弾圧します。

イラン北部アラムートの山城に立て籠（こも）ったハサン・サッバーフは、イスマーイール派の分派であるニザール派を信奉します。やがて次のような伝説が生まれました。

ニザール派の指導者は、若者たちに大麻（ハシーシュ）を吸わせて陶酔させ、天国（秘密の園）を幻視させせます。そして、

「天国に戻りたければ、誰々を暗殺してくるように」

と言って送り出したことから、ハシーシュ→アサシン（暗殺）という言葉が生まれた、といわれています。しかし、この話には針小棒大なところがあります。

少数の人が、純粋に宗教や観念を思いつめて山の中に籠れば、どうしても幾分かは狂信的にならざるを得ません。都心で華美な館に住み、酒に酔い、女性と戯（たわむ）れている

現世の指導者たちを、けしからんと思うのはごく自然な流れです。

なぜ、山の中に閉じこもるかといえば、少数派は、安全なところでまとまっていないとあっという間に蹴散らされるからです。次に見るムラービト朝を開いたアブー・バクルたちは、川中の孤島に籠りました。現在ではニザール派と暗殺教団伝説は何の関係もないと考えられています。

セルジューク朝では一〇九二年、ニザームが暗殺され、その後を追うようにマリク・シャーが没すると、スルタン位を巡って深刻な内紛が生じます。セルジューク朝はこの混乱状態のまま、十字軍を迎えることになるのです。

〔8〕ムラービト朝の成立とイスラム勢力のアフリカ進出

トゥグリル・ベクがスルタンになった翌年、北アフリカのモロッコにベルベル人のアブー・バクルがムラービト朝を建国しました（一〇五六）。彼らはセネガル川の小島の城郭状の修道場（リバート）で修道生活を送っていたイスラム騎士団です。

アブー・バクルには片腕ともいうべきユースフという甥がいました。アブー・バクルはユースフにモロッコ制圧を委ねると、サハラ砂漠を南下し、黒人の王国であるガーナ王国（八世紀―一一世紀）を倒して、イスラム化しました。これがサブサハラ（サハラ砂漠以南の地方）がイスラム化する端緒になりました。

一方、ユースフはアフリカ西岸を北上してモロッコ全土の征服を果たしました。そして新首都マラケシュを自ら建設し、名君の名をほしいままにしたのです。

〔9〕スペインにキリスト教の王国が出現

アンダルスの後ウマイヤ朝が滅んだ後、イスラム勢力は統一されずに、コルドバ、セビージャ、グラナダ、バレンシア、サラゴサなど、四〇前後の小王国に分かれて、それぞれに栄えました。この小王国のことをタイファと呼んでいます。

この権力の空白状態のなかで、ナバラ王サンチョ三世（大王）の死後、一〇三五年に二人の息子がカスティージャとアラゴンという小さなキリスト教王国を継承します。カスティージャはスペインの中央部（やがて最古のレオン・アストゥリアス王国を併合）、アラゴンは北東部です。この二つの国がのちに連合して、今日のスペインを形成します。

アンダルスのキャーン（歌姫）からトゥルバドゥール（吟遊詩人）が誕生する

現在のフランス南西部にあったアキテーヌ公国のギョーム八世は、同志を募ってアンダルスのサラゴサ王国を襲撃し、財宝を奪いました。そのとき宮殿に美しい歌姫（キャーン）たちがいるのに気づき、彼女たちを拉致します。イスラムの君主に恋の歌を聞かせたり、踊ったりして慰めていた女性たちです。玄宗が楊貴妃のためにつくった梨園（歌劇団）のようなものだったのでしょう。

キャーンはムワッシャフというアンダルスの叙情詩を歌っているうちに、いつしか彼女たちの日常語のロマンス語で、即興の合いの手（短詩。ハルチャ）を入れるようになりました。カラオケで、うまく合いの手が入ると盛り上がりますが、あれと同じです。

ハルチャはなかなか粋でした。

「彼女が寝ているときに、美しい脚が見えたのさ。それが王子さまを喜ばせたのさ」

などという短詩であったようです。短いこともあって、ハルチャの人気は高まりました。

ハルチャは、アキテーヌ公国でもてはやされました。アラビア語のムワッシャフは忘れられましたが、ロマンス語のハルチャは新しくつくられるようにもなっていきます。そして、この流れからトゥルバドゥール（吟遊詩人）が生まれてきます。

そこで歌われる詩は、美しい姫を愛して守り抜く騎士の歌が中心となり、その騎士道精神がヨーロッパ貴族の素養として、求められるようになります。そのなかに、やがて弱者の保護やローマ教会の信仰とその擁護も含まれていきます。

〔10〕アルフォンソ六世がトレドを掌握　トレドの翻訳学派がルネサンスの扉を開く

カスティージャはアルフォンソ六世の時代に、かつての西ゴート王国の首都トレドを攻略しました（一〇八五）。

イスラム帝国は、万巻の書を集めるという世界帝国の理念を、かつてのメソポタミアの世界帝国から継承していました。ニネヴェの大図書館、ムーセイオン、ジュンディー・シャープール学院、知恵の館という系譜です。

アンダルスの後ウマイヤ朝も万巻の書を集めましたが、蔵書の中心はアラビア語に翻訳されたギリシャ・ローマの古典でした。

この蔵書をトレドで見つけたアルフォンソ六世は、それをラテン語に翻訳させます。この作業に携わった学者たちを、トレドの翻訳学派と呼んでいます。

こうしてヨーロッパは、アリストテレスを始めとするギリシャ・ローマの古典を再発見したのです。この知的な収穫が、一二世紀ルネサンスの導火線となります。

〔11〕ムラービト朝のユースフ、アンダルスを征服

トレドが陥落してショックを受けたタイファの君主たちは、北アフリカのムラービト朝に援軍を求めます。ムラービト朝は川中島に籠って修行した騎士団からスタートしていますから、イスラム教を奉じる信念も強く、厳格な政権です。アンダルスのイスラム教徒ほどやわではありません。

タイファがムラービト朝に援軍を求める際に、次のようなエピソードが残されています。

ムラービト朝は強大な軍事力を持っているから、俺たちを救ってくれるかもしれない。けれども厳格なイスラム教徒だから、俺たちはお酒を飲んだり女性をはべらすことができなくなるんじゃないだろうか。それだったら、いっそのことキリスト教徒に降伏して、これまで通りの生活を続けるほうが賢いのではないか。

こういう意見が堂々と討議されたと記録に残っています。いかにアンダルスのイス

ラム文化が爛熟し、気持ちが緩んでいたかが推測されます。

それでも結局、ユースフがアンダルスに入り、アルフォンソ六世を敗走させ（トレドは守りぬきます）、タイファ諸国を制圧して、ほぼアンダルス全域を再びイスラム圏に戻してしまいます。一〇九一年のことでした。

〔12〕ノルマン人がイングランドを征服（ノルマン・コンクエスト）

イングランドでは、クヌートの北海帝国が倒れた後、サクソン系のエドワードが王位に就きますが、一〇六六年に亡くなります。

エドワードは少年時代、北海帝国から逃れて母の故郷であるノルマンディー公国に亡命していました。彼には子どもがなかったので、イングランドの次期王位をノルマンディー公ギョーム（ウィリアム）に約束していました。ところが、エドワードの死後に、イングランドの王位はエドワードの義兄ハロルド二世に継承されてしまいました。

激怒したギョームはドーバー海峡を渡ってハロルドを倒し、ノルマン朝を開きました。ウィリアム（ギョーム）一世征服王（在位：一〇六六―一〇八七）の誕生です。この事件はノルマン・コンクエストと呼ばれるようになりました。「バイユーのタペストリー」という有名な刺繡画に、その様子が描かれています。ノルマンディー公というフランス王の臣下が、同時にイングランド王を兼ねたのです。しかし、ウィリアムの本拠地はあくまでノルマンディーであり（墓地もノルマンディーにあります）、イングランドは海外植民地のような扱いであったと思われます。

ノルマン人がイングランドの土地台帳を作成した

ウィリアムは、一〇八六年ドゥームズデイ・ブックという検地台帳をつくります。ノルマン人は中央集権化の前提としてノルマンディー公国でも課税の基礎となる検地を行なっていましたが、それをイングランドでも実行したのです。

この検地台帳に興味ある事実が記録されています。この台帳によれば一八〇人ほどの領主がいるのですが、アングロサクソン人の領主は一〇人ほどで、一七〇人がノルマン人、つまりヴァイキング出身者でした。

ついついイングランドはアングロサクソンの国、と考えてしまいがちですが、すでに一一世紀には、支配層のほとんどはノルマン人になっていたのです。この国はこれからもどんどん変わっていくのですが、いずれにせよ、アングロサクソンの国という

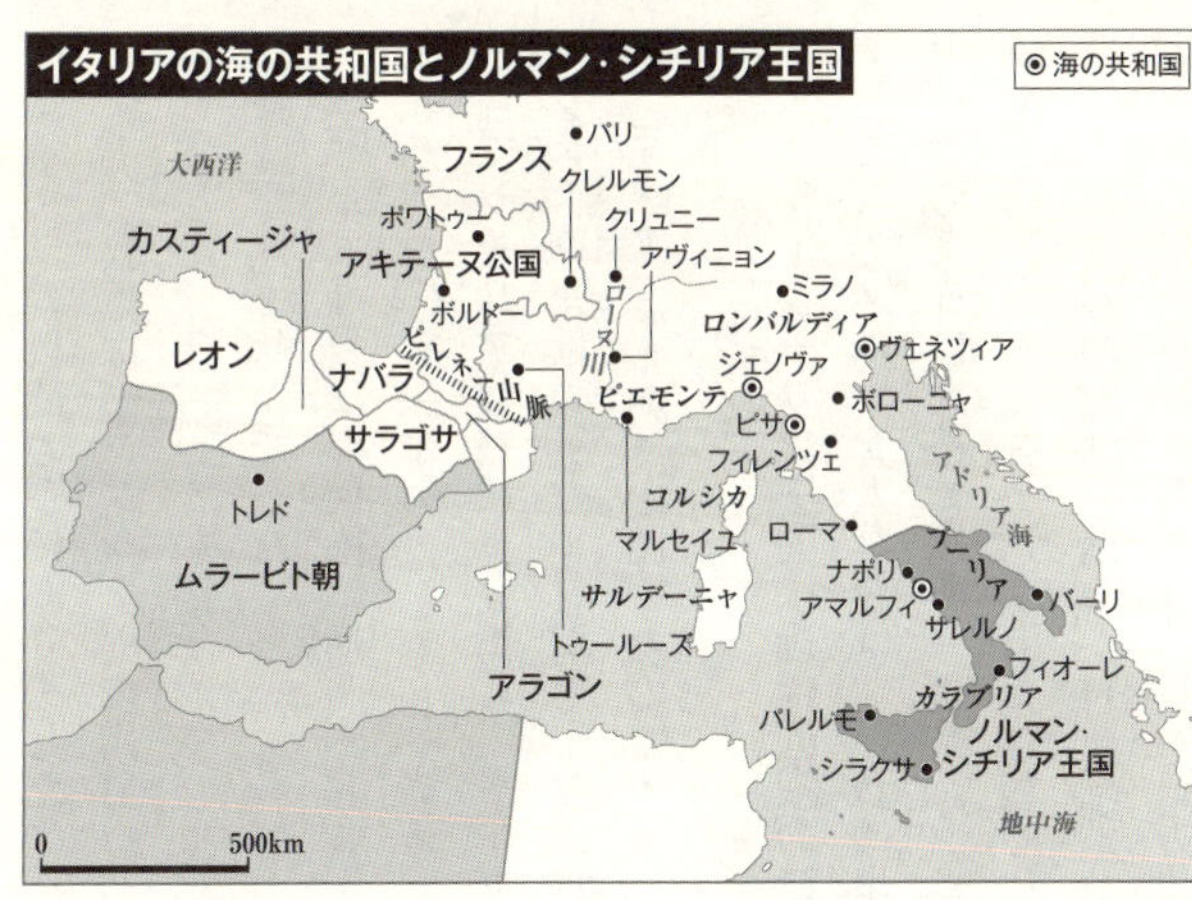

イタリアの海の共和国とノルマン・シチリア王国

のは半ば伝説の領域なのです。

〔13〕シチリアにもノルマン朝が誕生

ノルマンディー公国のオートヴィルという村にタンクレードという小貴族が住んでいました。彼は二人の妻との間に一二人の息子をもうけました。

フランク王国時代は常識だった分割相続は、この頃から長子（もしくは一子）相続に変わりつつありました。そのこともあって、長子以外の息子たちはノルマンディーでは食べていけないので、傭兵（ようへい）として南イタリアに渡りました。当時の南イタリアは、ローマ帝国の領地やランゴバルド族の小王国などが混在していました。またシチリア島はイスラム教徒の手にありました。

ローマ教皇はタンクレードの六男ロベルトに、プーリア、カラブリア、シチリアを封じました。と言っても空手形で、ロベルトは実力でこれらの領地をわがものにしなければなりませんでした。

ロベルトは教皇の期待に違わず、ローマ帝国の南イタリアの拠点、バーリを占領しました。一〇七一年のことでした。その後、ロベルトは、弟ルッジェーロ（一世）とともにシチリア攻略に乗り出し、一〇九一年シチリア全島を征服しました。そしてルッジェーロ一世の子、ルッジェーロ二世は一一三〇年、シチリア王となり、ノルマン朝（オートヴィル朝）を開いたのです。

ノルマン・シチリア王国に近代国家の萌芽が現れる

ところでノルマン人たちは、いわば出かせぎの形でやって来るわけですから、民族大移動のように大勢ではありません。ロベルトがイタリアに向かったときは、五人の騎士と三〇人の従者という出で立ちでした。ただノルマン人には、メロヴィング朝以来ヨーロッパの大勢であった封建制（前に述べたようにフランク国王は江戸時代の将軍のようなもので、公や伯などと呼ばれた地方領主を通じて全国を支配していました）ではなく、権力を一点に集中して政治的に統治する中央集権のセンスがありました。

南イタリアのノルマン人たちは、商売はイスラム教徒やユダヤ人が牛耳り、ローマ帝国の伝統も残っているという現実を前にして、自分たちの国が豊かになるのなら、すべてOKという柔軟な統治を行ないました。彼らは戦争には強いけれども、宗教にはそれほどの関心はないのです。ターバンを巻くこともためらいませんでした。

こうしたノルマン・シチリア王国の支配形態の中から、近代的な国家の萌芽が現れます。支配が円滑にいくことを何よりも優先させる、いかにもノルマン人らしい現実的な発想です。こうしてシチリアの都パレルモは、いろいろな文化が混然一体となった現代のニューヨークのような、当時の最先端を行く都となりました。

もともとヴァイキングたちは、みんなの意見をきちんとまとめることを重視していました。船で荒海へ乗り出すのですから、すぐれたリーダーを選ぶ仕組みや衆議を一致させる統率力がないと、海難に遭遇したとき、全員が死亡する危険を招きかねません。中央集権や議会の伝統はこうして生まれたのです。

ちなみに人類の初の議会と呼ばれるものは、九三〇年にアイスランドのノルマン人が開いた全島集会（アルシング）であると伝えられています。

〔14〕一〇七一年の敗戦後、ローマ帝国は軍事戦から外交戦へ

一〇七一年は、ローマ帝国にとって受難の年でした。アナトリア半島でセルジューク朝に敗れ（マラズギルトの戦い）、南イタリアではノルマン人に敗れました。東も西も領土を大幅に奪われたのですが、コンスタンティノープルは交易の拠点です。黒海交易と地中海交易の中継地にありますから、大きな収益があがります。つまりお金はたくさんあったのです。

そこでローマ帝国は、ノルマン人やトルコ人のような野蛮人と、これ以上腕ずくの勝負を続けるのは無益なことだと考えます。ローマ帝国は、このあたりを境として軍事力よりもお金を上手に使って外交戦を重視する戦略に切り替えます。古くからある国ですから、百戦錬磨、手練手管（てれんてくだ）はお手のものです。ぽっと出のノルマン人やトルコ人では、なかなか対抗しきれません。こうして、ローマ帝国はこれからさらに四〇〇年ほど生き続けるのです。

〔15〕イタリアで海の共和国の活動が活発になる

一〇世紀頃からイタリア半島では、地中海交易が盛んになります。アマルフィ、ピサ、ジェノヴァ、ヴェネツィアという海の共和国が栄えて、大きな力を持つようになります。

イタリアの海洋都市国家が元気になったのは、イスラム勢力の力が弱まり、地中海に対する締め付けがゆるくなったからです。一時は地中海の東から西までを完全にグリップしていたイスラム世界が、アンダルスの後ウマイヤ朝、エジプトのファーティマ朝、バグダードのアッバース朝と、三人のカリフが並び立つようになり弱体化した。しかも後ウマイヤ朝は滅び、アッバース朝はシンボル的存在になりつつありました。ファーティマ朝も、少しずつ内紛が始まっています。

こうして、ムスリムの船影が少なくなった海に、イタリア船が目立つようになりました。彼らは交易を通じて豊かになり、独立性の強い海の共和国となっていきます。あの有名なピサの斜塔も、この時代の富で建てられたのです。

ヨーロッパ最古のボローニャ大学が誕生

地中海交易で活気づいたイタリアは、内陸の都市も豊かになりました。そして北イタリアのミラノにつながるエミリア街道の古都ボローニャに、ヨーロッパ最古の大学が生まれました（一〇八八）。ボローニャ大学では学生の力が強く、学生中心の大学のモデルともされています。ボローニャ大学に刺激されて、一二世紀に入るとパリ大学やオックスフォード大学が後に続きます。

〔16〕東西教会は大シスマ（分裂）へ

少し時を遡(さかのぼ)ります。

一〇五四年に、南イタリアの教会の帰属を巡ってローマ教皇とコンスタンティノープル総主教が対立します。そして相互に相手を破門し合い、東西の教会は最終的に分裂しました。これを大シスマと呼んでいます。これ以降、ローマ教会が主催する公会議は存続しますが、全宗派が集まる公会議はなくなりました。大シスマは一九六五年に修復されるまで続きます。

元を一つにする東と西の教会が相互に破門し合ったということは、異教同士になったかのような徹底的な断絶です。ローマ教会の立場から見れば、東方の豊かな地は永遠に失われたのです。

ローマ教皇は、自分たちの宗教を守り発展させるために、さらに知恵を絞ることを求められるようになりました。

「教皇は枢機卿から」とニコラウス二世が定める

一〇世紀初めにクリュニー修道院がつくられたことは、前述しました。その活動はローマ教会への信頼回復とローマ教皇の権威確立を目指していたのです。

大シスマが起きてから数年後の一〇五九年、クリュニー会の影響を受けたヒルデブランド（のちのグレゴリウス七世）の献策もあって、教皇ニコラウス二世は、「教皇は枢機卿から選ぶ」という規則を定めました。枢機卿とは教皇の最高顧問を務める高位聖職者のことです。

なぜ、この規則を定めたのか。それまではローマ教皇の首をドイツ王（ローマ皇帝）が、勝手にすげ替えていたからです。いまだ、教皇の実質的な任命権はドイツ王が握っているとはいえ、「枢機卿から選ぶ」という一条を設けておくことで、少なくとも素人が選ばれるリスクを小さくすることができます。

なお、ローマ教皇からローマ皇帝に戴冠されるドイツの王朝は、一〇二四年にオットー大帝が一時代を築いたザクセン朝が断絶し、ザーリアー朝の時代に入っていました。

〔17〕カノッサの屈辱

叙任権闘争と三身分思想「祈る人、戦う人、耕す人」

一〇七三年、ヒルデブランドが、教皇になります。グレゴリウス七世は、司教の叙任権は教皇にあることを主張し、ドイツ王ハインリヒ四世と対立しました。ドイツ王の理論的根拠は、司教はイエスの代理人であるローマ皇帝が任命するものである、ということです。ローマ教皇は一番弟子ペテロの代理人に過ぎないのですから。

当時、地球の温暖化によって西ヨーロッパも暖かくなり、少しずつ豊かになってきました。そして三身分思想というものが普及し始めていました。

この思想は、本来は寄生階級を擁護するための理論です。人間は「祈る人、戦う人、耕す人」、この三つに分かれている。祈る人は耕す人を教え導き、戦う人は耕す人を武力で守っているのだという理論です。

この考えをつきつめると、「司教は祈る人なのに、なぜ戦う人の総大将が任命するのだ。祈る人は祈る人の総大将が任命するのが当たり前ではないか」ということになるのです。

グレゴリウス七世は、こうした風潮を背景に、ハインリヒ四世の破門を宣告しました。ここで、有名な「カノッサの屈辱」事件が起きました（一〇七七）。

この事件は、ハインリヒ四世が謝罪して、グレゴリウス七世が破門を解いて勝利したようにいわれていますが、史実は逆です。一旦（いったん）譲歩したハインリヒ四世ですが、一〇八四年にローマでクレメンス三世をローマ教皇に据えて帝冠を受けます。敗れたグレゴリウス七世はローマを逃れて、南イタリアのサレルノで憤死してしまいました。

かくして教皇側は一敗地にまみれます。しかし時の経過とともに、理屈のつくほうが強くなっていきます。「祈る人、戦う人、耕す人」の思想は、ローマ教会が意識的に蒔（ま）いた種ではありませんでしたが、この考えが広まったことは、ローマ教皇の権力を強大化させる萌芽となりました。

〔18〕十字軍が始まる　その主目的は「聖地奪回」か「出稼ぎ」か

一〇九五年、教皇ウルバヌス二世がフランスのクレルモンで東方遠征を宣布しました。

この遠因は、一〇八一年にセルジューク朝から独立したルーム・セルジューク朝

（ルームとはローマの意味。ローマ帝国の故地であったアナトリアに拠った地方政権）が、ニカイアを征服し、コンスタンティノープルに迫ったことにあります。驚いたローマ皇帝アレクシオス一世は、西欧諸国やローマ教皇に傭兵の派遣を依頼しました。しかし、時のローマ教皇グレゴリウス七世は、なにひとつ行動は起こさなかったようです。

　ではなぜウルバヌス二世は東方遠征を宣言したのでしょうか。

　ウルバヌス二世は、大シスマで断絶状態にある東方教会との再合流の機会になると考えたのかもしれません。しかしそれ以上に西ヨーロッパ中に増え続けていた、食いつめ状態の次男、三男のことが、教皇の脳裏にあったと思います。

　領地がなく、食べる当てがない若者の増加（ユースバルジ）は、西ヨーロッパ全体の問題になっていたのです。そして、彼らもローマ教会の信者たちです。救われるべき迷える子羊たちです。

　彼はクレルモンで熱弁をふるいました。異教徒が占拠しているエルサレムを奪還せよ（ハーキムが聖墳墓教会を破壊したことも念頭にあったのでしょう）。そして彼らに虐(しいた)げられている人々を解放せよ。そのために武器を取り、東方へ進軍せよ。

　さらに、聖戦に参加する者には贖宥状(しょくゆうじょう)を発行すると宣言しました。つまり、この戦いに参加して死んだら、無条件で天国にいけるという特権を与えたのです。

ウルバヌス二世は、セルジューク朝が内紛の最中にあり、シリアやパレスチナあたりには強力なイスラム軍団が存在していないことを知っていた可能性もあります。

この世紀のアジテーションの内容は残されてはいませんが、この演説のあと、東方遠征の部隊があっという間につくられました。後に十字軍と呼ばれる第一回の戦争が始まったのです。ただし、王侯クラスは参加しませんでした。

東方世界が豊かで文化も進んでいることは、ヨーロッパの人たちはみんな知っていたと思います。お金もいっぱいある、食べものも豊富だし、きれいな女性もたくさんいると。そこへ異教徒をこらしめる正義の戦いに行くのです。しかも出陣の主体となった若者たちには、ヨーロッパでは将来が開けないのです。それだったら、東へ行って一旗揚げよう。たとえ死んでも贖宥状があるから、天国は保証されています。行かない手はありません。

何も知らないイスラム世界の人々にとっては「フランクの侵略」（彼らにとっては、ヨーロッパはいまだにフランク人の土地でした。中国がタブガチュだったのと同じです）は、まさに寝耳に水の出来事でした。彼らは楽々とパレスチナへ侵入し、エルサレムを陥落させ（一〇九九）、財宝の略奪とイスラム教徒の虐殺（ぎゃくさつ）を敢行しました。

そしてエルサレム王国を始めとして、いくつかの十字軍国家を建設しました。

十字軍とはキリスト教世界にとって、イスラム世界にとって、何だったのか

十字軍は、この後一二七〇年までの約一七〇年の間に、第七次（数え方によっては八次）まで派遣されます。まともに勝利できたのは第一回のみで、あとは第五回を除いてすべてと言ってよいほどの敗け戦（まいくさ）でした。それはイスラム側が内紛を収束して統一されると、国力の点でまったく太刀打ちできなくなったからです。それにもかかわらず十字軍国家が一二九一年まで細々と存続し得たのは、イタリアの海の共和国の海軍力によって補給を継続できたからです。

十字軍の功罪、という視点に立ってみると、ヨーロッパにとっては先進的な文化や文明の産物に触れて啓発されたことがいちばんでしょう。築城術すら東方から学んだのです。余剰人口の排出にも役立ちました。

イスラム世界は、異教徒に寛容でした。それだけにパレスチナ地区での十字軍の虐殺振りは、彼らの理解を越えていました。彼らはその多くの史書の中で、十字軍について次のような文脈で話し始めます。「野蛮極まりない突然のフランクの侵略について……」。また、ケガをした手足は切断するしか能のないフランク人に対して、イスラムの医師が医学のレベルのあまりの低さに驚愕（きょうがく）したというエピソードなども残されています。イスラム世界にとっては、まさに災難以外の何物でもありませんでした。

二〇世紀最後の年（二〇〇〇）に、ローマ教皇ヨハネ・パウロ二世は初めて十字軍の過ちを認め、公式に謝罪しました。

嫉妬深い神を奉じるセム的一神教にとって、異教は絶対悪となりやすく、それに対していくら残虐な行為を行なっても、すべては赦されるという錯覚が生まれやすいのです。十字軍はそのひとつの典型であったと思います。

〔19〕シトー修道院創設　エル・シッド伝説生まれる

教皇の権威確立に貢献したクリュニー修道会は、この頃になると世俗化が目立ち始め一二〇〇前後の分院を抱えて、巨大な富を貯えるようになりました。これを嫌って、クリュニー修道院出身のロベールが、ブルゴーニュにシトー修道院を開きました（一〇九八）。彼は、質素を旨とし（白い服が象徴）、厳しい修道院生活と活発な農業経営に意を注ぎ、開墾運動を実践して、農業の発展を助けました。やがて、シトー修道会（シトー会）は大きな力を持つようになっていきます。

十字軍によってエルサレムが陥落した一〇九九年、スペインでロドリーゴ・ディアス・デ・ビバールという武将が死亡しました。彼は、「エル・シッド」と呼ばれ、後にレコンキスタ（スペインのキリスト教徒による国土再征服運動）のシンボルとなっていきます。やがて一二世紀後半には有名な叙事詩「わがシッドの歌」が成立します。「エル・シッド」とはアラビア語で「主人」を意味する言葉です。

しかし実際の彼は、決してレコンキスタの英雄ではなく、イスラム政権にも仕えたキリスト教徒の単なる傭兵隊長だったのです。それにもかかわらず、十字軍運動の高揚のなかで、このような排外主義的な作品が生まれたのです。イスラム勢力と戦ったとされるシャルルマーニュの部下ローランを称えた「ローランの歌」が成立したのも一一世紀末頃と考えられています。十字軍運動は、同時に排外的、暴力的なヨーロッパの誕生でもあったのです。

第二章　中世の春

気候の温暖化や三圃(さんぽ)式農業の普及などによって、一二世紀のヨーロッパでは農業の生産性が急上昇します。生産力の向上を背景に、一二世紀ルネサンスと呼ばれる文化が花開きます。

またヨーロッパでは戦争や婚姻関係によって領土がめまぐるしく変わり、ホーエンシュタウフェン朝やアンジュー帝国（プランタジネット朝）が極大化します。一方、第一回は奇襲によって成功した十字軍でしたが、イスラム側が態勢を立て直すと、次第に歯が立たなくなります。そしてアイユーブ朝によって、エルサレムを奪回されてしまいます。

ユーラシアの東方では、宋(そう)とキタイの共存が続いていましたが、金(きん)という新たな遊牧国家が誕生すると、宋は金と結んでキタイを挟み撃ちにします。その結果、金がモンゴル高原の新たな覇者となりました。しかし金と宋が対立すると、宋は金によって江南へと押し込まれ、これ以降、南宋と呼ばれるようになります。

〔1〕ヴォルムス協約で叙任権闘争が終結　教皇権が強化される

一一二二年に、戦う人と祈る人が妥協しました。ザーリアー朝最後のローマ皇帝ハインリヒ五世は、ライン川左岸のヴォルムスで教皇カリストゥス二世と、ヴォルムス協約を結んだのです。司教の叙任権（任命権）は教皇に、司教の領土を授封する権利は皇帝にあると取り決めました。

この妥結は痛み分けのようにも見えますが、実質的には教皇側の勝利です。授ける相手がいて初めて、土地を授けることが可能になるわけですから、人事を決める権利が、土地を授ける権利に先行します。

とうとう「祈る人は祈る人が決める」ことが実現しました。これは、イエスの代理であると自他ともに認めていたローマ皇帝（ドイツ王）が、教皇の任命権はもちろん、司教の任命権まで失ったことを意味しています。いままでは皇帝が太陽の（太陽系の）世界でしたが、「戦う人」の俗権と「祈る人」の聖権の二つが分離したことで、今後のヨーロッパ世界は、俗権と聖権を楕円の二つの焦点として展開していきます。

なお、東方ではローマ帝国の皇帝が依然として太陽で（イエスの代理）、東方教会のコンスタンティノープル総主教の権威は、到底、皇帝に並ぶものではありませんでした。

〔2〕北イタリアの有力都市がコムーネ（自治都市）となる

北イタリアでは一二世紀に入ると都市が繁栄し、強い自治能力を持つようになっていきます。

イタリアの都市が自治権を持つようになった背景は、イタリアを統一しようとする大きな権力が存在しなかったからです。皇帝と教皇は、叙任権闘争を始めとして喧嘩を繰り返し、海の共和国は商売一筋です。ノルマン・シチリア王国は豊かな南イタリアで満足していました。

こういう事情を反映して、北イタリアの諸都市はコムーネ（自治都市）と呼ばれる、自治権を持つ小都市国家に成長していきました。最も早い例の一つはフィレンツェで、一一一五年頃に商工市民層による自治がはじまりました。

ギベリン（皇帝派）とゲルフ（教皇派）について

コムーネ成立の頃から、イタリアの諸都市は、ギベリン（皇帝派）とゲルフ（教皇派）に分かれて争ったとも言われています。しかし、ギベリン・ゲルフの問題はもともとはコムーネと直接に関係することではありませんでした。

何度か触れてきましたが、ドイツでは王家が子孫に恵まれず、「お家断絶→新国王の選出」というサイクルを繰り返していました。そして新しく選出されたドイツ王は、正統性を得るためにも教皇からローマ皇帝として戴冠されることを望みました。一方で、ドイツ王になれなかったドイツの諸侯は、ドイツ王の権力が大きくなるのを嫌って、何かというと皇帝の足を引っ張っては教皇と結びました。

教皇にとっても、強い皇帝は迷惑なので、ドイツ諸侯と教皇の思惑は往々にして一致したのです。

ザーリアー朝が断絶したとき、ドイツ諸侯は強力なバイエルン公（ヴェルフ家のハインリヒ一〇世）を退けて、シュヴァーベン大公（ホーエンシュタウフェン家のコンラート三世）を、新しい国王に選びました（一一三八）。このとき皇帝に選ばれたホーエンシュタウフェン家に味方する者を、「ギベリン」（皇帝派）、ヴェルフ家に味方する者を「ゲルフ」（教皇派）と呼びました。付言すれば、ギベリンはホーエンシュタウフエン家の城塞(じょうさい)の名前に由来し、ゲルフはヴェルフに由来しています。したがってヴェルフ家が皇帝位を占めているときは、ゲルフは皇帝派となるのです。

ギベリンとゲルフの争いに、やがて実力のある北イタリアの都市国家もからみあっていきました。例えばピサは典型的なギベリン、ボローニャは典型的なゲルフです。

〔3〕ザンギー朝の誕生と第二回十字軍

内乱を繰り返していたセルジューク朝は、マリク・シャーの五男サンジャル（在位：一一一八―一一五七）が中央アジアとイラン、イラクの大半のイスラム勢力を一つにまとめて再興しました。

しかし、サンジャルの本拠はホラーサーンです。そのため遠隔地のシリア方面は、イラク北部のモースルに本拠を置くトルコ系マムルーク出身のザンギーに任されることになりました。一一二七年のことです。やがてザンギーは十字軍国家の一つエデッサ伯領を滅ぼし、シリアを支配下に収めました。十字軍国家の前に暗雲がたれこめはじめたのです。

第二回十字軍とシトー会

この情報に驚いたローマ教皇エウゲニウス三世は、十字軍国家を防衛するために、第二回十字軍を組織しようとします。

このときローマ教皇に協力して、十字軍の勧誘に尽力したのは、シトー会のベルナールでした。彼はフランスのクレルヴォーにシトー派の修道院を建てた神学者です。彼の大演説の効果もあって、フランス王ルイ七世やホーエンシュタウフェン朝のコンラート三世たちが出陣しました。戦いは一一四七年から二年ほど続きました。しかしザンギー朝を継いだ二代目のヌールッディーンも有能で、十字軍をシリアで破りました。第二回十字軍は、ほとんど戦果を上げられずに帰国します。

ベルナールとアベラールの論争。シトー会とスコラ哲学

十字軍の勧誘に熱心だったベルナールは、十字軍をエルサレムへ向かう「武装した巡礼」と讃(たた)えました。彼の保守的で好戦的な主張は、時代の空気を反映して、シトー会の繁栄に大きく貢献しました。

また、イスラム世界を経由して再発見されたアリストテレスの思想をベースにし、当時のパリ大学を中心に広がり始めていたスコラ哲学を、ベルナールは厳しく批判し

ました。スコラとはラテン語で学校の意味です。物事をなるべく合理的かつ弁証法的に考え、解決しようとする立場で、権威に盲従することなく、知性に重きを置きました。

このスコラ哲学の基礎を築いたのは、アベラールという神学者でした。ベルナールは攻撃の矛先をアベラールに向け、その教えは異端であると厳しく追及しました。アベラールもベルナールの盲目的ともいえる信仰を批判しました。

なおアベラールは、弟子のエロイーズという女性と許されぬ恋に落ちたことでも有名です。別れた後も交わしていた往復書簡集は、今日まで残されています。

当時クリュニー修道院の院長であったピエールは、アベラールを弁護しました。ピエールは、クルアーンをラテン語に翻訳するため、アンダルスのトレドに旅立っています。こうしてみると、狂信的な十字軍運動に当時のローマ教会のすべての人が賛成していたわけではなさそうです。

北アフリカでイスラムの新王朝、ムワッヒド朝が興る

モロッコを中心とする北アフリカとイベリア半島南部のアンダルスを支配していたムラービト朝は、アンダルスの豊かな都市文明のなかで質実剛健の気風が失われ、ま

た兵士の供給源であったサハラ砂漠の遊牧民とも縁が切れて、勢力が衰えてきました。

これを見て、アトラス山脈の山中を基盤とするベルベル人たちが、イスラム改革を旗印として反乱を起こし、ムワッヒド朝を建国しました。一一三〇年のことです。

第二回十字軍が遠征に出発した一一四七年、ムラービト朝は首都マラケシュをムワッヒド朝に落とされて滅びました。

〔4〕アンジュー帝国（プランタジネット朝）の成立

ドイツのホーエンシュタウフェン朝では、初代コンラート三世の死期が迫っていました。ところが彼は息子ではなく甥のフリードリヒ一世（バルバロッサ）を、後継者に指名しました。いくら甥の能力が高いといっても、これはなかなかできることではありません。一一五二年のことでした。フリードリヒ一世は、期待に違わず名君となります。

同じ頃、一一五四年にはイングランドでプランタジネット朝が始まります。

イングランドのノルマン朝三代目ヘンリー一世の時代に、ある事件が起きました。

ノルマン朝の人々はノルマンディーが母国ですから、いつも両国の間を行き来していいます。フランス語を話し、お墓もフランスにあります。

ヘンリー一世が王太子とイングランドへ戻る途中、別々の船に乗りドーバー海峡を渡ろうとしました。同じ船に乗って何かあったら大変ですから、当然のリスク管理です。王太子の船は、来襲した嵐への対処を誤まり、船は沈みました（ホワイトシップの遭難）。ヘンリー一世は後継ぎを失ったのです。

ヘンリー一世には、マティルダという娘が残されました。マティルダは夫のローマ皇帝ハインリヒ五世（ザーリアー朝）が死去した後、アンジュー伯に嫁ぎます。アンジューはノルマンディー公国の南に広がる地方です。やがてアンリが生まれました。ノルマン朝はマティルダ、アンリと継承されるはずでした。

サリ族が開いたフランク王国にはサリ族伝来のサリカ法典があり、女子の土地相続を禁じていました。フランク王国を受け継いだドイツやフランスもサリカ法典を援用しましたが、ノルマン人や他の諸侯には無縁のものでした。従って女性の相続は決して珍しいものではなかったのです。

ところがヘンリー一世が死去すると、彼の甥でフランスのブロワ地方の伯（地方統治官）であったスティーブンが、いち早くロンドンに駆けつけ王位につきます。マティルダは激怒してスティーブンと戦争を始めました。両者はスティーブンの次にアンリが王位を継承することで妥協します。そして一一五四年、アンリがヘンリー二世となってプランタジネット朝を開きました。プランタジネット（Plant genêt）とはエニシダのことで、アンリの父ジョフロワ（アンジュー伯）が戦争のときに帽子の飾りにエニシダをつけたことに由来すると伝えられています。

王妃アリエノールとアンジュー帝国

ここでヘンリー二世の領土を眺めると、母マティルダから引き継いだイングランドとノルマンディーがあり、父から引き継いだアンジューがあります。加えて、プランタジネット朝がアンジュー帝国と呼ばれるほど広大な領土を持つようになる事態が生じていました。

アンジュー伯の領土の南側に広大なアキテーヌ公国があります。ボルドーを含む南の豊かな大地で当時のフランスの約三分の一の面積を占めていました。その後継ぎはアリエノールという女性です。この一人娘に眼をつけたのがフランス王家でした。当時のフランス王の領土はパリの周辺（イル・ド・フランス）が中心でしたから、アリエノールと結婚したら南フランスの広大な領土が手に入ると計算して、フランス王ルイ七世は彼女と結婚しました。

ところが、自由奔放に育ったアリエノールはルイ七世とは合わず、離婚します。そして、あろうことかアリエノールはアンジュー伯のアンリと再婚したのです。そして、ルイ七世との間には一人も男子が生まれなかったのに（実はそれも離婚の原因でした。女子は二人生まれています）、今度は五男三女を出産しました。

そうするとプランタジネット朝の領土は、ノルマンディー、アンジュー、アキテーヌ。フランスのほとんど西半分と、イングランドです。

プランタジネット朝はアンジュー帝国と呼ばれるようになりました。フランスの領土だけでも、フランス王よりはるかに広大です。しかし身分上は、ノルマンディー公もアンジュー伯もアキテーヌ公も、全員フランス王の臣下なのです（イングランド王としては対等ですが）。ややこしいことになってきました。

アリエノールとヘンリー二世の夫婦喧嘩

さてアリエノールとヘンリー二世は五男三女を儲けましたが、仲睦まじい夫婦であったかというと、必ずしもそうではありませんでした。彼女はアキテーヌの宮廷育ちです。

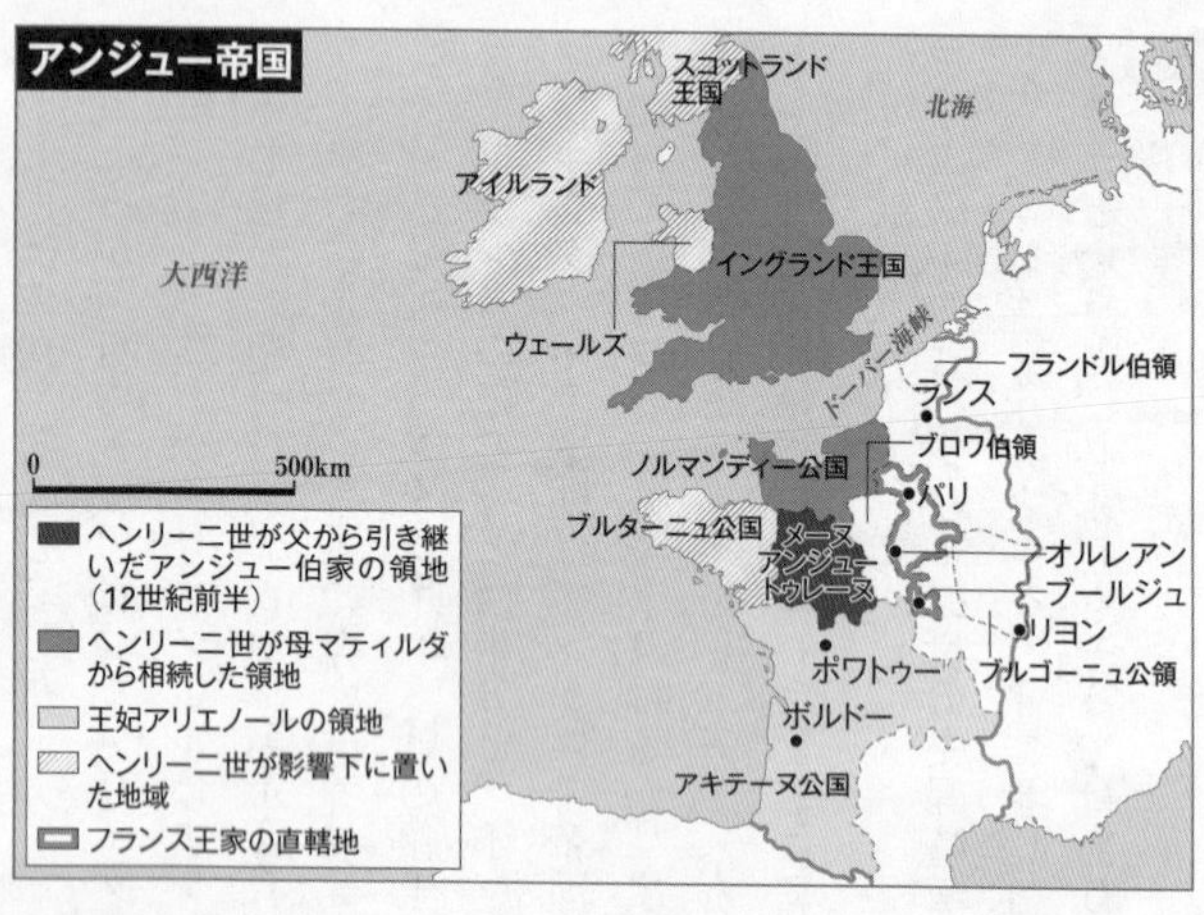

アキテーヌの人たちがスペインのサラゴサ王国を襲って、キャーンという歌姫を連れてきた話を思い起こしてください。彼女たちの歌うロマンス語の詩に触発されて吟遊詩人が生まれ、彼らが歌う騎士の物語から騎士道精神が生まれたのです。アリエノールは、トゥルバドゥールの歌と騎士道精神に満ちた宮廷で成長したのです。

彼女は忠誠・勇気・敬神・礼節・名誉・寛容・女性への奉仕を、騎士のあるべき姿と信じる環境のなかで育ったので、修道士のようなルイ七世と離婚し、年下のヘンリー二世と再婚したのです。プライドが高く、感情が激しく、能力も高い、極めて有能な女性でした。そして野望もありました。豊かなアキテーヌ公国は、自分のものだと考えていたと思います。

こういう女性ですから、ヘンリー二世の思うようにはいきません。次男若ヘンリーや三男リチャードを父親に対する叛乱に駆りたてたのです（長男は早世）。怒った夫は彼女を一五年も幽閉してしまいました。

その後、若ヘンリーは夭折したものの、三男はリチャード一世獅子心王、五男はジョン欠地王となります。また五人の女子（うち二人はルイ七世との間の子供）は、それぞれ王侯に嫁ぎ、その子孫は栄えます。そのためにアリエノールは後世、「ヨーロッパの母」と呼ばれました。

また彼女の物語は、キャサリン・ヘプバーンの主演で「冬のライオン」という映画にもなりました。

〔5〕アイユーブ朝のサラディン、エルサレムを奪回する

第二回十字軍を敗走させたザンギー朝のヌールッディーンは、一一五四年にダマスカスに入城しました。

さらにヌールッディーンは、ファーティマ朝と共闘すべく、クルド人の武将シー

ル・クーフを派遣しました。シール・クーフの死後、甥のサラーフッディーン（サラディン）は、一一六九年にファーティマ朝のワズィール（宰相）となり実権を掌握すると、カイロを都として、自らの王朝アイユーブ朝を建国しました。さらにサラディンは、ヌールッディーンの死後、シリアの地も手中に収めました。

イスラム勢力はサラディンという名君のもとに、ひさしぶりに中東からエジプトまで、ひとつの勢力圏にまとまりました。サラディンは、第一回十字軍に奪われた失地を回復するために立ち上がります。

一一八七年、彼はイスラエル北部ヒッティーンの戦いで十字軍国家を破り、エルサレムを奪回しました。この戦いでサラディンは、十字軍に対して虐殺を行なわなかったばかりか、キリスト教の聖地にも一切手をつけませんでした。この知性的な態度に、十字軍国家側のテンプル騎士団やヨハネ騎士団も、脱帽せざるを得なかったと伝えられています。サラディンの快進撃の前に、十字軍国家は海岸沿いのいくつかの拠点を残すだけとなりました。

〔6〕三人の君主と第三回十字軍

このサラディンに対して、ローマ教皇グレゴリウス八世は第三回十字軍の結成を呼びかけました。ローマ皇帝フリードリヒ一世（バルバロッサ）、イングランド王リチャード一世（獅子心王）、フランス王フィリップ二世が主力を形成しました。ヨーロッパのフルキャストを揃えた豪華な陣容でしたが、サラディンの前に一蹴されます。

第三回十字軍の成果といえば、リチャード一世とサラディンの間でエルサレムへの巡礼者の安全保障を定めた平和協定が締結されたことだけでした。

まず、バルバロッサですが、彼は当時六〇代半ばを過ぎる高齢でした。陸路アナトリア半島を経由してシリアに向かいましたが、不幸なことにアナトリアで川に溺れて死去します。

フィリップ二世は、アリエノールに逃げられたルイ七世の嫡男です。彼は、ローマ帝国初代皇帝アウグストゥス（Augustus）にちなんでオーギュストと呼ばれるほど、知恵と政治力がある君主でした。彼はあっという間に現地の情勢を正確に把握します。

イスラム軍には、立派なリーダーがいて、軍事技術も築城技術も進んでいる。しかも経済力も高く人口も多い。これでは勝てるわけがない。フィリップ二世は、そのことに気づくと、さっさとフランスに帰ってしまいました。

リチャード獅子心王、ドン・キホーテのように悪戦苦闘する

残るはリチャード一世ですが、彼の母はアリエノールです。ということは、騎士道こそ男の花道であると信じている君主でした。言い方をかえれば、空想的で無鉄砲、正義感がいたずらに強い、ドン・キホーテ的な性格でもありました。

彼は懸命に戦いますが、ドイツ王が死亡し、フランス王が帰ってしまった戦場では、結局、軍事的成果は得られませんでした。しかも帰り道に通ったドイツでトラブルに会い、ローマ皇帝ハインリヒ六世の捕われ人になってしまいます。結局、アンジュー帝国の留守を預かっていた摂政アリエノールが身代金を工面してリチャードを救い出します。こうしてリチャード一世は、ようやくイングランドに帰還することができました。

フィリップ二世、巧みな陰謀をイングランドに仕向ける

一方、頭脳明晰なフィリップ二世は、アンジュー帝国の蚕食を目論んでいました。

フィリップ二世は十字軍からさっさと帰国すると、留守を預かっていたアリエノールの五男ジョンにすり寄って、何かと策謀を巡らし、ノルマンディー、アンジュー、アキテーヌの領土を、少しずつ切り取り始めます。

帰国したリチャード一世はこの事実を知り、怒りにまかせてオーギュストに戦争を仕掛けますが、フランスで流れ矢に当って死んでしまいます。一一九九年のことでした。

獅子心王の後を継いだのはジョンでした。ジョンが「欠地王」と呼ばれたのは、父親のヘンリー二世が領地を与えなかったからだと伝承されています。ジョンを相手にオーギュストの策謀は、ますます冴(さ)えわたります。ジョンの命運は風前の灯(ともしび)となったまま、一三世紀を迎えることになります。

〔7〕ローマ皇帝ハインリヒ六世が急逝(きゅうせい)　カタストロフが生じる

バルバロッサは、十字軍参戦の途中で溺死(できし)しましたが、後継者のハインリヒ六世は、すぐれた資質を持ち、ドイツとイタリアを立派に継承しました（ローマ皇帝はイタリア王も兼ねているので、北イタリアも所有しています）。

ところが、このハインリヒ六世が在位七年、わずか三二歳で急逝します。一一九七年のことでした。突然、権力の空白が生じてカタストロフが生じました。

激動の時代の予兆は、ハインリヒ六世の結婚から始まっていたのです。

ハインリヒ六世の妃は、ノルマン・シチリア王国の継承者であるコスタンツァという女性です。彼より一〇歳ほど年上でした。

この結婚によって、ホーエンシュタウフェン朝は極大化しました。ドイツと北イタリアに加え、シチリアと南イタリアを版図に収めたのです。教皇領は、南北から挟まれてしまいました。ローマ教会にとっては悪夢以外の何物でもありません。

シチリアのノルマン人たちは、王国の継承者がドイツ人と結婚してしまったので、シチリアと南イタリアを乗っ取られる形になりました。そこで叛乱を起こしますが、ハインリヒ六世はなんなく平定して、首謀者を処刑しました。

若くて大望に燃えるハインリヒ六世は、ローマ皇帝は一人でいいと考え、この機会に東のローマ帝国を滅ぼそうと決意しました。実はノルマン・シチリア王国の創始者であるロベルトやルッジェーロも、コンスタンティノープルを征服することを夢見ていたのです。そこでハインリヒ六世はシチリアのメッシーナに海軍を集めて、コンスタンティノープルを攻めに行く準備を整えました。

ところが不幸なことに、ハインリヒ六世は赤痢で急逝してしまうのです。後には年上の妻コスタンツァと三歳の嫡男フェデリーコが残されました。

インノケンティウス三世、若き教皇となる

ハインリヒ六世の急死をおそらくいちばん喜んだのは、ローマ教会でした。クルミ割り器に挟まれたクルミのような状態に風穴があいた気分だったことでしょう。しかも、たまたま翌年、ローマ教皇に選ばれたインノケンティウス三世は、まだ三〇代後半の若さだったのです。どの宗教でも、リーダーに選ばれる人は高齢の人になりがちですから、皇帝の権力が空白になったこの時期に、気力あふれる若い教皇が登極したことは幸運以外の何物でもありませんでした。

インノケンティウス三世は、

「私がイエスの代理人です」

と宣言した初めての教皇です。それまではローマ教皇は使徒ペテロの代理人に過ぎず、イエスの代理人は皇帝その人でした。このときから、「ローマ教皇は神の代理人」という伝説が始まるのです。

さらにラッキーなことが起こります。ノルマン・シチリア王国の継承者コスタンツァが、三歳の子供を抱えて、教皇の懐（ふところ）に飛び込んできたのです。

「領土はあなたに献上します。その代わり、この子の後見人になってください」

コスタンツァは、ノルマン人の臣下たちの反対を押し切ってドイツの皇太子と結婚しました。ハインリヒ六世が死去すると、コスタンツァと遺子フェデリーコにとってパレルモの宮廷は針の筵に変わりました。無理な結婚をしたからノルマン人が築きあげた国にドイツ人がのさばってしまった、どうするんだ、と。さすがに殺されはしないまでも、親子は孤立無援になってしまったのです。悔しいけれどもローマ教皇に頼るしか生き延びる方法はありませんでした。

ローマ教皇にとっては、まさに棚ぼたです。もちろん、教皇はふたつ返事で引き受けました。コスタンツァは、心労が重なっていたのでしょう、ほっとして、まもなく死んでしまいました。

遺されたフェデリーコは四歳で孤児となり、一人パレルモで育ちます。教皇は、約束は約束ですからフェデリーコの面倒を見る教師団を送りました。けれども、特に大切にするわけでもないので、勉強を教えるだけです。フェデリーコは、パレルモの街で自由に遊びながら成長しました。このあたりは織田信長と似ています。

当時のパレルモは、さまざまな文化が混淆した世界最先端の都でした。イタリア語の他にドイツ語、ギリシャ語、アラビア語などが話され、ギリシャ人、イタリア人、アラブ人、ユダヤ人、ノルマン人、ドイツ人などが町中を闊歩していました。フェデリーコは、誰にも大切にされない代わりに誰にも干渉されずにこの都で育ったので、アラビア語を始めいろいろな言語を操れるようになります。この少年がのちに、名君フリードリヒ二世となって、ヨーロッパ初の近代君主といわれるようになるのです。

〔8〕ヨーロッパで「中世の春」一二世紀ルネサンスが興る

二〇世紀ネーデルランドの歴史学者ホイジンガに、一四世紀から一五世紀のブルゴーニュ公国を描いた『中世の秋』という名著がありますが、それに先立つ一二世紀は、「中世の春」と呼ぶにふさわしい時代でした。

地球の温暖化や農業技術の革新（三圃式農業）、シトー会の開墾運動の進展などもあって、農業の生産性が急上昇しました。唐宋革命のような大きな変革がヨーロッパでもこの時期に起こったのです。

イスラム世界を経由してギリシャ・ローマの古典が甦（よみがえ）ったことを始めとして（トレドやパレルモを中心とした大翻訳時代）、一二世紀ルネサンスが開花しました。

この時代を象徴しているのが大聖堂の建設です。それまでのロマネスク様式に代わる、天を突くようなゴシック様式の建築が登場しました。その典型がパリのノートルダム寺院（一一六三年に建築開始）やシャルトル大聖堂（一一四五年に建築開始）です。
この時代から民衆のマリア信仰が、まるで堰を切ったかのように世間に溢れ出しました。この時代には聖母マリアに捧げられた聖堂がたくさん建てられています。「ノートルダム（Notre-Dame）」とはフランス語で「我らの貴婦人」の意味で、聖母マリアのことです。

学芸面では、スコラ哲学、騎士道物語（アーサー王、ローランの歌、トリスタンとイゾルデなど）、ポリフォニー（教会の多声音楽）などが一二世紀ルネサンスの代表選手といえるでしょう。

〔9〕宋と金、海上の盟を結ぶ

さて、宋はモンゴル高原に君臨する遊牧民の大帝国キタイと澶淵の盟を結び、平和共存する形で、国を運営してきました。

そのキタイの更に東北の地に、金という国が興りました。女真（女直）と呼ばれた遊牧民が主体で、過去に朝鮮半島で高句麗、満洲で渤海という国をつくった人々の後裔です。この女真に、完顔阿骨打という英傑が現れ、猛安・謀克と呼ばれる社会（軍事）組織を創始して、金の初代皇帝になりました。そして金は、豊富な鉄資源を生かして強国となります。

この状況を見て宋は考えました。キタイは宋と金に南北から挟まれた。挟み撃ちして叩く絶好のチャンスだと。実は五代の時代から、北京や大同を含む燕雲一六州は、キタイに譲渡されたままになっています。この機会に、金と組んで燕雲一六州を取り返そうと考えました。せっかく、キタイとはうまくいっているのに欲が出たのです。

こうして、宋と金は海路を往来しながら一一二二年に海上の盟を結んで、挟み撃ちは実現しました。一一二五年にキタイは敗北して西へ逃れ、中央アジアにカラキタイという国をつくります。

ところで、金と宋は連合してキタイと戦ったかのようですが、実は宋軍がモタモタしているうちに、金軍だけでキタイを敗走させてしまったのです。

宋は金の強さに驚きました。そして金に感謝するどころか、金がさらに大きくなっては困ると考えます。そこで今度は、キタイの残党と結んで、金を討とうとしました。

〔10〕靖康の変 宋は南宋へ

キタイの残党と結んで金を討つという、宋の浅はかな陰謀はすぐに露見しました。激怒した金の二代太宗は大軍を南下させて、首都開封を落とし、華北の地を征服しました。

この政変の際に、宋の皇帝欽宗と前皇帝徽宗は、金の故地に拉致されました。なお徽宗は、海上の盟を結んだときの皇帝ですが、歴史的には書画の分野での天分に恵まれた、風流天子として有名です。しかし政治家としては無能でした。宋では、長江の南へ逃れた欽宗の弟が、即位して高宗となり、南京を都としました。これ以降を南宋と呼びます。またこれらの一連の政変を、靖康の変と呼んでいます。一一二七年のことでした。

この頃カンボジアでは、アンコール朝のスーリヤヴァルマン二世が、アンコール・ワットを造営しました。この壮大な石造の大伽藍は、ヒンドゥー教のヴィシュヌ神に捧げられましたが、のちに上座部仏教の寺院となって、今日に伝えられています。一七世紀に日本人がこの地を訪れ、ここが祇園精舎だと考えたというエピソードが残っています。

〔11〕宋と金の和議　秦檜と岳飛の対立

高宗は一一二九年に杭州（臨安）に遷都すると、金と和議を結ぶ交渉に入りました。そして一一三八年に和議が成立します。宋が臣下の礼をとり、金に年貢を送ることになりました。これは宋がキタイと結んだ澶淵の盟と同じパターンです。すでに中国では、漢と匈奴との間にこのパターンが見られ、両国が平和を維持したという先例がありました。

この金との条約締結は、宰相秦檜の進言によるものでした。彼はリアリストですから、長江の北をあきらめても南だけで十分食べていけることを読み切っていたのです。秦檜のODA戦略は功を奏して、南宋は領土は半減しましたが、江南の開拓と南海貿易で、その経済力に翳りはありませんでした。

この和議に猛反対したのが岳飛という将軍でした。彼は戦には強いが経済には弱いタイプで、北の領土を奪回せよと主張し、力に訴えても和議を阻止しようとしました。岳飛は、秦檜によって処刑されました。こうして南宋は国を守ったのですが、後に秦檜と岳飛の評価は逆転します。それは朱熹が唱えた朱子学のイデオロギーによって、秦檜は売国奴に、岳飛は英雄にされたからです。朱子学は歴史にイデオロギー（正統性）を持ち込み、漢民族の政権を正統として、異民族の政権を斥けたのです。

杭州には岳飛を祭る廟があって、その前に鎖でつながれた秦檜夫妻の銅像が置かれているのですが、岳飛の廟にお参りした人たちは、帰り道、その銅像に唾を吐きかけたりしています。イデオロギーを前面に押し出した朱子学の恐ろしさの好例です。

日本では平清盛が実権を握り、南宋貿易に力を入れる

この頃、日本では、平清盛が二つの騒乱（保元の乱、平治の乱）に勝ち抜いて、武士として初めて実権を握りました。彼は東アジアの情報をよく摑んでいたので、大輪田泊（神戸港）を整備して、南宋貿易の拠点としました。

そして莫大な富を蓄積しました。その一端を厳島神社で偲ぶことができます。

宋で初の紙幣が発行される

少し時代を遡りますが、宋の時代、キタイとのＯＤＡで経済規模が拡大した中国では、慢性的な銅銭不足（銭荒現象）が起きていました。そこで中国西部の四川で、地

元の富豪組合が交子（こうし）という紙幣を発行します。まだ約束手形の性格を残していましたが、世界で初めて誕生した紙幣でした。やがて宋が交子を発行するようになり、南宋では会子（かいし）と呼ばれる紙幣が発行されました。

〈12〉セルジューク朝とガズナ朝が滅亡し、ゴール朝が北インドを支配

セルジューク朝は、その広大な版図の中にルーム・セルジューク朝、ザンギー朝などの多くの地方政権を内包していましたが、セルジューク朝を再興して世界の主人と呼ばれた八代目スルタンのサンジャルが、二〇年以上にわたってしっかり手綱を引き締めていました。

しかし、一一四一年、金に追われたキタイの皇族耶律大石（やりつたいせき）が率いるカラキタイ軍に敗れ（カトワーンの戦い）、ここからセルジューク朝は衰亡に向かいます。

そして一一九四年に、トルコ系マムルークが興したホラズム・シャー朝に滅ぼされました。

ガズナ朝はセルジューク朝に敗れた後、臣従して生き永らえていましたが、一一五〇年アフガニスタン中央部に起こったイラン系のゴール朝に首都ガズナを落とされま

した。

敗れたガズナ朝の一部は西北インドのパンジャブ地方に逃れましたが、これを追ってゴール朝も西北インドに侵入し、一一八六年ラホールでガズナ朝を滅ぼします。さらにインド深くに歩を進め、一一九三年には北インドをほぼ征服しました。そしてアイバクというトルコ系マムルークの将軍をデリーの代官に指名します。

こうしてインドに初めてイスラム政権がつくられる契機が生まれました。

第三章　パクス・モンゴリア

一三世紀もユーラシアは気候に恵まれて、生産力が高まり、人口が増大しました。ヨーロッパでは人口ボーナスを背景に交易が活発化し、イタリアを中心に自治都市や大学の発達が見られ、ドイツによる東方植民も始まります。ローマ皇帝には「中世で最初の近代人」と呼ばれたフリードリヒ二世が戴冠し、中央集権的な国家づくりを進めます。しかし志半ばで倒れ、ホーエンシュタウフェン朝はまもなく断絶します。ドイツでは大空位時代を経て、ハプスブルク家が登場します。

一方、ローマ教会はカタリ派弾圧のためにアルビジョア十字軍を組織し、異端審問を制度化するなど、偏狭さを強めます。十字軍の戦果は思わしくなく、一二七〇年に最後の十字軍が終わると、一三世紀末にはすべての十字軍国家が消滅しました。

その頃ユーラシアの東方では空前絶後のモンゴル世界帝国が誕生します。またたく間に世界を席捲したモンゴルはやがて分裂し、クビライの大元ウルスを中心に緩やかな連合体を組織します。グローバリゼーションの申し子であり、ダイバーシティの権化であったクビライは、海と陸の交易ルートを最大限に活用し、銀を世界中に循環させて、パクス・モンゴリア（モンゴルによる平和）と言われる大繁栄時代を築きました。

〔1〕第四回十字軍、コンスタンティノープルを襲う

一二〇一年、教皇インノケンティウス三世は、第四回十字軍を組織しました。この十字軍は、本来はアイユーブ朝の本拠地エジプトを攻撃する予定でしたが、海上輸送を請け負ったヴェネツィアの商人にそそのかされて、コンスタンティノープルを襲撃して占領します。

原因のひとつには、ローマ帝国がジェノヴァを優遇して、ヴェネツィアの勢力を一掃したという経緯がありました。そこで十字軍を利用して、利益の多い黒海の交易ルート（草原の道＝ユーラシア街道）を回復したいとヴェネツィアが画策したのです。ローマ帝国は小アジアのニカイアに逃げて、亡命政権を樹立しました（ニカイア帝国）。

一方、十字軍側はコンスタンティノープルに、ラテン帝国を建国しました。ラテン帝国は五〇数年で倒れて、ローマ帝国はコンスタンティノープルに復帰しますが、この事件で国勢は大いに傾きました。

この侵略でヴェネツィアが奪ってきた宝物の一つが、サンマルコ寺院にある四頭の青銅の馬の彫刻です。あのすばらしい馬は、コンスタンティノープルの競技場を飾っていたのです。

一二〇二年、イタリア半島の先端のフィオーレで、中世最大の預言者といわれたヨアキムという修道院長が死去しました。

彼は世界を、父の時代（旧約聖書）・子の時代（イエス以後）・聖霊の時代に区分しました。修道士が聖霊の時代を担（にな）うという彼の思想はフランシスコ会に受け継がれていきます。

また、一二〇四年には、ユダヤ人の大哲学者イブン・マイムーン（モーシェ、マイモニデス）がカイロで死去しました。彼はコルドバで生まれたアンダルスを代表する知識人で、優れた医者（サラディンの侍医）でもありました。ルネサンスのヒューマニズムの先駆者で、常に合理的な哲学の復権を訴えていたといわれています。

〔2〕フィリップ二世対ジョン、アンジュー帝国が瓦解する

リチャード一世の死後、一一九九年にイングランド王となったジョンは、対立を続けていたフランス王フィリップ二世と一二〇三年、遂に全面戦争に突入します。しかし一二〇六年までにアキテーヌ南部を除くアンジュー帝国の領土をほとんどすべて奪回されてしまいました。

ジョンは最後の手段としてローマ皇帝オットー四世と組みます。オットー四世はホーエンシュタウフェン家と対立するヴェルフ家の出身で、ホーエンシュタウフェン家を嫌う教皇によって戴冠されました。アリエノールの娘の子なので、ジョンにとっては甥にあたります。そのオットー四世と南北からフランスを挟撃しようとしましたが、南部では王太子ルイ（後のルイ八世）に敗れ、北部ではオットー四世がブーヴィーヌの戦い（一二一四）でフィリップ二世に敗れます。万事休しました。

これ以降、プランタジネット朝は、大陸に未練を残しつつも、イングランドの支配に専念し始めます。一方、国内の失地を回復したカペー朝は、フランス王としてイングランド王より優位に立ちました。まだまだドイツに比較すると小さい国ですが、奇跡的に嫡男が生まれ続けて、カペー朝の権威は高まっていきます。

〔3〕カタリ派弾圧のためにアルビジョア十字軍が結成される

街から追放されるカタリ派の人々（『フランス大年代記』挿絵）

キリスト教の世界では二世紀から三世紀にかけて、グノーシス主義と呼ばれる二元論が盛んになりましたが、一〇世紀中頃からブルガリアに善悪二元論のマニ教の影響を受けたボゴミル派が登場します。その影響もあって、イタリアのピエモンテから南西フランス地方にかけて、カタリ派が広まりました。

カタリとは、ギリシャ語で清浄な者を意味する言葉で、肉体を悪、精神を善として、原初のイエスの使徒たちのような素朴で禁欲的な生活を求めました。そして、豪勢な生活を送り、世俗権力と化してしまったローマ教会を厳しく批難しました。

カタリ派は一二世紀半ばにトゥールーズを中心に全盛期を迎えますが、ローマ教会は異端と断じます。そして第四回十字軍を組織したインノケンティウス三世が、今度はカタリ派に向けてアルビジョア十字軍を結成し、激しい弾圧を加えます（一二〇九―一二二九）。南フランスの制圧を目論むフランス王（ルイ八世）も教皇に加担しました。

しかしカタリ派を信ずる人々は多勢いて、抵抗は根強く続きました。結局、アルビジョア十字軍は平定まで実に二〇年を要したのです。

なお、カタリ派については日本人によって書かれたすぐれた小説があります。『オクシタニア』（佐藤賢一著、集英社）と『旅涯て（たびは）の地』（坂東眞砂子著、角川書店）です。

また、アルビジョア十字軍で活躍したノルマンディーの貴族に、シモン・ド・モンフォールがいました。のちに同名の息子が、イングランドの議会創設のために活躍します。

〔4〕一二一二年に起きた三つの事件

日本では『方丈記』が完成した一二一二年、三つの事件がヨーロッパで起こります。

その一つは、パレルモのフェデリーコがほぼ単身に近い形でドイツに入り、ドイツ王として戴冠されたことです。フリードリヒ二世の誕生です。ホーエンシュタウフェン家と対立していたローマ皇帝オットー四世は、叔父にあたるイギリス王ジョンと結びましたが、その後ブーヴィーヌの戦いに敗れたことで、没落への道が決定づけられました。

少年十字軍が生まれる

この年、フランスとドイツの一部で熱に浮かされたような少年十字軍（運動）が起こりました。フリードリヒ二世は、これを戒めましたが、教皇インノケンティウス三世は、これを鼓舞しました。少年十字軍の実態は不明ですが、伝えられるところでは、マルセイユから船出した子供たちは悪徳船主によってイスラムの奴隷（どれい）に売られ、ごく一部がフリードリヒ二世によって買い戻されたそうです。

これを鼓舞したローマ教会の精神構造とは、一体何だったのでしょうか。なお、マルセル・シュウォッブというフランスの作家に、『少年十字軍』という珠玉の作品があります。

ナバス・デ・トローサの戦い

アンダルスではカスティージャ、ナバラ、アラゴンなどのキリスト教国連合軍に、ムワッヒド朝のイスラム軍が敗北しました（ナバス・デ・トローサの戦い）。

この戦いでムワッヒド朝はアンダルスでの支配権を失い、イスラム・アンダルスの地は、またタイファ（小王国）の時代に戻ることになりました。なお、ムワッヒド朝は本拠地の北アフリカでも衰退に向かい、一二六九年にマリーン朝に滅ぼされました。

〔5〕マグナ・カルタ（大憲章）成立、第一次バロン戦争

ジョンは、フィリップ二世に翻弄（ほんろう）されて、フランスの領土をほとんど失いました。ということは、アンジュー帝国が崩壊したときに、ジョンとともに戦ったイングランドの貴族（≒ノルマン貴族）も、フランスに残してきた土地や財産を失ったのです。

それなのに、ジョンはまたフランスと戦うため、税金を集めようとしました。そこで貴族が激怒して立ち上がります。そして、国王が勝手に課税できないようにするため、国王の権利の制限を内容とするマグナ・カルタ（大憲章）を強引にジョンに結ばせました（一二一五）。

しかし、あきらめの悪いジョンが、自ら調印したマグナ・カルタの承認を拒絶したため、貴族との間で内戦（第一次バロン戦争）が起こります。フランスの王太子ルイも参戦して一時ロンドンを占領しましたが、ジョンの死を契機として内戦は終結しました。

〔6〕ローマ教会が耳聴告白制を確立

カタリ派の勢いはなかなか下火になりません。それというのも、当時のローマ教会の贅沢ぶりやモラルの乱れが、庶民の怒りを買っていたからです。「ローマ教会は腐った入れ物」であり、聖書こそが正しいというカタリ派の主張は、圧倒的な説得力がありました。

ローマ教会は、危機感を抱きました。そして全ヨーロッパの司教や司祭たちに、「信者の言うことは何でもよく聞いて親身になって相談にのるように」というお触れを出しました。そして「耳聴告白制」という制度を確立したのです（一二一五）。

教会内部に特別のスペースが設けられ、信者たちは、司教や司祭と顔を合わせることなく、自分の悩みや罪について相談できるようになりました。幕やシャッターで仕切りをして、若い女性の信者も安心して相談できるように配慮したのです。声だけが聞こえる身の上相談室です。この制度は、信者たちに歓迎されました。秘密を一人で心に秘めておくのは誰でもつらいものですから。

ところで、一人ひとりの信者は、自分ひとりのこととして告白するわけですが、みんなの告白を統計的に分析すると、その村や都市や国全体で、何が起こっているかがよくわかってきます。君主の評判はいいのか、領主はいい政治をしているのか。つまり、耳聴告白を集大成すれば、高度なスパイ網として機能するのです。ローマ教会は、この制度を活用します。

どこかの君主が教会に無理難題をふっかけてきたとき、例えば、次のように囁(ささや)くことができるようになったのです。

「あなたは実は愛人を何人も囲っていますね。このことを貴族のみなさんにばらしてもいいのですよ」

豊富な情報を手に入れることで、ローマ教会の政治力は飛躍的に向上しました。

〔7〕カタリ派対策としてドミニコ会がつくられる

ローマ教会は、過激な教会攻撃を続けるカタリ派に対して、「狂信的な集団には狂信的な集団を」とばかりに、ローマ教会派の修道僧を結集させます。こうしてつくられたのが、カスティージャ生まれのドミニコを創始者とするドミニコ会です（一二一六）。

ドミニコ会は、托鉢（たくはつ）をしながら南フランスを中心に歩き回り、カタリ派がいると聞けば飛んでいって論争をし、場合によっては武力を使用して殺傷しかねない戦闘的な人々の集団でした。異端審問に熱心で「主の犬」とも呼ばれました。一方で神学研究にも熱心で、スコラ哲学の頂点、『神学大全』を書いたトマス・アクィナスを生み出しました。

清貧を旨（むね）としたフランシスコ会（フランチェスコ会）

イタリア中部アッシジのフランチェスコは、ドミニコ会がつくられたのと同じ頃に、別の修道会を立ち上げました（一二一三）。それはイエスの無所有と清貧に学んで財の所有をいましめ、托鉢しながら生活を送る禁欲的な集団でした。この点ではドミニコ会と活動の形は同じですが、戦闘的なドミニコ会とは異なり、教皇にはひたすら従順で、人々に神の国と改悛（かいしゅん）を説き続けました。

このふたつの托鉢修道会が、この時期のローマ教会を支えたのです。

〔8〕「中世で最初の近代人」フリードリヒ二世、ローマ皇帝戴冠

一二二〇年、フリードリヒ二世はローマでローマ皇帝に戴冠されました。

一九世紀スイスの歴史家ブルクハルトは、フリードリヒ二世を「中世で最初の近代人」と呼びましたが、彼は中央集権的な近代国家の建設を視野に入れていたようです。その原型は、彼の育ったノルマン・シチリア王国にあったのでしょう。

ナポリ大学（官僚養成大学）を創設

そのために、彼はまずナポリ大学を創設しました（一二二四）。ナポリ大学は、先行するボローニャ大学やパドヴァ大学が神学中心であったのに対し、官吏（かんり）養成大学として、世界で最初につくられたものです。中国は科挙で官僚を選抜しましたが、科挙は高度に発達した出版（製紙・印刷）技術の裏付けを条件とします。当時のイタリアではそれは無理だったので、官吏養成大学、つまり東京大学をつくったというわけです。

フリードリヒは一二三一年になるとローマ法を復権させたメルフィの勅法（皇帝の

書）を発布しますが、ここには法律を基軸として、中央集権的に国を治めていくというフリードリヒの構想が語られています。

ドイツ騎士団の東方植民とハーメルンの笛吹き男の伝承

この当時、十字軍国家には、教皇から武装を認められた宗教騎士団（騎士修道会）がありました。その主な役割は巡礼者を守ることでした。

フランスの聖ヨハネ騎士団（病院騎士団）、テンプル騎士団、ドイツ騎士団（チュートン騎士団）の三つが有名です。なお、聖ヨハネ騎士団（のちにロードス騎士団、マルタ騎士団と呼ばれる）は、ローマに現存しています。

ドイツ騎士団の四代総長ヘルマン・フォン・ザルツァは「一三世紀のビスマルク」と呼ばれた優れた政治家で、フリードリヒ二世の参謀として働くと同時に、十字軍国家の将来に見切りをつけ、バルト海沿岸地方への東方植民を計画します。

フリードリヒ二世は一二二六年、ヘルマンにリミニで金印勅書（きんいんちょくしょ）というお墨付きを与えました（偽書であるという説も有力です）。ドイツ騎士団は一二三〇年から、バルト海のプルーセン人の土地（プロイセン）に侵入します。平和に畑仕事で生きていた人々は、イスラムとの戦争を経た戦闘のプロたちに異教徒として一気に滅ぼされてしまいました。プルーセン人は文字を持たなかったので、彼らについては何もわかっていません。

こうしてプロイセンが、ドイツ騎士団の本貫の地になりました(ダンツィヒ近くのマルボルク城が本拠)。しかし、広大な土地の開拓には人手が必要です。そこで、ライン川を中心とする西部地方で、「東方にすばらしく豊かな土地がありますよ」と、大々的なキャンペーンを展開してドイツ人の東方植民を後押しします。

この大々的な東方植民時代の伝承として残っているのが、「ハーメルンの笛吹き男」だともいわれています。

町の大人たちが教会に行っている間に、笛吹き男の笛に誘われて、洞窟の中に入って行き、それきり帰らなかった多勢の少年少女たち。たしかにこの話は、プロイセンの地へ行って帰らなかった若者を暗示しているようです。

フリードリヒ二世の第五回十字軍、外交でエルサレムを取り戻す

教皇グレゴリウス九世は十字軍になかなか出立しないフリードリヒ二世を破門しました。ようやく一二二八年、パレスチナに到着したフリードリヒ二世は、アイユーブ

朝の五代スルタン、アル＝カーミルと外交交渉を行ない、向こう一〇年間の平和条約を結んで、戦うことなくエルサレムを取り戻しました（第五回十字軍）。そしてエルサレム王として戴冠しました。

この条約がなぜ可能になったかといえば、実はイスラム側にも泣き所があったのです。アイユーブ朝は陸軍は強かったのですが、海軍が弱かった。シリア・パレスチナの地中海沿岸には海港都市がたくさんあります。ヴェネツィアやジェノヴァの強力な海軍が支援すれば、海港都市の占拠をイスラム側は止められないのです。

アル＝カーミルは、無駄な消耗戦を続けるより、エルサレムの主権を譲っても、聖なる二つのモスクをイスラム側が保持すれば自分たちは何も困らないことを理解しました。

これは五重丸の成果です。なにしろ聖地エルサレムを無血で奪回したのですから。ところがローマ教皇は激怒します。異教徒と武器も交えずに交渉するとは何事かと、フリードリヒ二世に十字軍を差し向ける始末です。もちろん撃退されて、破門を解かざるを得ませんでした。当時のローマ教会は誠に偏狭でした。

フリードリヒ二世と対立した北イタリア諸都市（ロンバルディア同盟）

しかし、実は教皇以外にもホーエンシュタウフェン朝の強力な皇帝権力に反対する勢力があったのです。北イタリアの諸都市です。

例えばミラノやボローニャ、パルマ、ブレシアなどに代表される北イタリアの諸都市は、自治都市として小国家並みの力を有していました。彼らにとってはコムーネの自治権が専制君主によって侵されることがいちばん避けたいことでした。

こうした事情で、北イタリアの諸都市とローマ教皇は、反皇帝という一線で利害が一致したのです。

一二三七年には、ミラノを中核とするロンバルディア同盟軍と皇帝軍が激突しました。コルテヌオーヴァの戦いです。皇帝軍が勝利したものの、抵抗はまったく止（や）みません。北イタリアの都市はお金を潤沢に持っています。しかも戦っているのは市民ではなく、傭兵（ようへい）です。お金があればいくらでも傭（やと）えるわけです。

結局、お金と兵力を消耗し続ける戦いは、次第に皇帝側に負荷を与えるようになっていきます。

〔9〕異端審問の制度化、第六回十字軍、マムルーク朝の誕生

耳聴告白制に加えて、ローマ教会はグレゴリウス九世の時代に異端審問を制度化します。数あるキリスト教の諸教会のなかでも、異端審問を制度として確立しているのは、ローマ教会だけです。

あらゆる宗教の中で、なぜローマ教会だけが異端審問を実行できたのか。それはローマ教会が自国の領土（教皇領）を持つ現世の国家であり、教皇が世俗の君主であったことが影響していると思います。国家が犯罪者を裁く感覚で、信仰の異なる者を断罪してしまったのではないでしょうか。

一二四八年、第六回十字軍がフランス王ルイ九世に率いられて出陣しました。彼はエジプトの海港ダミエッタ（ディムヤート）を占領しカイロに向かいますが、一二五〇年、マンスーラの戦いで、マムルークのバイバルスに敗れ、エジプト軍の捕虜になってしまいました。

このどさくさのなかでマムルークによるクーデタが起こり、アイユーブ朝が滅んで、マムルーク朝が誕生します。

〔10〕フリードリヒ二世の死とホーエンシュタウフェン朝の断絶

「世界の驚異」と呼ばれたフリードリヒ二世は、その晩年を、愛したプーリアで過ごし、一二五〇年に死去しました。その報に嫡子（ちゃくし）のコンラート四世（ローマ皇帝）が、ドイツから駆けつけますが、四年後に死亡してしまいます。二六歳の若さでした。その子コンラディンは、まだ二歳ですから統治能力はありません。そこで、フリードリヒ二世の庶子マンフレディが、南イタリアとシチリアを統治することになりました。

この状況を注視していたのがローマ教皇です。歴代のローマ教皇は、ホーエンシュタウフェン朝には苦汁を飲まされ続けてきました。

ローマ教皇はホーエンシュタウフェン朝を滅ぼしたい一念で動きます。

ローマ教皇は手当たり次第にヨーロッパの王室の次男、三男に色目を使いました。南イタリアとシチリアの豊かな土地を授与するので、軍隊をつれて来てください、というわけです。これに応（こた）えたのが、フランス王ルイ九世の弟シャルルです。アンジュー伯だったので、シャルル・ダンジューと呼ばれます。彼がイタリア行きに手を上げたのは、一生部屋住（へやず）みで終わるよりは、南イタリアで一か八か賭（か）けてみようと考えたからです。シャルルは勇躍、イタリアへ向かいました。

コンラディン斬首（ざんしゅ）となり、ホーエンシュタウフェン朝が絶える

シャルルは一二六六年、迎え撃つマンフレディと南イタリアのベネヴェントで激突しました。シャルルが勝ち、マンフレディは戦死します。この知らせをドイツで聞いたコンラディンは、祖父フリードリヒ二世の夢を求めて、同じ一〇代の従弟（いとこ）とドイツ軍を率いて南下しました。

コンラディンはシャルルと、タリアコッツォで戦い勝利を収めます（一二六八）。しかし、コンラディンには戦争の経験がありませんでした。叔父のあだ討ちとばかり、勢いと情熱でシャルルを破ったのですが、傭兵たちは逃走するシャルルを追いつめることはせず、戦利品を求めて略奪に向かってしまいました。その間に、シャルルは態勢を立て直し、コンラディンを捕らえてしまいます。

コンラディンはナポリで斬首され、ホーエンシュタウフェン家の血筋は絶えました。ドイツは「大空位時代」という、有力な君主のいない時代に入ります（形式的な国王はいるにはいました）。

ドイツの衰亡

ドイツ王がほぼ一貫して兼ねていたローマ皇帝というポストは、ドイツ王に「ローマ皇帝はヨーロッパ全体を取り仕切るものだ」というイデオロギーを吹き込み、イタリアを支配することを求めました。ドイツ王にとって、それは名誉なことでもありました。その結果、ドイツ王はザクセン朝、ザーリアー朝、ホーエンシュタウフェン朝と、どの王朝もドイツとイタリアを往復することになり、ローマ教皇に付き合って十字軍にも参加させられます。要するに、財政と軍事力を消耗したのです。

加えて、なぜかどの王朝も嫡出の後継者に恵まれませんでした。あれだけ強力であったホーエンシュタウフェン朝も、一代の英雄フリードリヒ二世が亡くなると、教皇側からの巻き返しにあって瓦解してしまいます。

ドイツは、九六二年のオットー大帝のローマ皇帝戴冠以来およそ三〇〇年を経て、弱体化していきました。

一般に、ドイツは近世まではバラバラに分かれた国だったのが、プロイセンが勃興して急激に統一・強大化した、と教えられています。しかし史実としては、ヨーロッパで最初に強い王権を誕生させたのはドイツだったのです。けれども、どの王朝も後継者に恵まれず、ローマ教皇やイタリアに振り回されて、弱体化してしまった。そして、その間にフランスが子宝に恵まれて、強大になっていったのです。

〔11〕最後の十字軍

一二七〇年にルイ九世は第七回十字軍を起こします。目的地はチュニジアです。おそらく地中海世界の覇権を狙う弟のシャルルにそそのかされたのでしょうが、エルサレムへの巡礼者を守るという大義名分すら、もうそこにはありませんでした。しかもルイ九世は、チュニスで客死してしまいました。なお、ルイ九世の妃マルグリットはプロヴァンス伯の娘で、彼女の妹たちは、イングランド王ヘンリー三世、その弟リチャード（一時、ドイツ王になぞらえられた）、シャルル・ダンジューに嫁ぎ、いずれも王妃となったので、プロヴァンス四姉妹と呼ばれました。

ルイ九世に対して、ローマ教会はイスラムと戦い続けたということで死後に彼を列聖します。フランス王家で聖人に選ばれたのは彼一人です。

ローマ教会が大帝と敬称を捧げたり、聖人に選ぶということは、要するに教会に従順だったということです。ローマ帝国の三人の大帝、コンスタンティヌス一世、テオドシウス一世、ユスティニアヌス一世は、いずれも教会に尽しました。シャルルマーニュ（カール大帝）やオットー一世もそうです。

十字軍は、第七回を最後にして約二〇〇年の幕を閉じました。また十字軍国家は、一二九一年に、マムルーク朝に最後の拠点であったアッコンを攻略されて消滅します。

なおこの頃（一二六八）、ローマ教会は、次の教皇が決まるまで枢機卿（すうききょう）は部屋を出られないというコンクラーヴェ制度を始めます。

スコラ哲学のトマス・アクィナス死去

一二六七年頃に後のジェノヴァの大司教、ドミニコ会のヤコブス・デ・ウォラギネが『黄金伝説』を完成させました。これはキリスト教の聖人伝の集大成です。二〇〇年後のルネサンスの画家達に、格好の題材を提供するなど、黄金伝説の影響は計り知れません。

一二七四年には、スコラ哲学を大成したドミニコ会のトマス・アクィナスが没しました。彼はパリ大学で教鞭（きょうべん）を取りながら、『神学大全』を書き残しました。彼は、アウグスティヌス以来のキリスト教思想とイスラムから学んだアリストテレス哲学を統合し、神と人間の調和を図ろうとしました。

一二七七年にはミラノの大司教オットーネ・ヴィスコンティが、ミラノのシニョーレ（僭主(せんしゅ)）となり、このときから一七〇年に及ぶヴィスコンティ家の北イタリア支配が始まりました。

〔12〕ドイツでハプスブルク家が台頭

ドイツは、ホーエンシュタウフェン家の断絶によって、約二〇年にわたる大空位時代、すなわち強力な統一王権が存在しない時代を迎えました。

ドイツとイタリアの関係、教皇からローマ皇帝を戴冠することの是非など、諸侯はこれまでの三王家の振る舞いを改めて考え直してみました。

有力なドイツ王は、ローマ皇帝という名称に惹(ひ)かれて、みんなイタリアに行ってしまう。ドイツのことはあと回しだ。いっそのこと、領土の少ない弱小貴族をドイツ王にすれば、感謝してドイツのことをよく考えてくれるのではないか。そこでスイスに小さな領地を持つハプスブルク家のルドルフ一世を、ドイツ王に選びました（一二七三）。

ところが意外にも彼は、なかなかの策謀家だったのです。

彼は当時の最有力諸侯の一人、ボヘミア（現在のチェコ）王でオーストリア公でもあったオタカル二世を敗死させ（マルヒフェルトの戦い、一二七八）、オーストリアを奪取します。

ここで初めてハプスブルク家は、ドイツに領地を持ち、じわじわと勢力を拡大していきます。諸侯は警戒して、ハプスブルク家のドイツ王の世襲を認めませんでした。

なお、一二九一年にスイスの三つの州がスイス誓約同盟を結び、独立を宣言します。スイスの建国です。

〔13〕第二次バロン戦争から模範議会へ

アルビジョア十字軍で活躍したシモン・ド・モンフォールの同姓同名の息子は、ジョンを継いだヘンリー三世に仕えていましたが、ヘンリー三世が暴政を行なったことで決起し、ヘンリー三世と王太子を捕らえます。

彼は、ヘンリー三世にマグナ・カルタを再確認させ、議会を開きます（シモン・ド・モンフォールの議会）。しかし、シモンが王位を狙っているのではないかという噂（うわさ）が流れ、再び内乱が生じてシモンは敗死、王権が回復されました（第二次バロン戦争。一二六四—一二六七）。

エドワード一世、ウェールズを征服。プリンス・オブ・ウェールズの始まり

ヘンリー三世の王太子であったエドワード一世は、第二次バロン戦争で多くを学びました。

グレートブリテン島はイングランド、スコットランド、ウェールズの三国で構成されていましたが、エドワードはまずウェールズを征服しました（一二八四）。ケルト文化を継承し、誇り高いウェールズ人を懐柔するために、エドワード一世は一つの方法を考えました。

同年、王妃を連れてウェールズに行き、赤ちゃん（後のエドワード二世）を生ませて、彼にプリンス・オブ・ウェールズという称号を与えたのです。これから代々、イングランドの王太子はプリンス・オブ・ウェールズと呼ばれるようになり、今日まで続いています。ウェールズ人にしてみれば、地元で生まれた子供がイングランド王になるわけですから、それほど悪い気はしません。その後、エドワード一世はスコットランドに介入を始めます。

一二九五年に、賢王エドワード一世が開いた議会は、高位聖職者・大貴族のほか各州二人の騎士と各都市二人の市民で構成されていました。国王が勝手に諸事を決定し

ないことや、開戦も議会と協議することなどが確認されました。議会政治が根づいてきたのです。後世の人はこの議会を模範議会と呼ぶようになります。

〔14〕シチリアの晩鐘、シャルル追放される

さて、ホーエンシュタウフェン家のマンフレディとコンラディンを倒したシャルルは、シチリアと南イタリアを我がものにします。しかし彼には大きな野心がありました。それは、コンスタンティノープルに君臨するローマ帝国を打倒して、地中海の王者になることでした。その夢は、ノルマンディーから南イタリアにやってきたロベルトやルッジェーロ、それにローマ皇帝ハインリヒ六世が描いた夢でもありました。

一二八二年、シャルルが出陣の準備を整えた頃、パレルモでは夕べの祈りを告げる教会の晩鐘が鳴り響いていました。その鐘を合図に民衆の叛乱(はんらん)が始まりました。

シチリア人は誇り高い人々です。フリードリヒ二世の母コスタンツァがハインリヒ六世というドイツ人と結婚したということで、シチリア人に反発されたことがありました。その後、フリードリヒ二世やマンフレディが、立派な政治をしたので収まって

いました。

しかしシャルルは、もともと足掛かりがないシチリアで、フランス式の強引な政治を続けてきた。それでシチリア人は一斉蜂起（ほうき）をしたのです。そしてシャルルを追放すると、マンフレディの娘コスタンツァの夫であったアラゴン王国のペドロ三世を、シチリア王に迎えたのでした（シチリアの晩鐘）。アラゴン王国はイベリア半島北東部の、サラゴサやバルセロナを中心とする国です。

こうしてシチリアはアラゴンの領土となりましたが、さらにそれから約一〇〇年が経過すると、南イタリアのナポリ王国も、アラゴン家が領有し、フランス人は追放されます。これに対してフランス王は、南イタリアとシチリアはシャルル以降フランスの領土であったと主張して、長く紛争の原因となっていきます。

〔15〕一三世紀の地中海とヨーロッパの交易

フローリン金貨、アフリカの砂金、シャンパーニュの大市、バンコ

一二五二年にフィレンツェでフローリン金貨が、一二八四年にヴェネツィアでドゥカート（ゼッキーノ）金貨がつくられ、品質の高さによって国際通貨となりました。

しかし金はイタリアでは産出しません。金貨の元となる砂金は、サブサハラと呼ばれるサハラ砂漠以南の地、マリ帝国の通商拠点であるトンブクトゥやジェンネを経由して、イスラムの隊商がラクダに乗せてエジプトまで運びました。当時のエジプトは、アイユーブ朝やマムルーク朝の時代です。エジプトから、ジェノヴァやヴェネツィアの貿易船でイタリアに砂金が運ばれ、金貨がつくられたのです。

やがて一五世紀に入ると、ポルトガルのエンリケ航海王子が、大陸沿いに船で南下してサブサハラに到達します。海のルートのほうが、砂漠をラクダで行くより楽です。アフリカ海岸南下ルートを開いたことが、ポルトガルの勃興の始まりとなりました。

ところで一神教革命以降の地中海は、大西洋と切り離されていたため、いわば大きな湖のようなものでした。

ヘラクレスの柱として古代から知られていたジブラルタルは、八世紀初頭にアンダルス（南スペイン）を征服したイスラムの武将ターリクにちなんで「ターリクの岩（ジャバル・アル・ターリク）」と呼ばれ、それが訛（なま）ってジブラルタルと呼ばれるようになりました。ターリクはここからアンダルスに攻め込んだのです。ジブラルタル海峡はアフリカ大陸への最短の地で、狭いところでは南北一四キロぐらいしかありません。まさに「地中海の鍵（かぎ）」にあたります。

この海峡は長い間、アンダルスと北アフリカの両岸を領土とするイスラム勢力が支

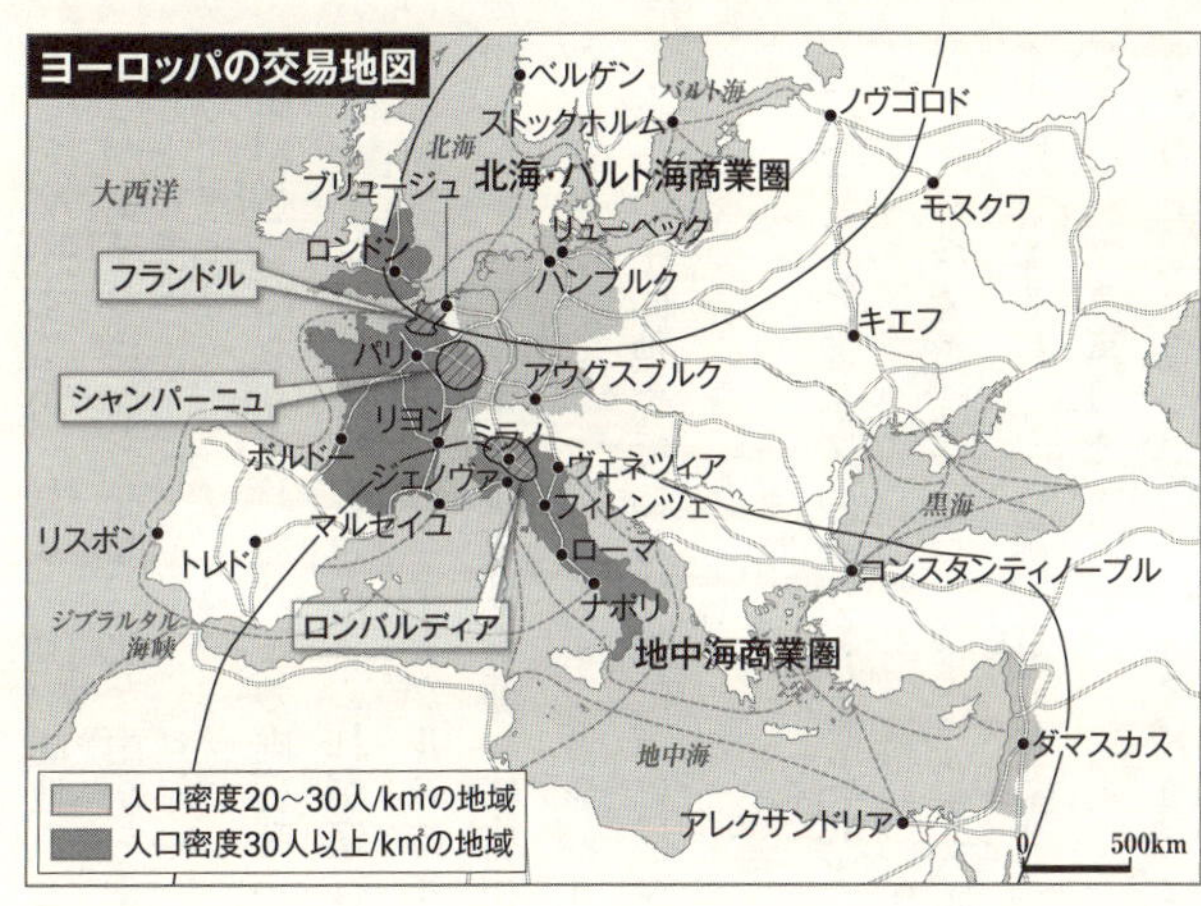

配していました。つまり、キリスト教徒の船は、海路を封鎖されて、地中海を出ることができなかったのです。残るは、陸路しかありません。

例えば、アフリカの金や象牙、アジアの絹や胡椒は、エジプトのアレクサンドリアに集まって、そこからヴェネツィアやジェノヴァに運ばれます。船では大西洋に出られないので、陸路で入ることになります。現在のマルセイユあたりからローヌ川沿いに北上するルートです。一方でバルト海という、もうひとつの北の地中海には、木材や瑪瑙や魚などの交易品があります。こちらも地中海ルートは使えないのでフランドルから陸路を南下します。

このふたつの地中海を経由した交易品を

どこで交換するか。ちょうど中間地点となるのがパリの東方、シャンパーニュでした。ここが交易の拠点となり、北と南からやってきた人々が交易を行なうシャンパーニュの大市が賑(にぎ)わいました。シャンパーニュでは、北と南の通貨が交換されますから、両替商が必要になりました。この両替商が使用したカウンターは木製で、この板をイタリアでバンコと呼びました。これが銀行（バンク）という名称の起源となります。

しかし、北アフリカとアンダルスのイスラム勢力が衰えると、バルト海と北海と地中海が、ジブラルタル海峡を通って自由に結ばれるようになる。そうすると、ヴェネツィアやジェノヴァは衰え、シャンパーニュの大市も寂れます。そして、地中海とバルト海の中間地点である低地地方に、交易の拠点が移動します。

〔16〕アンダルスのナスル朝と北アフリカのマリーン朝

アンダルスでは一二三二年に、ナスル朝が成立しました。この王朝（グラナダ王国とも呼ばれます）が、宮殿と城砦(じょうさい)を兼ねて建設した建物が、いまもその一部分が残るアルハンブラ宮殿です。

この王国をつくったムハンマド一世は、カスティージャのフェルナンド三世と手を組み、いわばカスティージャ王国に保護される形で、アンダルス最後のイスラム王朝として生き延びることになります。ちなみにフェルナンド三世もルイ九世同様、列聖されており、しかもこの二人はどちらもアリエノールの曾孫（そうそん）にあたります。

一方、北アフリカではムワッヒド朝が衰えて、新興のマリーン朝に首都マラケシュを落とされ、一二六九年に滅亡しました。

マリーン朝は、フェズに都を置き、何度もイベリア半島に遠征しますが、ついにアンダルスの地に政権を打ち立てることはできませんでした。一三四〇年にサラードの戦いでキリスト教諸国の連合軍に敗北したマリーン朝は、以降遠征を取り止めます。

一二九二年、象徴的な出来事が起こります。カスティージャとジェノヴァの連合艦隊がジブラルタルを襲撃して一時的に奪取したのです。

ジブラルタルをキリスト教側が奪取したということは、イスラム側の北アフリカとアンダルスの連携が断ち切られたわけです。また、地中海と北海・バルト海をつなぐ海の道が開かれたということにもなります。

結局、要衝ジブラルタルはマリーン朝・ナスル朝に奪還され、カスティージャが最終的にジブラルタルを確保するのは一四六二年になります。

〔17〕中央ユーラシアに二つの太陽が昇り、チンギス・カアンが勝利する

さて、少し時間を遡りります。

一三世紀の初頭、中央ユーラシアには二つの太陽が昇りつつありました。一人はセルジューク朝を滅ぼしたホラズム・シャー朝の七代、アラーウッディーン・ムハンマドです。彼はガズナ朝を倒したアフガニスタンのゴール朝を一二一五年に滅ぼすと、中央アジアからアフガニスタン、イラン、イラクまで、その版図を拡げます。

もう一人がモンゴル高原に登場したテムジンです。

彼はモンゴル高原に割拠していた遊牧民を武力と政治力でまとめて、遊牧民の最高意思決定機関であるクリルタイで、皇帝として即位し、チンギス・カアンを名乗りました（一二〇六）。なお、皇帝を意味するカアン号は二代目ウゲデイ（オゴデイ、オゴタイ）が使い始めた称号ですが（それまでは王を意味するカン）、本書では実態に即してモンゴル帝国の皇帝全員をカアンと表記しています（カアン、カンはのちにハーン、ハンと発音されるようになりました）。モンゴル高原が統一されたのは、ウイグル以来三五〇年ぶりのことでした。したがって、モンゴル帝国は、スキタイ、匈奴、鮮卑、柔然、

突厥、ウイグルに続く、中央ユーラシア七番目の遊牧民国家ということになります。

チンギス・カアンは、一二一一年モンゴル高原の東に君臨していた金を攻めました。金は敗れて南遷し、北京を捨てて開封を都としました。次に一二一九年、チンギス・カアンは、西征を開始します。目的は、ホラズム・シャー朝です。

両国が衝突した直接の原因は、モンゴルの通商使節としてホラズム・シャー朝のオトラルを訪れた四五〇人の隊商全員をホラズム・シャー側が殺して、ラクダの積荷を奪ったことにあるとの記録があります。しかしユーラシアに太陽は一つ昇ればいいので、いずれは避けられぬ衝突であったのでしょう。

ところが、この世紀の決戦はあっけなくモンゴル軍の勝利に終わります。それは、ホラズム・シャー朝が「引く」戦術に出たからです。

草原の遊牧民は、逃げると見せて敵を自国の奥地深くへ誘い込んで叩くという手をよく使います。引くという戦法は、大相撲でもそうですが、決まればあざやかに相手を倒せます。しかしタイミングが悪ければ、相手に一気に押されて一方的に敗けてしまいます。

引いたホラズム・シャー軍は一方的に押しまくられ、開戦からわずか二年で、その首都、アム川下流のウルゲンチを落とされました。

こうして西の太陽は沈み、東の太陽（チンギス・カアン）が昇りました。

西方を平定したチンギス・カアンは、西征への従軍を拒否した西夏を討伐した直後に死去しました。モンゴル帝国はチンギス・カアンの死後も発展し続けます。その理由は、優れた頭脳を持つリーダーが続いたこともありますが、モンゴルの伝統的な考え方が極めて合理的であったことが寄与していました。また、商才に長(た)けたウイグル人を早々と傘下(さんか)に収めたこと（天山ウイグル王国を吸収）も幸運でした。

〔18〕モンゴル帝国の合理的発想

その一、十進法の軍制

モンゴルの人々は、一人の人間が面倒を見ることのできる部下はせいぜい一〇人ぐらいが限界であると認識していました。したがって、一人が一〇人の面倒を徹底的に見る。一〇人の部下を持った隊長一〇人をもうひとつ上のランクの人間が見る。そうやって順繰りに、十人隊長、百人隊長、千人隊長と、ピラミッド型に軍隊を構成していきます。

この仕組は単純ですが、うまく機能すると軍隊が強い絆（きずな）で結ばれていきます。例えば異民族を征服して、降伏した異民族が家来になりますと言ったら、その一〇人をモンゴル人一人で面倒を見るのです。そして、信頼できる異民族一〇人が育ってきたら、それぞれに同じ異民族一〇人を仕切らせる。そしてモンゴル人が百人隊長になるわけです。広大な領土を支配するには、たいへん賢い方法であると思います。

その二、遠方の支配地に長男を配置する

遊牧民には末子相続の伝統がありました。チンギス・カアンもそれに学んでいます。彼は金を南に追い、ホラズム・シャー朝を倒した時点で、広い領土を東西に分けて、東の中国に近い方面を自分の三人の弟に支配させました。ジョチ・カサル、カチウン、テムゲ・オッチギンの三人で、東方三王家と呼ばれました。西の方は、長男ジョチ、次男チャガタイ、三男ウゲデイの三人を配置します。西方三王家と呼ばれました。

この三兄弟の内、長男をもっとも遠いロシアに近い領地に配属し、その次に遠い場所に次男を、その次に三男を配置しました。そして四番目の末っ子トルイは、チンギス・カアン直属の大軍団とともに中央に置かれました。

年長で判断もしっかりしている長男を、新しく制圧した土地に置き、末の子供を手元に置いて父が直接指導する。これが末子相続の形です。これも、たいへん合理的であると思います。長男は強い存在です。また、父親のことをよく知っています。ですから場合によっては批判的にもなります。だから、支配の難しい遠い土地に置く。そういった危機管理学的側面も、末子相続にはあったかもしれません。

〔19〕ゴール朝のマムルークのアイバク、インドのデリーにマムルーク朝を樹立

北インドを制圧したアフガニスタンのゴール朝の君主シハーブッディーン・ムハンマド（ムハンマド・ゴーリー）は、トルコ系キプチャク族のマムルーク、アイバクをインドの総督に任じていました。しかし一二〇六年、ムハンマド・ゴーリーが死去し、ゴール朝が解体に向かうと、アイバクは自立して自分の王朝をデリーに建国しました。

彼はマムルークですから、イラン系のゴール朝の王家とは血のつながりがありません。彼は自分を取り立ててくれた君主が死去したので、なんの未練もなく自分の王朝、マムルーク朝をつくったのです。

彼は優秀な軍人政治家でした。ナーランダ大学を破壊（一一九三）した後、インド

仏教の最後の拠点であったヴィクラマシーラ大学を破壊し（一二〇三）、インド仏教の命脈を絶ったのはアイバクの軍隊です。彼の王朝はマムルークが君主であったので、奴隷王朝とも呼ばれています（一二五〇年にエジプトでもマムルーク朝が成立しますが、まったく別の王朝です）。この王朝は、その後、彼の娘婿イルトゥトゥミシュ（在位：一二一一―一二三六）が活躍し、アイバクがつくり始めた世界で最も高いミナレット、クトゥブ・ミナールを完成させました（クトゥブはアイバクの尊称。世界遺産）。イルトゥトゥミシュの後は娘のラズィーヤが継ぎました（在位：一二三六―一二四〇）。彼女は有能な女性でしたが、この時代にあってインドで女性が王位を守ることは至難の業で、他のマムルークからの干渉もあって、四年で王位を追われました。

マムルーク朝は豊かなインドを押えていたので、いつもモンゴルに狙われていました。しかしマムルーク朝も強力です。モンゴル軍を国境で退け続けました。

アイバク以降、マムルーク朝、ハルジー朝、トゥグルク朝、サイイド朝、ローディー朝と、王統が五代にわたって変わります。ローディー朝はアフガン系ですが、他の四王朝はすべてトルコ系です。一般にこの五代の王朝をデリー・スルタン朝と呼んでいます。デリー・スルタン朝は一五二六年、ムガール朝によって滅ぼされました。

また、マムルーク朝のラズィーヤが王位を追われた前後に、タイに初めての王朝、スコータイ朝が興(おこ)ります。

〔20〕チンギス・カアンの後はなぜか三男ウゲデイが継ぐ

チンギス・カアンの死は一二二七年でしたが、それから二年後に開かれたクリルタイで三男のウゲデイがカアンに就きました。この頃、すでに長男のジョチは死んでいました。遊牧民の伝統からすれば、末子のトルイが跡を継ぐのが順当なのでしょうが、ウゲデイが継いだ背景には、一族の間に多少の混乱があったものと思われます。

ウゲデイは即位すると、すぐに金討伐の遠征軍を派遣して一二三四年に金を倒しました。さらにウゲデイは新しい都としてカラコルムを建設しました。そして、ジャムチと呼ばれた駅伝制を整備し、大帝国の道路網を四通させました。

バトゥの大西征と第一回大旋回

一二三六年、ウゲデイはジョチの次男、バトゥを総大将として、ヨーロッパに向けた大軍を出立させました。

この遠征軍にはウゲデイの子グユク、トルイの子モンケなどチンギスの孫の世代が多く副将格で参戦していました。この軍勢はトルコ系のキプチャク族を吸収し、一二四〇年にはキエフを陥落させます。

ところが一二四一年に、カラコルムでウゲデイが亡くなりました。皇帝（カアン）の死は、その発表に時を要したと思われ、使者が早馬に乗ってバトゥの遠征軍まで到達したのは、一年後のことでした。バトゥは、駐屯していたハンガリーの陣営で、この知らせを受け取りました。

バトゥはすぐに作戦を中止して、全軍を引き返させます。全部族が集まるクリルタイを開いて、次のリーダーを決めるのがモンゴルの伝統だからです。

これを第一回大旋回と呼んでいます。これによって、ヨーロッパはモンゴルの侵略から救われたのです。しかしバトゥ本人は、ジョチウルス（キプチャク・ハン国）領域のヴォルガ川畔で東進を止めてしまいます。

バトウ、ジョチウルスで自立する

バトゥがモンゴルに帰国しなかったのは、次のような事情があったからです。

彼はこの大遠征中、いつも副将格のグユクと衝突していました。グユクは父親がカアンであることを笠（かさ）に着て、ともすればバトゥを軽視したのです。モンゴル軍は軍紀

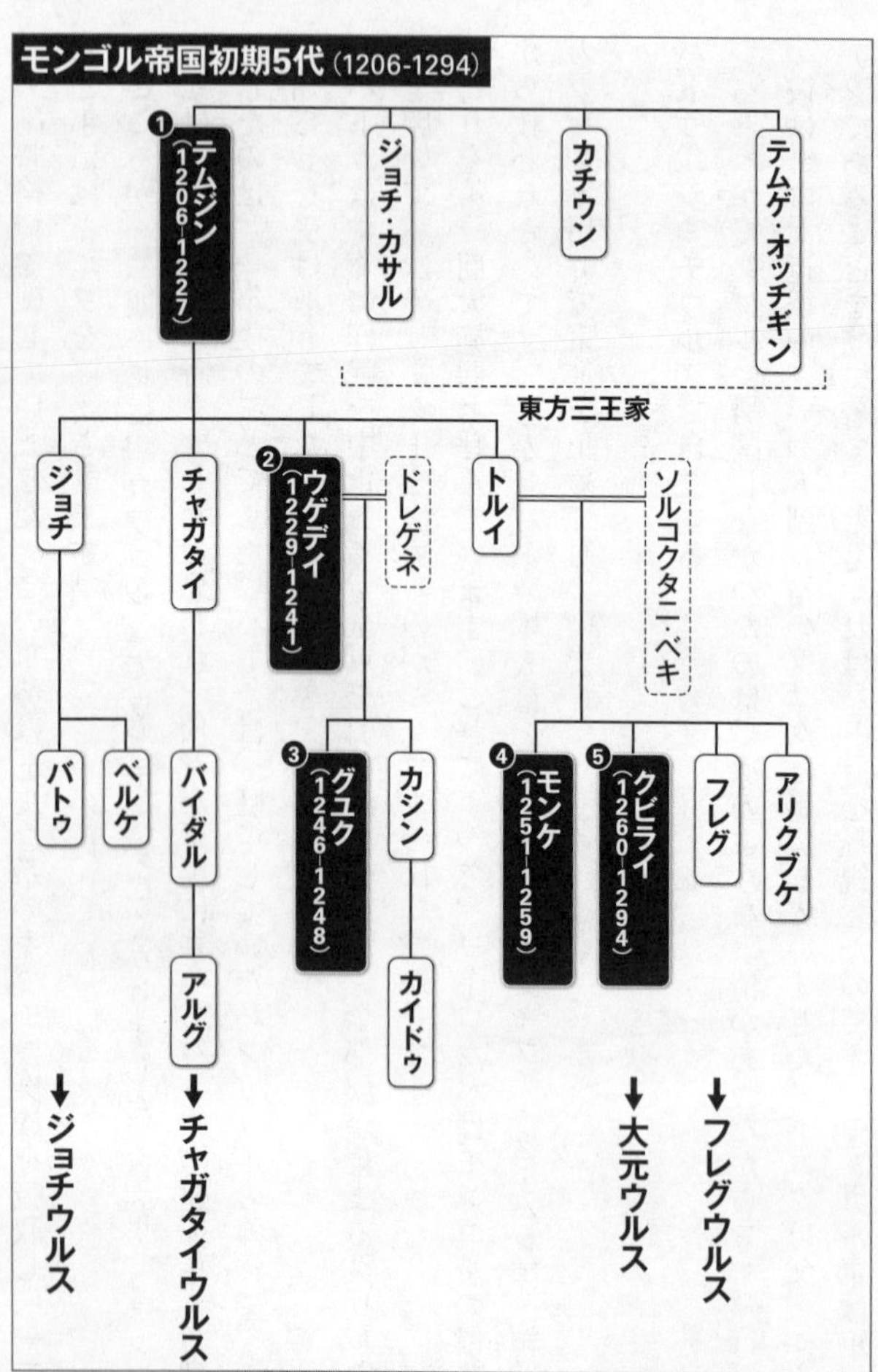
モンゴル帝国初期5代（1206-1294）
❶テムジン（1206–1227）
ジョチ・カサル
カチウン
テムゲ・オッチギン
東方三王家
ジョチ
チャガタイ
❷ウゲデイ（1229–1241）
ドレゲネ
トルイ
ソルコクタニ・ベキ
バトゥ
ベルケ
バイダル
❸グユク（1246–1248）
カシン
❹モンケ（1251–1259）
❺クビライ（1260–1294）
フレグ
アリクブケ
アルグ
カイドゥ
↓ジョチウルス
↓チャガタイウルス
↓大元ウルス
↓フレグウルス

が厳正で、グユクは軍紀違反でモンケに伴われて召喚中でした。いまウゲデイが死んで、次のクリルタイが開かれるのですが、バトゥは、その結果について悲観的でした。というのも、ウゲデイ死後のカラコルムの政治を、彼の皇后のドレゲネ（グユクの実母）が取り仕切っているという情報があったからです。モンゴル族は鮮卑拓跋部と同様に女性が強い民族でした。モンゴルに帰っても自分の出る幕はないだろう、かえって危険だとバトゥは考えたと思います。

こうして彼は、ヴォルガ川近くに都サライを建設して自立します。ちなみにジョチウルスのウルスとは、モンゴル語で国家、人々を意味します。

〔21〕グユクが即位するも倒され、モンケが四代カアンとなる

一二四六年になってやっとクリルタイが開かれ、グユクが第三代カアンに選ばれました。彼は即位すると、クリルタイに出席しなかったバトゥを叛乱者と決めつけ、大軍を西に向けました。バトゥもこれに応じて東に向けて大軍を進めます。ところが、両軍団が激突する直前に、都合のよいことにグユクが死去します。おそらくバトゥ側

による暗殺ではないかといわれています。一二四八年のことでした。すると、モンゴル帝国の大勢はどうなるか。風になびくようにバトゥがキングメーカーになります。バトゥの大軍団に守られて、トルイの長男モンケが第四代カアンに選ばれました。

　バトゥとモンケはグユク一門を粛清し、ウゲデイウルスは事実上消滅しました。ところで、トルイの息子には長男のモンケのほかに、次男クビライ、三男フレグ、四男アリクブケの四兄弟がいました。みんなトルイの正妃ソルコクタニ・ベキの子供です。彼女はケレイト部族の出身でネストリウス派のキリスト教徒でした。この四人は揃って優秀でした。モンケもＩＱが高く、趣味はユークリッド幾何学の本を読むことだったそうです。バトゥの大西征に従軍して、キエフまで行っていますから、広い見聞も有していました。

　カアンになったモンケはすぐに指示を出しました。中央アジアからロシア方面はバトゥに一任し、弟のクビライを南宋の征服に、フレグを西アジア方面の攻略に、それぞれ出立させました。

世界地図が発達。クビライは雲南へ、フレグはバグダード、シリアへモンケは南宋を攻めるために、クビライを中国の南の下腹部、雲南に向かわせました。南宋を北から攻めると、長江を渡河しなければなりません。ですからチベット高原の東側を南下して、現在のベトナムとの国境あたり（雲南省）から、攻め上るわけです。クビライは一二五二年に出立しました。

続いて一二五三年にフレグが、大西征に出発しました。

ところでモンゴルの戦争は、常に周到な準備を行なってから進めたようです。理想は戦わずして相手を屈服させることでした。そのためには現地の情報、なかでも精緻（せいち）な世界地図が必要です。モンゴル帝国では世界地図が発達しましたが、国家機密のような大切な存在であったようです。

驚くべきことには、どうやらモンゴルはポルトガルの希望岬（喜望峰）到達の二〇〇年以上も前に、アフリカ大陸の姿をほぼ正確に把握していたようです。

フレグは西進して、イラン西部やシリア北部の山岳地帯に点在していたニザール派の山城を落とし、ルーム・セルジューク朝も服従させました。そして一二五八年、バグダードに入城してカリフを殺害し、アッバース朝を滅ぼしました。

フレグはさらにダマスカスを落とし、エジプトを目指して南下します。ところが一二六〇年、ダマスカスの陣中にカラコルムからの急使が訪れます。一二五九年にモンケが死去したのです。

これを聞いたフレグは、ただちに軍を返します。これが第二回大旋回です。またしても西方世界は救われました。モンケが死んだので、自分が次のカアンになる芽があるかもしれないと思ったのでしょう。ところが彼はカスピ海の西、アゼルバイジャンの草原まで来ると、進軍を止めてしまいました。

フレグはモンゴルに帰らず、フレグウルスをつくる

アゼルバイジャンのフレグのゲル（遊牧民の移動式テント住宅）に、また急使が到着しました。次兄のクビライがモンゴル高原南部の開平府（かいへいふ）（上都、ザナドゥ）で、東方三王家などの支持を得てクリルタイを開き、皇帝すなわち第五代カアンを名乗ったという知らせでした。そこへまたモンゴルからの急使が駆け込んできて、末弟のアリクブケもカアンを名乗ったというのです。

フレグは、もうモンゴルに自分の出番はないと考え、イランの北部、マラーゲに都を置いて（やがて都はタブリーズに移ります）、フレグウルス（イル・ハン国。「イル・ハン」は「王の国」という意味です）を建国しました。

フレグウルスの建国に驚いたのは、ジョチウルスです。この頃はバトゥの弟ベルケ

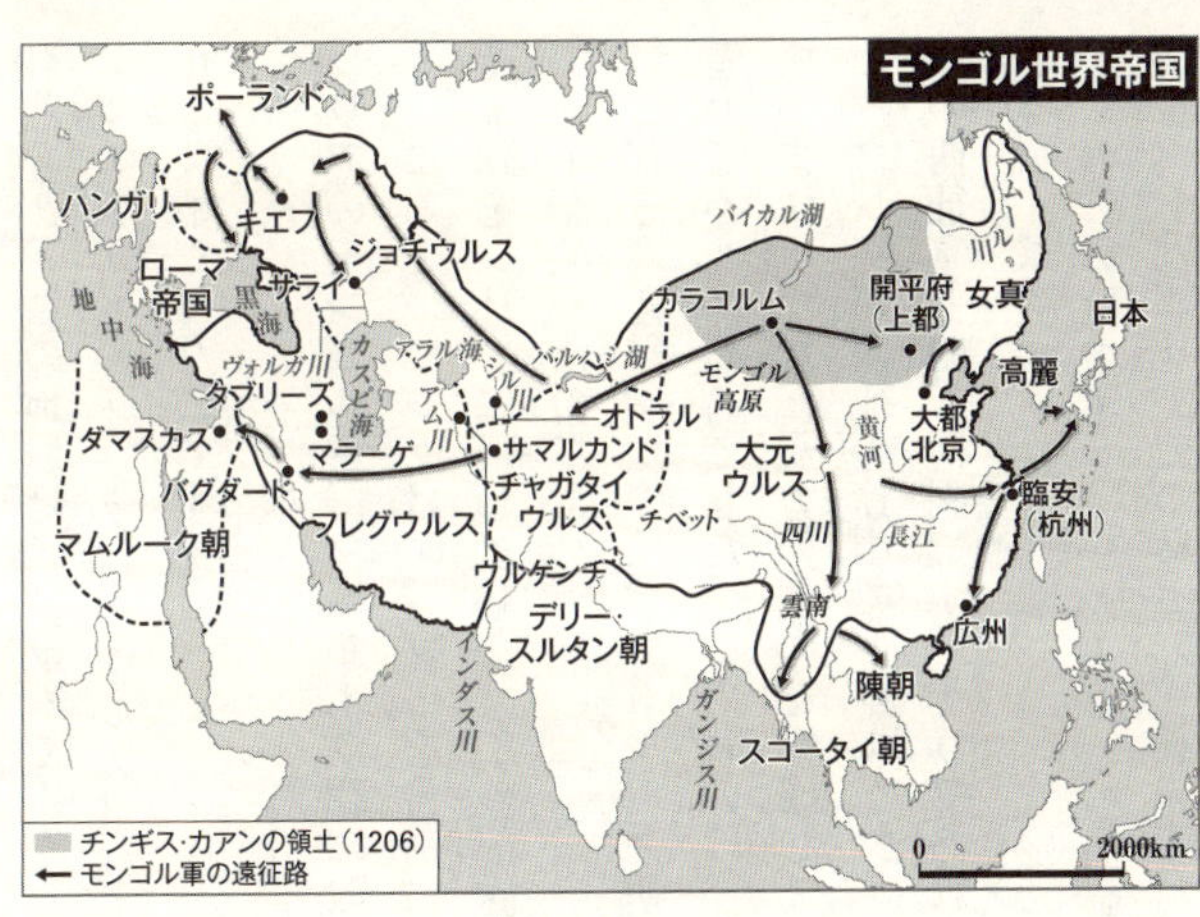

の時代でした。彼らにしてみればカフカス山脈の南にあるイランもイラクも、チンギスが定めた通り西方はすべて自分たちの版図なのです。そこへフレグが入ってきて、国をつくってしまった。

これ以降、ジョチウルスとフレグウルスは、アゼルバイジャンの豊かな草原地帯を巡って、争いを始めます。

フレグウルスがイランの地に残した有名な文化としては、ミニアチュール（極彩色の細密画）があげられます。大元ウルスではクビライが出版事業に力を入れ、全相本（ぜんそうぼん）と呼ばれる全ページ挿画入りの本が大流行します。これがフレグウルスに持ち込まれたのです（やがてオスマン朝やフマーユーンを通じてムガール朝にも伝わっていきます）。

もともと、この地域はイスラムですから、偶像崇拝やイコン（聖画像）は厳禁でした。ミニアチュールは、フレグウルスが誕生しなかったら決して生まれることのない文化・芸術だったのです。

シリアのモンゴル軍、マムルーク朝に敗れる

ところで、フレグはエジプトを目前にして引き返したのですが、彼はそのとき、残留部隊をシリアに残しました。この部隊が自分たちだけでエジプトを落とせると考えて南下を始めたのです。

これを迎え撃ったのは、マムルーク朝のスルタンのクトゥズや、マムルークの実力者バイバルスたちでした。この戦いは、無敵のモンゴル軍が初めて敗れた戦いとされています。ただ、双方の主力を構成していたのは、どちらもトルコ系の兵士たちでした。フレグが西征の途中でトゥルクマーンの部隊を吸収して膨れ上がったのは、バトゥの西征軍と同じ構図です。そうであれば、地の利に勝るマムルーク朝が勝つのは自然の流れです。

この戦いはアイン・ジャールートの戦い（一二六〇）と呼ばれます。アイン・ジャールートはゴリアテの泉という意味です。ダビデがゴリアテの首を洗った泉があった

と伝承される場所でした。

〔22〕マムルーク朝の英雄バイバルス

シリアの地からモンゴル軍を追ったバイバルスは、これを好機としてクトゥズを倒し、自らマムルーク朝の君主となりました。

そしてアッバース朝のカリフの一族がカイロに亡命してきたのを奇貨として、カリフに就けました。こうしてバイバルスはカリフの守護者となり、エジプトはイスラムの宗主国となりました。バイバルスはトルコ系のキプチャク族で、腕っぷしひとつでエジプトのスルタン（君主）にまで昇りつめたのです。

カリフを擁立したあと、彼はキスワの寄贈を始めました。

キスワとは、イスラムの聖地マッカのカアバ神殿にかけられる布です。現在では黒い巨大な布がかかっています。一神教革命のところで述べたように、昔はラクダの隊列で交易する商人たちがお祭りでマッカに集まり、歌を布に書いてカアバ神殿に吊して優劣を競い合っていました。それが、やがて歳月が流れると、このカアバ神殿にかける布、キスワを寄贈できる人がイスラムの盟主であるという伝統が生まれます。これを決定的にしたのが、バイバルスでした。

彼は毎年、エジプトのカイロから大キャラバン隊をマッカに送り出して、キスワを寄贈し続けました。このキスワは、カリフを守っているイスラムの盟主バイバルス様がくださったもので、彼以外にカアバ神殿にキスワをかけることは許されないのだと。

バイバルスは、自分の正統性を確保し、権威づける政略にも長けていたのです。彼の作戦は功を奏して、バイバルスはサラディンに並ぶイスラム世界の英雄として名を残しました。今日、カアバ神殿のキスワを誰が奉じているかといえば、サウジアラビアの国王です。

バイバルスは一七年に及ぶ治世の間に、三八回のシリア遠征を行ない、ジョチウルスと結んで宿敵のフレグウルスや十字軍国家と戦いました。この頃には十字軍国家はアッコンなど数都市を残すのみとなっていました。ライオンを紋章とし、戦いでは常に先頭に立ったバイバルスは、まさに心身ともに優れた英傑でした。鎧を付けたままナイル川を遊泳したという伝承も残されています。バイバルスの英雄譚は説話物語となり、長く民衆に愛されることになります。

〔23〕モンケから始まったモンゴルの世界暦

話をモンケに戻します。彼はバトゥとキエフに向かうとき、ひそかに暦（こよみ）の統一について考えていました。

当時のモンゴル人は一部占いに頼っていました。おそらく大西征に出発する日時の吉凶なども占ったのでしょう。ところが、モンゴル高原からロシア平原、そして東ヨーロッパへと遠征していくと、さまざまな国があって、それぞれの暦を使っています。「何日何時にこういう作戦を採れ」と占いに出たとしても、遠征地で暦が変わってしまえば、日時も変わります。広大な領土を統一支配するなら、暦の統一が必要だとモンケは考えたのです。

このモンケの発想が、弟のフレグに影響を与え、フレグは一二五九年に首都マラーゲに天文台をつくり、その流れを継いでクビライが大都（北京）に司天台（してんだい）をつくります。この流れは、サマルカンドにウルグベク天文台をつくったティムール朝へと継承されていきます。

マラーゲ天文台長で当代きっての大学者ナスィールッディーン・トゥースィーは、「イル・ハン天文表」をつくり、これをもとにしてクビライの時代に郭守敬（かくしゅけい）という学者が授時暦と呼ばれる太陽太陰暦を作成しました。この暦は一二七九年につくられ一二八〇年より施行されましたが、現在世界で使用されているグレゴリオ暦より三〇〇年も早く使用され始めた、世界に通用するすぐれた暦でした。

ちなみに教皇グレゴリウス一三世がグレゴリオ暦を公布したのは一五八二年、日本の天文学者渋川春海が授時暦をもとにして、北京と江戸の時差を補正した貞享暦をつくったのが一六八四年です。

〔24〕「タタールの軛」の真実

ジョチウルスが成立して以降の約二五〇年間、ロシアの人々はタタールの軛に苦しんだと言い伝えられてきました。タタールとはロシアに住むトルコ系やモンゴル系の諸族を指す言葉です。馬車や牛車の前方には二本に伸びる平行な棒があって、これを轅と呼びますが、この先に横木を取り付けて、そこに牛や馬の頸をあてて、人間の命令どおりに歩かせるようにします。その横木のことを軛と呼びます。

ロシア人は、タタールの支配下で車を引かされる牛や馬のように、重税と過酷な支配に苦しめられたと言い伝えられてきたのですが、それは一九世紀ロシアのナショナリズムがつくりあげた神話です。モンゴルの支配はイスラム帝国と同様に、帰順した人々には極めて寛容でした。

誰がロシアの農民たちを苦しめたかといえば、バトゥの支配下に入り、直接に農民を管理していたロシアの貴族たちでした。

例えば、同時代のノヴゴロド公アレクサンドル・ネフスキー。彼はネヴァ川を上ってきたスウェーデンのヴァイキングを倒して、ロシアを救った英雄といわれていますが、実はいち早くバトゥに帰順していたのです。

「バトゥさんの言うことは何でも聞きますから、北の方はまかせてください」

こうしてバトゥの信頼を勝ち取って、スウェーデン軍を倒すと、その土地を支配して民衆の血と汗を絞り取りました。これが、タタールの軛と呼ばれるものの実相だったのです。

もうひとつ、つくられた神話についてお話しします。一二四一年にバトゥのモンゴル軍が、ドイツ・ポーランドの連合軍とリーグニッツで戦って（ワールシュタットの戦い）、連合軍は敗北したもののモンゴル軍の侵攻をストップさせたという話が伝えられています。真実はそうではありません。ウゲデイの死によって、ヨーロッパは救われたのです（第一回大旋回）。リーグニッツの戦いは、モンゴル軍にとっては小競り合い程度のものでしかありませんでした。

〔25〕現実を熟視した英傑クビライ

モンケ亡き後、クビライがクーデタを起こして五代カアンに就いたという話をしましたが、そのあたりの事情を見ていきます。

クビライはモンケの命令で雲南から南宋を攻めることになりました。ところが、クビライは雲南の大理（南詔の次の政権）を征服した後、無理に南宋を攻めて兵を殺すことを嫌って、持久戦を選びました。ところが果敢な性格のモンケは、事を急ぎます。クビライを馘首にすると、カラコルムから四川に入り、自ら南宋攻撃の先頭に立ちました。

ところがモンケは熱病にかかって陣没してしまいます。

カラコルムには末弟のアリクブケが残されています。いちばん若い人間を残すのは、モンゴルの風習です。

クビライは考えました。俺は兄貴にクビにされた。弟にはカラコルムの軍団がついているので、このまま何もしなければ弟が皇帝になるだろう。しかし弟よりは自分のほうが優秀だ。弟の下につくのは嫌だ。そこで彼は決心します。彼はモンゴル帝国の中国側で長く生活していました。またモンゴル帝国の東側は、チンギス・カアンが自分の弟たち三人に支配を任せた経緯がありました。いわゆる東方三王家です。そこで彼は、自分の本拠地の開平府で、東方三王家をバックにクリルタイを開き、自分がカアンに選ばれたと宣言したのです。一二六〇年のことでした。

弟のアリクブケは怒って、みずからもカアンとなります。二人の間で戦争が四年間続きますが、クビライが圧勝して、アリクブケは降伏しました（一二六四）。

ここでクビライは、西はロシアから東は日本海に至るモンゴル帝国の五代カアンになったのです。しかし、やはりモンゴル族全体のクリルタイを開いて、主たる部族長全員の支持を得、晴れて大カアンとなって世界支配を確立させたいと考えました。そこで二年後にクリルタイを開催すべく根回しを行ないました。このクリルタイの主たるメンバーは、フレグウルスのフレグ、チャガタイウルスのアルグ、そしてジョチウルスのベルケです。いずれも大実力者です。

究極のダイバーシティを実現したクビライ（台北・国立故宮博物院蔵）

ところが、その二年後、一二六六年になると、その主要メンバー三人が全員死んでしまいます。どのウルスも、後継者をまとめきるのにひと悶着の状態となります。さらに、このどさくさに紛れて、ウゲデイ家のカイドゥが、中央アジアで叛旗を翻します（カイドゥの乱）。

クビライは、この状態を見て、力のない後継者を集めてクリルタイを開いても無意味だと判断して、開催を断念します。この開催されなかったクリルタイを幻のクリルタイと呼んでいます。おそらく彼はこのとき、モンゴル帝国全体の大カアンの地位につくことを、放棄したのでしょう。もう西方は親戚たちに任せておけばいい。自分は中国に自分の納得できる国をつくろう――身内で争うより、そのほうが建設的であると判断したのだと思います。

銀の大循環が始まる。東西をつなぐ大楽市楽座の展開

クビライは、モンゴル帝国の大カアンになるよりも、モンゴル帝国（四大ウルス）全体の宗主として生きるという無理のない方向を選択しました。クビライは恐ろしく合理的・近代的な思考の持ち主でした。

彼は当時の国際通貨である銀を世界規模で循環させ、交易を盛んにしようと考えま

した。

クビライの宮殿には新年になると、世界中からモンゴルの皇族が年賀の挨拶にやってきました。誰もがクビライのことを、モンゴルの総本家だと思っていたからです。もちろん貢ぎ物を持って来ます。これに対して、クビライはバーリシュ（ペルシャ語で枕）と呼ばれた二キロの重さがある銀塊（銀錠）を贈与します。

この銀錠を、例えばフレグウルスの都タブリーズに持ち帰った皇族は、どうするでしょう。飾っておいても仕方がないので、オルトクと呼ばれていた大商人（日本の商社と考えてください）に貸与します。

オルトクはこの銀で、中国の陶器や絹やお茶を買い付けます。ということは、クビライから贈与された銀が、また中国に戻ってくるわけです。そこにクビライが税金をかけて銀を回収します。三〇分の一の消費税です。同時にクビライは、流通の途中で課税することを厳禁します。例えば港に荷が入るたびに課税することや、関所をつくって課税する通過税の類をすべて禁じました。

つまりクビライはユーラシア規模で織田信長の楽市楽座政策を実行したのです。関税などをすべて撤廃した自由貿易の促進です。TPP（環太平洋経済連携協定）を進化させたイメージです。

かくして銀が大量にマーケットを巡り始め（マネーサプライ）、ユーラシア全体の景気が格段に良くなります。しかも通過税が撤廃されていますから、陸と海の道が自由に結びついて、例えばマルコ・ポーロと呼ばれた誰か（後述）のように、誰もが自由にユーラシア大陸を行き来することが可能になりました。真のグローバリゼーションが誕生したのです。

世界最初のグローバリゼーションは、ダレイオス一世が王の道を整備したことから始まりましたが、クビライは陸と海を結んでさらにそれをスケールアップしました。泉州からマラッカ海峡、そしてペルシャ湾へ入るホルムズ海峡につながる海路だけではなく、インド洋からアフリカに至るルートまで、クビライは交易ルートを発展させました。

ただし、銀の総量には限りがあります。そこで塩と交換できる塩引（えんいん）という、いわば高額紙幣を発行しました。クビライも塩の専売を主な税源としていましたから、塩引は通貨の代わりになるのです。また、クビライは世界初の兌換（だかん）紙幣「中統元宝交鈔（ちゅうとうげんぽうこうしょう）」を発行しています。手形のような有効期限のある紙幣は前述したように宋の時代に交子（こうし）が発行されており、手形そのものはアッバース朝で始まっていました。しかし、紙幣（交鈔）そのものが正貨となったのはクビライの時代からでした。

クビライ時代の基軸通貨は銀で、二キログラムの銀塊（インゴット）を錠とし、その下に両（四〇グラム）と銭（四グラム）を置きました。それ以外に塩引と交鈔という紙幣がある、という状態でした。紙幣のうち交鈔は銅銭の代用として使われました。

中国の銀本位制で、あふれた銅銭が日本に流入し「悪党」が生まれた

クビライ政権下の中国では銀と紙幣によって通貨が十分に供給されたので、いままで大量に流通していた銅銭が行き場を失いました。もう一度鋳つぶして銅の塊にしようかという声も出ましたが、日本などまだ大量に通貨を生産する能力がない周辺国に輸出したらどうか、という案が出されました。

こうして日本に大量の銅銭が輸出されました。鎌倉時代のことです。キャッシュ（宋銭）が潤沢に供給されると商売が盛んになります。ここで成り上がってきたのが悪党と呼ばれる人々です。彼ら新興の人々は、源頼朝が定めた守護・地頭という土地本位制の枠組を越えて、自分たちの才覚（センス）でキャッシュを手にして富裕層に成り上がったのです。

悪党の代表の一人が楠木正成でした。悪党が次の室町時代を引き寄せたのです。

クビライの大都建設、大元ウルスという国号

クビライは一二六七年に、新首都大都の建設にとりかかります。現在の北京です。この都は『周礼』という伝説化された書物に記されている国都の造営方法通りに、何もない土地にゼロから造営された、中国唯一の都です。日本の天守閣のモデルになったと伝えられる鼓楼や鐘楼が初めて設けられました。大都は天津港から運河を経由して、直接に物資が流れるように設計してありました。もちろん、内陸の運河によって江南から兵糧を運ぶルートも確保していました。天津を経由して世界につながる都市として設計された大都建設の実質的な責任者はアラビア人でした。

また、クビライは自分が中国に建てた新しい国の国名を大元と命名しました。大元ウルスの誕生です。これまでの中国の王朝名は、他者（支配者）からもらった爵位を使っていました。例えば漢は、項羽が劉邦を漢公に指名したからであり、唐は、李淵の父が唐公だったからです。

よく考えてみれば自分の国の名前を自分でつけるのは当然のことですが、クビライ以前は伝統的に他称を国名としていたのです。クビライ以降の中国の王朝は、みんな自分で国号をつけるようになりました。大元ウルスを元と呼ぶのは、大韓民国を韓国

と呼ぶようなものです。

ところで文永・弘安の役という日本との戦いがありました。この戦役を「元寇」と呼んでいますが、元寇という言葉自体は幕末の国学者が命名したものです。

クビライは海外の事情に通じており、日本と交易をするつもりで使節を送りました。ところが鎌倉幕府は、国際情勢も外交上の儀礼も知らずに使者を斬ってしまった。それが文永の役（一二七四）の発端でした。元寇については後述します。

クビライはチベット僧の国師パスパに命じて、それまで使っていたウイグル文字に代えて、新しい共用国字、パスパ文字（表音文字）をつくらせました。大元ウルスの時代はパスパ文字が使われましたが、その後は廃れました。なおパスパ文字はハングルのもとになったという見解も示されています。

ダイバーシティの権化であったクビライ

文永の役から二年後の一二七六年、大元ウルスの将軍バヤンが、南宋をほとんど無傷で接収しました。南宋の経済力と海運力は、そっくりクビライの手中に収まりました。

ところで、バヤンはフレグウルスから大都に送られた外交使節の一人で、そのとき二〇代でした。クビライは才能を認め、家臣にとりたてます。そしてクビライは、このタブリーズ（イラン）から来た二八歳のモンゴル人貴族を、南宋攻略というクビライにとっては生涯最大の作戦に最高司令官として抜擢したのです。

クビライは、不思議なほど社会常識に無頓着な人でした。クビライは次のような言葉を残しています。

「思想、宗教や信条など、頭の中にあることは誰の目にも見えない。それを理由に首を切っていたら、いくら人がいても足りない。有能な人間にはレポートを書かせて、内容がすぐれていればそのまま採用すればいいのだ」

クビライは徹底的に能力を重視して、思想、宗教や信条とは関係なく、有能な人をひたすら登用しました。彼はダイバーシティ（多様な人材の活用）の権化のような人物でした。その典型的な政策が、科挙の廃止でした。

中国の高級官僚は全員科挙に合格したエリートで構成されてきました。科挙は儒教の四書五経から出題されます。ところが大元ウルスの政策の根幹は銀を循環させる重商主義です。クビライの時代には、消費税を考えたり、フレグウルスとのビジネスを取り仕切ったりするわけですから、多言語を自由に操るグローバルな人材が求められました。科挙に合格した従来の官僚には、このような才能がありません。その結果、クビライの内閣のメンバーは、外国人で占められるようになりました。つまり大元ウルスではその必要がなかったので、科挙が行なわれなかったのです。もっとも、文武両道に優れたクビライは決して儒教を軽視したのではありません。むしろその逆で、孔子の一族は他の王朝以上に厚く遇されました。

科挙が無くなって食うに困った士大夫(したいふ)は熱烈に朱子学を支持した

それまでの中国では、科挙は栄進出世の道でした。とてつもない難関で、一〇年、二〇年と青春をかけて勉強した若者たちが挑戦した試験です。その代わり、トップで通れば必ず宰相になれる、優秀な成績を残せば必ず重臣になれるという仕組みでした。その夢があったので、みんなが必死に勉強したのです。

ところが大元ウルスは、それを止(や)めてしまった。外国語ができないと、もう出世もできない。そうなると、受験者は、「クビライのおかげで一生を棒に振ってしまった。許せない」と逆恨みをするようになります。これからどうやってご飯を食べていくか。彼らは南宋に流れていきます。そして裕福な商人や貴族の子弟の家庭教師になるぐらいしか食い扶持がなくなってしまいました。

このような士大夫たちを担い手として、隆盛になるのが朱子学です。朱子学は一二世紀後半、南宋に登場した朱熹によって大成されました。自己と社会、自己と宇宙を「理」という人間の本性で結びつけた朱熹は、儒教を理論的に初めて体系化しました。その意味では偉大な学者ではあるのですが、朱熹は同時に、歴史の見方や考え方にイデオロギーを持ち込みました。

例えば『三国志』の解釈です。漢が滅びたのちの中国では、魏晋南北朝という言葉が示すように魏が正統政権であることは自明のことでした。ところが朱子学は、劉備の一族が漢の王室とつながりがあることから、蜀が正統政権であると主張したのです。

南宋の士大夫を中核とする朱子学者たちは、中国が江南の地に追われ、華北が金やモンゴルに占拠されていることを悲憤慷慨していました。その心情が朱子学に反映されたのです。

南宋を存続させたのは秦檜の現実論だったのですが、朱子学では秦檜は売国奴で、岳飛が英雄となるのです。

この発想で、クビライの政策を見ると、どうなるでしょうか。銀が循環して好景気が続き、庶民の生活も自由で豊かになっているのですが、朱子学の視点に立つと外国の商人が鞘をぬき、中国がつくった陶磁器や絹が、みんな世界に流れていってしまい、貴重なものが流失しているようにしか見えない。しかも内閣には外国人が入り、中国人のポストが少なくなってしまった。朱子学の立場に立つと、クビライの時代はなにひとつ良いことがない。ほんとうの「良き中国」を取り戻さなくては、と考えるようになるのです。こうした朱子学というイデオロギーの熱烈な信者が、南宋に増えました。劣等感と愛国主義が不義の関係を結んだとき、偏狭なナショナリズムが生まれるという好例です。

クビライの基本的な考え方は王安石と同じ重商主義です（ただしクビライの非凡なところは『農桑輯要』の出版など農業の重要性を弁えていたことです）。イデオロギーとは無縁です。しかしこの時代の南宋では王安石が孔子廟から追われ、代わって朱熹が孔子の正統な後継者であるという地位についてしまったのです。

朱子学者が、悲憤慷慨している頃、タイのスコータイ朝で、ラームカムヘーン（大王）という名君が即位しました（在位：一二七九―一二九九）。彼は王国の版図を、マレー半島、カンボジア、インドのベンガル地方まで拡げました。また彼は、隣国ビルマ（ミャンマー）のパガン朝が、上座部仏教を国教として成功しているのを見て、スリランカから上座部仏教の僧を招聘して同じくタイの国教としました。スコータイ朝が上座部仏教を信仰したことにより、東南アジアに広く上座部仏教が普及するようになりました。

クビライは南宋の失業官僚と軍人を大出版事業と植民地開拓に向けた

クビライは南宋をバヤンの才智で、無血で接収しました。ということは、南宋に仕えていた大勢の官僚と軍人が、ほぼそのまま残ったわけです。

　クビライは、彼らを職のないまま放っておくのは危険であると考えました。小人閑居して不善をなすで、人は暇をもて余すと、ついついよくないことを考えがちです。そこでクビライは、官僚と文人たちには古今東西の書物を出版する大出版事業を命じました。

例えば元曲と呼ばれた雑劇、散曲の本や、説話と呼ばれた歴史読物（平話）など大衆的なものに始まって、『事林広記』という大百科事典も出版されました。政府は儒教が開いていた廟学や地方の公共施設の書院などに、永久保存用の大字本という大きい本を送り、日常の書籍として携帯可能な小さい本、小字本を出版しました。

この出版大事業が、南宋の官僚たちの失業対策の柱でした。残るは、南宋の軍人たちです。彼らの雇用対策をどうするか。失業軍人を放っておくことほど危険なことはありません。

クビライは日本のことを考えました。すでに使者が斬られ、交易の可能性は絶たれています。そうだ、南宋の軍人たちには、まず日本に行ってもらおう。彼らに植民させようと考えたのです。こうして、総勢一〇万を越える大軍勢（人数には異説があり、数万という説もあります）が日本に来襲しました。それが一二八一年、日本では弘安の役と呼ばれる戦争だったのです。

クビライの晩年のエピソード。数え年八〇歳で死去

クビライは、弘安の役の後、東南アジアへ矛先を転じました。いずれも本音は失業軍人対策です。ベトナム（李朝を継いだ陳朝（ちんちょう））に服属を求めて侵攻しましたが、抵抗が激しく撤退しました。ビルマのパガン朝も抵抗しましたが、こちらは滅ぼされてしまいました。さらには一二九二年にはジャワ島にまで遠征しましたが、こちらも成功しませんでした。

クビライは一二九四年に数え年八〇歳で死去しました。西方のジョチウルスやフレグウルスが、独自の歩みを始めていたこともあって、クビライの跡目を定めるクリル

チンギス・カアンの即位を描いた『集史』のなかのミニアチュール

タイが開催されることは、もはやありませんでした。これ以後、大元ウルスは、クビライ家の世襲になります。

クビライが七二歳のとき（一二八七）、東方三王家の乱が起こりました。

東方三王家は、クビライのクリルタイ開催に賛成して、クビライをカアンに押しあげた人たちです。主謀者である三王家の筆頭家の当主ナヤンは二九歳の若者でした。彼にしてみれば、クビライを皇帝にしたのは、自分たちだ。そろそろ若い世代に譲ってもいいんじゃないかと考えて叛乱を起こしたのです。交易利権を巡る争いもあったようです。しかし、ナヤンは、なんの苦労も知らないお坊ちゃんです。まず前祝に大宴会をやって寝てしまいます。出陣は明日だ。老いたクビライは決起の一報を聞いて震えているだろう、と。

　クビライは叛乱の一報を聞くと激怒して、すぐに戦象に乗ると駆け出しました。驚いた親衛隊は一斉にクビライの後を追います。一方では七二歳の老人が象に乗って先頭に立ち、勇んで駆けつけてくる。勝負は瞬時につきました。

　クビライは、思考の柔軟性が恐ろしく高い。どのような場合であっても現実を熟視し、自分の頭で考え抜く人でした。不世出の政治家であったと思います。

　なお、一二九二年、フレグウルスのシーラーズで、一人の詩人が世を去りました。『薔薇園』や『果樹園』を残したペルシャの国民的詩人サアディーです。サアディーとモンゴル貴族の交遊は有名で、大都に旅立つ前の若きバヤンがサアディーを訪ねたという小説があります。

　フレグウルスでは、一二九五年に即位した七代君主ガザンがイスラム教に改宗して、不安定だった国情を安定させました。彼は高名なユダヤ人の医師であり政治家でもあった、ラシードゥッディーンを宰相に抜擢しました。

　ラシードはガザンの命令で『史記』と並ぶ歴史の名著『集史』を編集しましたが、

この集史は美しいミニアチュール（極彩色の細密画）でも有名です。

〔26〕一四世紀につながる二つの出来事　オスマン朝の成立と、フランス王と教皇の確執

一二九九年。アナトリア半島の西部、ローマ帝国との国境に近い海沿いの小さい町（イェニシェヒル）を占拠して、トゥルクマーンのオスマン・ベイがルーム・セルジューク朝から自立します。この小さな国が、最後のイスラム世界帝国オスマン朝のスタートでした。

一三〇〇年。ローマ教皇ボニファティウス八世が、ユダヤ教の五十年祭にヒントを得て聖年という宗教的儀式を始めます。なぜ、このようなことを始めたのか。その原因は、フランス王フィリップ四世との確執にありました。

フィリップ四世は、アキテーヌやヨーロッパの最先進地域である低地地方の領有を巡って、イングランドと戦争状態にありました。そのため慢性的な財政難に苦しんでいました。そこで彼は教会への課税を思いつきましたが、教皇は聖職者への課税を禁止しました。これに怒ったフィリップ四世は、フランスからローマ教会への送金を差し止めたのです。

これに対して、ボニファティウス八世は聖年で対抗します。送金できないなら、信者にお金を持たせて、ローマに巡礼に来させればいいと考えたのです。ここに教皇とフランス王の闘争の幕が、切って落とされました。

第四章　寒冷化とペストの時代

一四世紀は、寒冷化とペストの世紀でした。ユーラシアの東方から中央にかけての地域では、一三世紀後半から一四世紀前半までパクス・モンゴリアと呼ばれる繁栄をもたらしたモンゴル世界帝国が、寒冷化とペストの発生によって倒れ、その領土は明とティムール朝によって再編されました。

西方では、一四世紀初頭にフランスのカペー家の奇跡が絶え、それに乗じて戦争を仕掛けたイングランドとのあいだで百年戦争が始まります。ドイツでは分断化がほぼ固定されて、北部のハンザ同盟が漁夫の利を得、豊かなイタリアの諸都市ではルネサンスが準備されました。そこにペストがやってきます。

ヨーロッパでは人口の三割以上が死に、その人口は一八世紀まで元に戻ることはありませんでした。しかしペストによって死と直面した人間が、宗教的観念に打ち勝って、積極的な人生観や人間賛歌を生み出します。これこそがルネサンスを生み出す導火線となったのです。

〔1〕モンゴル世界帝国は極盛期を迎える

モンゴル帝国では、大元ウルスと対立を続けていたカイドゥが敗死して、一三〇三年にカイドゥの乱が終結しました。

東の大元ウルスと西のフレグウルス、ジョチウルスの間に位置する中央アジアでの争乱が無くなったので、東西の往来が陸路でも活発さを取り戻しました。草原の道（ユーラシア街道）やシルクロードを通って、ペルシャ人もアラブ人もヨーロッパ人も、モンゴル帝国へやってくる。もちろんモンゴルからも気軽に出かけていきます。ちなみにクビライは海路を整備していたので、カイドゥの目論見（もくろみ）（東西交易網の断絶）は実を結びませんでした。

モンゴルでは、すぐに商談や用件に入らず、まず根回しすることを好みます。一緒に宴会を開いてお酒を飲みながら、相手の腹を探った上で交渉ごとに入るのです。ちょうどナポレオン戦争のあとのウィーン会議のようなイメージです。この宴会のことをトイと呼びました。トイは世界宴会で、ユーラシアの各地でいつも開催されるようになります。

トイで話されるリンガ・フランカは、モンゴル語、トルコ語、ペルシャ語などでした。そしてトイで使用された青花(染付、藍色の陶磁器)が、世界中で好まれるようになりました。

この時期のモンゴル世界帝国は、すぐれた君主を輩出しました。

＊大元ウルスでは六代テムル(在位：一二九四—一三〇七)、七代カイシャン(在位：一三〇七—一三一一)

＊フレグウルスでは七代ガザン(在位：一二九五—一三〇四)、八代オルジェイトゥ(在位：一三〇四—一三一六)

＊ジョチウルスではウズベク・ハン(在位：一三一三—一三四一)

オルジェイトゥの巨大なドームの墓所は、のちにフィレンツェのクーポラがつくられるまでは世界最大のドーム建築でした。

中国では気候も良くて文化も進み、農業も発達して王禎が『農書』という世界初の農業の百科全書をつくりました。北魏で成立した名著『斉民要術』以来の快挙です。ちょうどカイドゥの乱が終わる頃から、南宋の官僚に仕事を与えるために始めた出版事業が、空前の盛況を呈し始めました。一三一三年には科挙も復活します。これは、政治が中国らしく落ち着いたことの証しであったのでしょう。このことも影響して、実に多彩な書籍が世に出ました。

特に、日本にも大きな影響を与えた本が数多く出版されました。中国史の基本となったと思われる『十八史略』（もとは子供向けに書かれたものです）や、クビライが好んだ唐の太宗の言行録『貞観政要』などです（貞観政要は平安時代に日本に伝来しています）。ほかにも多くの小字本を日本の五山の僧が中国から持ち帰って、五山文学と呼ばれる漢詩漢文文化を形成しました。また挿絵入りの日用の百科事典『事林広記』には、日本の生活に溶け込んでいる「大安」や「仏滅」などが記載されています。

このように一四世紀の最初の一五年ぐらいは、モンゴル世界帝国のまさに極盛期でした。しかし、一三一五年前後から地球は少しずつ寒くなり始めます。温暖化のボーナスは消え失せ、世界は暗転するのです。

〔2〕「マルコ・ポーロと呼ばれる誰か」について

日本を黄金の国ジパングと紹介したヴェネツィアの商人マルコ・ポーロ。彼が口述した『東方見聞録（とうほうけんぶんろく）』はあまりにも有名です。この人物が存在したことは確からしいのですが、不思議なことに、その名前はモンゴル側に残されている膨大なデータのなかに存在しないのです。例えばマルコ・ポーロが中国から乗った船は、大元ウルスの皇女をフレグウルスに嫁がせるための船でした。ですから、乗組員の名前も乗船客の名前もすべて一覧表になって残っています。けれど、そこにはマルコ・ポーロの名前がないのです。だから、中国に行ったにしても、この名前で行ったのかどうかは、大きな謎（なぞ）になっています。

しかし、『東方見聞録』に記述されているクビライの宮廷の記録は正確で、大元ウルスを訪れた人間がこの著書に関係していることは間違いない。そこで一部の学者は、より正確を期すために「マルコ・ポーロと呼ばれる誰か」と呼ぶようになりました。

このことで明らかになるのは、当時の大元ウルスは、「マルコ・ポーロと呼ばれる誰か」でも、自由に出入りのできるオープンな楽市楽座の国だったということです。そして人間が自由に往来していたということは、人間に付く病原菌も自由にユーラシアを往来していたのです。

〔3〕北インドのトゥグルク朝、デカン高原に遷都（せんと）

北インドではー三二〇年にデリー・スルタン朝三番目のトゥグルク朝が登場します。二代目のムハンマド・ビン・トゥグルク（在位：一三二五―一三五一）は天才か狂人かといわれた君主でした。

インドではこれまで、北のガンジス川流域と、インダス川流域のパンジャブ地方を中心に王権が成立してきました。インドには南方にもデカン高原を始めとして豊かな地域が多々あります。しかしデカン高原は高地で、地理的にも気候的にも異なるので、なかなか南方のその地まで統一できませんでした。

ところが天才的な軍人でもあったムハンマドは、侵入を試みたチャガタイウルスを撃破して北方を固めた後、南方も統一しようと考えます。そのためには、デリーに都を置いたままだと、臣下たちも真剣にならないから都を南部に移してしまおうと計画しました。そして実際に、デカン高原の真ん中のダウラターバードに強引に都を移してしまいました。

日本における平清盛の福原遷都のようなものですが、ダウラターバードは暑くて何もないところです。臣下の多くが猛反対して数年でデリーに戻りました。この行動だけを見れば、わがままな君主がむちゃなことをやったとしか思えません。しかし都を移すためには、大量の物資を運ぶ必要があります。勢い、ガンジス川とデカン高原の間の道を、整備することになります。物資も軍隊も人も行き来する、しっかりした広い道路です。

都を移すという思いつきによって、具体的に南方へのルートが開けたのです。しかも彼は戦争にはめっぽう強かったので、南の勢力も打ち負かして、一時的にトゥグルク朝の領土はインド史上最大になりました。しかし、その反動で一三三六年にはヒンドゥー教を奉じるヴィジャヤナガル王国が誕生し、南方の領土は失われました。

いずれにせよ、ムハンマド・ビン・トゥグルクは南へ進出するインフラを整備した。これが後にムガール朝がインドを統一するための一つの布石になったと思います。

〔4〕ペスト、発生す

マルコ・ポーロと呼ばれる誰かが、簡単に大元ウルスへ行けたということは、海と陸のグローバリゼーションが進展して、人が自由に移動できるようになったということですが、それは同時に人と一緒に病原菌も移動しやすくなったことを意味します。ユーラシア大陸では、長い歴史のなかで病原菌に対する人間の抗体は、三つぐらいのパターンに分かれていたといわれています。東ユーラシア・中国型、西ユーラシア・ヨーロッパ型、それからヒマラヤ山脈によって閉ざされたインドの亜熱帯型。この三つです。

ものごとを単純化して言えば、東の病原菌が西に行けば（その逆であっても）、たいへんなことになります。それにインドも加えたら、よけい大ごとになります（モンゴル勢はたびたびインドへの侵入を試みていました）。抗体のない人に新しい病原菌が伝染するのですから、ひとたまりもありません。

パクス・モンゴリアといわれた時代は、暖かくて経済も順調でした。人々はしっかりとご飯を食べ、栄養も摂れていました。こういうときは人間の抵抗力が強いのです。しかし、天候が不順で寒くなり、農業の生産性が低下すれば、人間の抵抗力も落ちます。そうしたときに、ユーラシアの三つの抗体のエリアをまたいで病原菌が侵入してきたら、パンデミック（伝染病の世界的流行）が起こることは想像に難くありません。それが象徴的に現れたのがペストの大流行でした。

ペストは一三三〇年代に中央アジアに発生して、まず大元ウルスやインドを襲いました。次いでユーラシア街道を西進して、一三四七年に、クリミア半島のジェノヴァの植民都市カッファへ、さらにシチリア島のメッシーナに上陸しました。大元ウルスを中心とするモンゴル世界帝国を滅亡に導く根本的な要因となり、ヨーロッパでは人口の三割以上を死に至らしめました。エジプトのマムルーク朝の衰退も同様に考えられています。

このように、ユーラシアのありとあらゆるところで人々が大量に死んでいく過程で、中国型・ヨーロッパ型・インド型の病原菌や抗体が混じり合って、ペストの大波が去ったとき、生き残った人々は、ユーラシア共通の抗体を持つようになります。猖獗(しょうけつ)を極めた大疫病(えきびょう)によって、人々は強い抗体を持つようになったのです。そして近い将来、この強い抗体を持った人々が、ユーラシアの病原菌に対してまったく抗体を持たない新大陸の人々に出会ったとき、また悲惨なパンデミックが起きるのです。

ペスト騒動の頃、日本では元寇で力を使い果たした鎌倉幕府が滅亡して、後醍醐(ごだいご)天皇による天皇親政、建武(けんむ)の中興が始まります。

〔5〕大元ウルスが衰え、紅巾の乱が起きる

大元ウルスの盛期には、東シナ海の海賊船はゼロだったのですが、ペストで国力が衰え、権臣たちの専横によって政治が乱れるようになると、制海権も弱くなります。そこで、九州や琉球列島、台湾や中国の海民などのなかから、冒険心に富んだ人々が自由な交易を求めて東シナ海に船を出し、交易船を襲ったり、朝鮮半島や中国の沿岸を強奪するようになりました。

このような海民たちが、倭寇（前期）と呼ばれるようになります。

タイでは、一三五一年に最初の王朝スコータイ朝を併合して、第二の王朝アユタヤ朝が建国されました。

同じ一三五一年、中国では紅巾の乱が起きました。

五世紀初頭、江西省の廬山に浄土教の秘密結社、白蓮社が興りました。これは南無阿弥陀仏を唱えて浄土を求める宗教でした。この結社はずっと生き残って、南宋で白蓮教という名称になりました。この頃から、教義に弥勒信仰が混入してくるのですが、弥勒菩薩は世直し菩薩なので、ここから白蓮教は過激になっていきます。そこへ韓山童が登場します。

彼は、この寒冷化は天がモンゴルに叛旗を翻せと言っているのだと信者を説いて、紅巾の乱を起こします。仲間の目印に赤い布をつけました。

紅巾の乱は河南省で始まり安徽（あんき）省に拡がりました。米を始めとした食料を南から北へ運ぶ大運河は、紅巾賊によって切断されました。

大元ウルスは、これで食糧を絶たれたかというと、そうでもありませんでした。大都には、もうひとつ海の道が通じていました。江南から沿岸地帯の港を経て、天津から北京に入るルートです。もともとクビライは、海運を重視していました。この海のルートが、大都の命綱となりました。

この江南の穀倉地帯と海運を握っていたのが張士誠（ちょうしせい）です。そしてこの張士誠が叛乱を起こした瞬間に、大元ウルスの命綱は断ち切られました。

朱元璋（しゅげんしょう）と軍師劉基（りゅうき）、張士誠を破る

紅巾賊の中に、朱元璋という貧農生まれの男がいました。彼は劉基という軍師を得て頭角を現します。韓山童の遺児、韓林児（りんじ）を殺すと、方針転換して白蓮教を弾圧し、勢力を拡大して南京（ナンキン）で自立しました。

朱元璋は、海運を握っていた張士誠と戦い、これを破りました。こうして一三六八

年、明が生まれたのです。

劉基は軍師としての能力が傑出していたので、彼をモデルにして諸葛孔明が活躍する『三国志演義』が明の時代に書かれます。ですから孔明のいろいろな大活躍は、実は劉基をモデルにしているのです。

朱元璋の周りにいる人たちは、朱子学の徒です。異民族はけしからんというイデオロギーに凝り固まっています。だから劉基と孔明が重なって、義に殉ずる大軍師というイメージがつくられて、後世に伝わったのです。

〔6〕大明建国とティムールの台頭

朱元璋は明を建国すると、将軍、徐達を大都に送ります（北伐）。これに対して大元ウルスは、ほとんど戦わずに大都を明け渡すとモンゴル高原に去ります（これから後を北元と呼びます）。

大都を守ろうとしても、すでに海陸の補給路は封鎖されています。もう食糧は入ってこないのです。そこで戦って犠牲を出すことを避けて、北の故里モンゴル高原に去りました。大都は、北平と名前を変え、明の手に入りました。

ところで、東の大元ウルスが倒れた頃、西方のウルスは、どうなっていたでしょうか。中央アジアはそもそもペストが発生した場所ですから、どのウルスもガタガタになりました。そこに、チャガタイウルスの武将であったティムールが登場します。彼はチンギス・カアンの血筋の女性と結婚して、サマルカンドを都にティムール朝を開きます（一三七〇）。

ティムールは、まず出身地のチャガタイウルスを収め、続いて名君オルジェイトゥの死後、混乱状態にあったイランのフレグウルスも傘下（さんか）に収めます。さらにジョチウルスの都サライまで攻め入り、大きな損害を与えました。

こうしてティムールは、西方の三ウルスの旧領をほぼ支配下に収めました。モンゴル世界帝国が倒れた後のユーラシアは、明とティムール朝によって再編されたのです。

〔7〕モンゴル史と歴史の真実について

モンゴルは人類史上空前絶後の大帝国を築き上げました。そしてその版図を銀の大循環という近代的な交易システムで経営しました。海の道と陸の道を結んで、グローバリゼーションを実現させたのです。病原菌も世界に広めましたが、同時に強い人類もつくり出しました。火薬や鉄砲を活用して軍事革命のもとをつくりました。世界地図もモンゴルの産物です。

今日では、昔のようなモンゴルは人を殺し都市を破壊した野蛮な国、というイメージは無くなりつつあります。

昔、僕たちが学んできたモンゴル史は、中国で書かれた資料をもとにしていました。ある王朝の正しい歴史（正史）は、その次の王朝をつくった人が書いて残すというのが、中国の伝統です。したがってモンゴルの歴史を書いたのは、明の学者です。つまり異民族に対して恨み骨髄の朱子学者達です。当然、彼らがモンゴル史を書けば、野蛮人であり文化の破壊者であるということになります。それが世界に広がってしまったのです。

しかし、実はモンゴルの歴史は、トルコ語やペルシャ語でも大量に残されていたのです。けれども誰も読んでいなかった。これを読み始めたのはソ連の学者です。彼らは中央アジアを領有したので、中央アジアの歴史を勉強し始めたのです。その内容は、中国語で書かれたものとはかなり違っていました。そのことに世界中が気がついた。そしてペルシャ語やトルコ語で書かれたモンゴル史が読まれ始めたのです。インターネットが普及したことで、研究が飛躍的に進みました。

日本人の場合、漢字で書かれた歴史に長い間慣れ親しんできましたから、古いモンゴルと新しいモンゴルのイメージの落差は大きかった。しかし、それは必ずしも日本の歴史学者の罪ではありません。

〔8〕フランス王フィリップ四世と教皇ボニファティウス八世の死闘

さて、ヨーロッパでは、フランス王との対立から教皇ボニファティウス八世が一三〇〇年の聖年を宣言したのですが、これが庶民に受けました。例えば浅草寺(せんそうじ)に七月一〇日にお参りすると、四万六千日分のご利益(りやく)があると伝えられています。現代でもその日は、ほおずき市などで賑(にぎ)わっています。ボニファティウス八世は知恵者でした。フランス王に送金を止められたのは痛い。ローマ教会が威厳を持って日々を送るためには(平たく言えば贅沢(ぜいたく)するためには)、お金が必要だからです。

そこで、信者をローマに来させる手段を考えたのです。裕福なフランス市民がローマに行き、教皇から祝福されてお金をたくさん寄附したとしても、フランス王が止めるわけにはいきません。それにサン・ピエトロ寺院まで来れば、お賽銭(さいせん)以外にも、おみやげや食事代などでローマにお金が落ちます。

フランス王にしてみれば、フランス人のお金はすべて自分のものです。それがローマ教会に集まるのは許しがたい。教皇をなんとかしようと考えました。そこで、足元を固めるのが先決だと考えて、三部会を創設しました。貴族と聖職者と平民、それぞれの代表を集めて、三つの会議を開いたのです。ただ、フィリップ四世が三部会を開催できたのには理由がありました。

フィリップ四世の父、フィリップ三世は貴族叙任状を制度化していました。これは貴族の家に生まれなくても、フランス王の一存で貴族になれるようにしたものです。ですから、国王と貴族が正面から議会で討論するイングランドとは異なって、フランスの貴族は国王の言いなりになる傾向がありました。

また聖職者もフランスに住んでいて財産もあれば愛人や子供もいます。ローマに住む教皇よりは、国王の方が身近です。平民は大勢に従わざるを得なかったと思います。

こうして足下を固めると、教皇の破門も何のその、フィリップ四世はレジスト（法曹官僚）のギョーム・ド・ノガレをローマに派遣します。

ちょうど季節は夏だったので、ボニファティウス八世は故郷のアナーニで避暑をしていました。そこへ軍隊を率いたギョーム・ド・ノガレが現れ、教皇を軟禁します。

ボニファティウス八世は、憤死したと伝えられています。世にアナーニ事件と呼ばれています（一三〇三）。

〔9〕ヴェネツィアの繁栄とアフリカの金

フィリップ四世が三部会を開設・招集した一三〇二年に、ヴェネツィアはエジプト・マムルーク朝のアレクサンドリアに領事館を開いて、交易を始めました。十字軍はとっくに終わっていましたが、教皇はさぞ驚いたことでしょう。

ヴェネツィアは、きわめて実利的な都市国家です。中国からインドを経てペルシャ湾に至る交易ルートは、フレグウルスが支配していました。フレグウルスが安全な交易相手なのか定かではないので、マムルーク朝が押さえている紅海からエジプトに通じる交易ルートに、ヴェネツィアは目をつけたのです。相手はイスラム教国ですから、他のキリスト教国はやってこない。マムルーク朝と仲良くできれば紅海ルートは独占できると計算しました。この計算が功を奏して、ヴェネツィアは繁栄を謳歌（おうか）します。

一三一二年、サブサハラのイスラム国家マリ帝国ではマンサ・ムーサが即位しました（マンサとは王の意味です）。イスラム教を厚く信じていたムーサは、トンブクトゥやガオにモスクを建設し、一三二四年にはマッカ巡礼を思い立ち、その途中にカイロを訪れました。ラクダに大量の黄金を積んできたムーサは贅沢三昧(ざんまい)を行ない、大量の金塊がマーケットに放出されました。その結果、エジプトの金相場は大暴落しました。

このときから、サブサハラには山ほど金があるのだという伝説が生まれました。もともとアフリカの金は、イスラム商人によってヴェネツィアやフィレンツェに運ばれて、金貨になっていたのですが、イスラム商人がアフリカのどこから金を持って来るのかはよくわかっていなかった。そして、このときにマンサ・ムーサの国、マリからだと判明したのです。ここから、マリの交易の都トンブクトゥの黄金伝説が生まれます。

前述しましたが、のちにエンリケ航海王子がアフリカの西海岸を南へ航海したのも、このマンサ・ムーサのカイロでの大散財が大きな動機になっていました。

〔10〕教皇のアヴィニョン捕囚と一三日の金曜日

さて、アナーニ事件の後でフィリップ四世は考えました。

遠いローマに教皇がいると、また豊かな大国フランスからお金を引き出そうとするかもしれない。そうだ、教皇をフランスに連れてこよう。フランス国内であれば教皇が贅沢しても、お金はフランスに落ちる。そうすれば税金もかけられるし、キャッシュフライト（国外流出）も起きない。

こういう、国王からすれば合理的で、ローマ教会からすれば相当無茶なことを、彼は実行に移しました。そして教皇選挙に介入して、フランス人の教皇を選ばせると（クレメンス五世）、一三〇九年にローヌ川中流河畔のアヴィニョンに教皇宮殿を建てて、そこに教皇を住まわせました。

この教皇のアヴィニョン捕囚は、一三七七年まで約七〇年間続きます。その間に選ばれた教皇は、当然のことではありますが、全員フランス人でした。

イングランドとのもめごとが続き、万年財政赤字に苦しむフィリップ四世は、次にテンプル騎士団に目をつけました。十字軍が盛んであった時代から、十字軍に行けなかった人々、巡礼者や聖地を守護するテンプル騎士団の働きを評価していた人々より、多くの寄付金が寄せられていました。騎士団も教会と同じで税金はかかりません。十字軍はもう終了しています。

フィリップ四世は、テンプル騎士団の存在理由はもはやないと考えました。無用な軍事力を保有していることも厄介です。彼は一三〇七年の一〇月一三日の金曜日にテンプル騎士団の幹部を一斉に逮捕すると、のちに全員を死刑にし、その全財産を没収しました。この事件の後、フィリップ四世と三人の嫡子(ちゃくし)がすべて死去し、カペー朝が絶えたことから、一三日の金曜日が不吉な日と目されるようになりました。

〔11〕スイス三州がハプスブルク軍を撃破　この頃からヨーロッパは大雨に

すでに触れたように、スイス三州は一二九一年に「スイス誓約同盟」を結び、事実上独立しました。しかし、これに怒ったスイスの領主ハプスブルク家が、スイスに攻め込みました。

ハプスブルク軍と「誓約同盟」軍は、スイス中部のモルガルテンの戦いに臨みます（一三一五）。そして同盟軍が完勝して、ハプスブルク家はスイスを追われました。

この戦いによって、スイスの独立は確固たるものとなりました。そしてハプスブルク家は、旧領のスイスから、オーストリアを本貫（本籍地）とするようになります。

ところで、このモルガルテンの戦いの頃から、ヨーロッパでは大雨が降り続くようになります。大雨は六年間、降り続きました。地球の寒冷化が招いた異常気象がユーラシアの西へも波及してきたのです。

ヨーロッパは飢饉に襲われて、大量の餓死者を出しました。そしてこの大雨の後を襲うように、ペストが忍び寄ってきたのです。ヨーロッパのペストは、これから一三五二年にかけて猛威を奮います。

一三二一年には『神曲』を著したダンテが死去しました。彼は、政争に巻き込まれて故郷フィレンツェを追われ、ラヴェンナに安住の地を見出しました。パレルモのフリードリヒ二世の宮廷で始まったイタリア語（トスカーナ語）を基底とした文芸運動は、イタリア語で書かれた『神曲』に結実したのです。ダンテはイタリア最高の詩人にして、ルネサンスの先駆者と称えられています。

また北アフリカのマリーン朝の旅行家イブン・バットゥータは一三二五年、インド、中国、東アフリカに至る大旅行を開始しました。途中、北インドのトゥグルク朝で八年も役人を勤めています。一三五四年まで続いたこの旅の記録は口述され、『三大陸周遊記（大旅行記）』となって残っています。『東方見聞録』と並び称される大旅行記です。

このような大旅行が可能であったのは、クビライがつくった海と陸のモンゴルの道が、まだ十分に機能していたことを示しています。

アメリカ大陸では、一三二五年、メキシコ盆地の湖上の島に首都を置くアステカ王国が成立しました。

〔12〕フィリップ四世が死去　カペー朝が終わり、ヴァロア朝が始まる

フィリップ四世は一三一四年に死去しました。フランスの強力な君主、フィル・ベル（美王）と呼ばれ、美男子としても有名だったフィリップ四世は一三一四年に死去しました。

彼には三人の嫡男がいたため、後継は大丈夫だと思われていたのですが、不幸なことに三人が三人とも男子を残さず死去してしまいます。一三二八年、三人目のシャルル四世が死んでしまうと、実に三五〇年間、連綿と直系の男子が続いてフランスを大国に押し上げたカペー朝（直系）が断絶しました。

これはテンプル騎士団の呪（のろ）いだという噂（うわさ）がおもしろおかしく流されましたが、三五〇年続いたこと自体が、たいへんなことでした（カペー家の奇跡）。男子に恵まれずに断絶を繰り返したドイツの王朝と比較すれば、そのすごさがよくわかります。このあとフランスの王位は、フィリップ四世の弟ヴァロア伯シャルルの子供が継いで、フィリップ六世となります。従弟（いとこ）が後を継ぐわけですから、カペー朝のままでも何ら問題のない順当な継承でしたが、イングランド王がクレームをつけたことから、カペーと

区別してヴァロア朝と呼ぶようになりました。

〔13〕モスクワ大公国の誕生とセルビアの興亡

同じ一三二八年、東方ではジョチウルスの英主、ウズベク・ハンが、モスクワのイヴァン一世に大公位を与えます。モスクワ大公国が誕生したのです。同年に全ロシアの東方教会の主教座もモスクワに移ってきました。イヴァンはジョチウルスに忠誠を誓い、優秀な徴税人となってモスクワを豊かにしたのです。

バルカン半島では東のローマ皇帝、バシレイオス二世によって滅ぼされたブルガリアが復活していました（第二帝国。一一八七―一三九三）。

ところが西隣のセルビアにステファン・ウロシュ四世ドゥシャン（在位：一三三一―一三五五）という英雄が出現して、急速に勢力を拡大すると、一三三〇年にはブルガリア軍を撃破して、またたくまにバルカン半島を征圧しました。勢いに乗ったウロシュ四世はローマ帝国を倒そうとコンスタンティノープルを目指しましたが、遠征途上、テッサロニキで急死しました。

カリスマ的君主が出て急速に国を大きくして突然死んでしまう。すると過去にもよく現れることですが、いまだ官僚機構も領土支配のシステムも未完成のままなので、風船が大きくなって破裂するように急速に弱体化してしまう。セルビアは、二〇数年の栄華の後に衰退します。

このセルビアの衰亡を好機としてオスマン朝が強大になり始めるのです。

〔14〕イングランド王エドワード三世、百年戦争をフランスに仕掛ける

美男子のフランス王、フィリップ四世の娘に「佳人イザベラ」がいました。イザベラの嫁ぎ先は、イングランド王エドワード二世でした。その子供がエドワード三世です。

エドワード三世はフィリップ六世の王位継承に異議を唱えました。

「私の母はフィリップ四世の娘でフランスの王位継承権を持っている。その息子である私の方がフィリップ六世より王位に近い」というわけです。イングランドの王家はサリカ法典とは無縁です。加えてサリカ法典は女子の相続は禁じていますが、女系の

相続は禁じていないようにも読めるのです。エドワード三世はフランスに戦いを挑みました。一三三七年のことです。

軍資金は、最盛期を迎えていたフィレンツェの二大銀行、バルディ家とペルッツィ家が提供してくれました。

これに勢いを得たエドワード三世が、「さあ、戦争だ」と言って仕掛けたのが、後世に百年戦争と呼ばれる戦いでした。

クレシーの戦い、カレー市落城、ロダンの「カレーの市民」

開戦当初、国力では三対一ぐらいでフランスが勝っていました。両軍は一三四六年、北フランスのクレシーで対峙（たいじ）します。兵力ではフランスに分がありましたが、イングランドは強力な武器を持っていました。ケルト人以来の伝統を持つ射程距離の長いウェールズのロングボウ（長弓）です。フランスのクロスボウは射程が短くて歯が立たず、百年戦争の緒戦はイングランドが圧勝しました。黒い鎧（よろい）に身を固めたエドワード三世の長子、エドワード黒太子（ブラックプリンス）が勇名を馳（は）せました。

その次の年、ドーバー海峡沿岸の戦略拠点カレーもイングランドの手に落ちました。このとき、カレーの六名の市民代表が自分たちをロープでつないで、エドワード三世の元に出頭し、「私たちは処刑されてもいいから、市民を助けてください」と懇願しました。このエピソードが、ロダンの彫刻「カレーの市民」のモデルになっています。カレーは一五五八年までイングランドが治めます。

得意の絶頂のエドワード三世は、アーサー王伝説に登場する円卓の騎士にあこがれ、一三四八年にガーター騎士団を創設します。靴下止めで有名になった騎士団です。一方フランスは、多くの領土を失いますが、一三四九年、スイスに近いドーフィネ地方を獲得します。この地は王太子の領土となり、このときからフランスの王太子はドーファン（ドーファン・ド・フランス）と呼ばれるようになります。ドルフィン、つまりイルカですね。

以上が、百年戦争の初期の戦況です。

〔15〕ペストがルネサンスのきっかけの一つになる

一四世紀の中頃にはヨーロッパにもペストが到達し、多くの死者が出ました。人々は日常的に死と直面する生活を送るなかで、神に対して敬虔（けいけん）な気持ちにならざるを得ませんでした。「メメント・モリ（死を思え）」という言葉が流行しました。しかしその一方で、人がこんなに簡単に死んでしまうのなら、この生をもっと充実させて楽しく生きたい。恋もしたい、おいしいものも食べたい、とも考えるようになります。ペストから生き残った人々は、強い抗体を身につけていましたから、積極的な人生を望むようにもなりました。人生の賛歌を謳う文学が登場して愛読されました。

イタリアのボッカッチョの『デカメロン』は、十日物語という意味で、ペストを避けた一〇人の男女が語る滑稽談や道化の話が中心です。ボッカッチョはダンテを讃美して世に出しました。ボッカッチョの友人のペトラルカは『カンツォニエーレ』という抒情詩集を書きました。またイングランドのチョーサーは、カンタベリー大聖堂に集うさまざまな階層の人々が語るという形式で教会の道徳観を皮肉った『カンタベリー物語』を世に問いました。

実はこれらの本に書かれている説話の多くは、「千夜一夜物語」などイスラム世界の物語からモチーフを借りてきていることが、いまではわかってきています（『神曲』もそうです）。

ルネサンス盛期に多くの芸術家のパトロンとなったフィレンツェのメディチ家の当主、ロレンツォは多くの詩を残していますが、そのなかに次のようなフレーズがあります。

「明日死ぬかもしれないなら、今日はお酒を飲もう。恋をしよう。愛し合おう」

ペストが人間につきつけた死への恐怖心が、逆に人間愛を積極的に捉(とら)えるルネサンスの思想に繋(つな)がっていったのです。

ペストによって、多くの農民たちが死に絶え、小領主であった地方の中小貴族たちは大きな打撃を受けました。人が大量に死んだので、GDPが小さくなり、デフレと大不況が起きました。人口減少が不況を後押しします。そうすると、日本でも近年の不況期に都市圏に人口が集中したように、イタリアの都市国家に人口が流入しました。さらにヨーロッパの中小貴族たちも、それらの都市国家に傭兵(ようへい)として雇用されるために、大挙してイタリアに向かいました。その傭兵たちの隊長として有名になった人物に、フィレンツェのジョン・ホークウッド、ミラノのフランチェスコ・スフォルツァ(のちのミラノ公)などがいました。

〔16〕ドイツの分割固定化とハンザ同盟の成立

ドイツの諸侯は、イタリアに肩入れしすぎた三王家にこりて、スイスの弱小領主のハプスブルク家のルドルフ一世をドイツ王に選びましたが、意外にもオーストリアを乗っ取るなど野望を隠しません。そこでハプスブルク家の世襲を認めず、やはり弱小領主であるナッソウ家やルクセンブルク家からドイツ王を選びます。一三四六年には、ルクセンブルク家のカール四世（ルクセンブルク伯兼ボヘミア王）がドイツ王に選ばれました。

ところが、このカール四世もなかなかの野心家で、ローマ皇帝として戴冠した翌年の一三五六年に、金の印章がついた文書、金印勅書を発布して、ローマ王（ローマ皇帝）を選ぶ手順を定めたのです。プファルツ、ザクセン、ブランデンブルク、ボヘミアの四世俗諸侯と、マインツ、トリーア、ケルンの三大司教、この七名にローマ王を選ぶ権利があり、皇帝選出には教皇の認可を要しない、というのがその骨子です。ルクセンブルク家のライバルであるハプスブルク家とヴィッテルスバッハ家（バイエルン公）は、巧妙に外されています。

しかし、ドイツ王によるイタリアへの干渉は、約一〇〇年前のホーエンシュタウフエン朝以来、途絶えています。またローマ王（ローマ皇帝）を戴冠する教皇は、一三〇九年以来、フランスのアヴィニョンに囚われたまま、というのが当時の状況でした。したがってこの金印勅書は、七選帝侯の領国を確定させたようなものでした。それ

はドイツの分割支配を固定化するもので、ドイツが中央集権化された大国になる道を閉ざすことになりかねません。ただし、この分割固定化を大歓迎した人々がいました。北海やバルト海で交易を営む人々です。

ドイツに大国が成立したら、港や船に税金がかけられ交易権も奪われかねません。交易を生業（なりわい）とする人々にとっては、小国家の群立状態がいちばんの利益になるのです。

北の自治都市や港湾都市は、ドイツが七つの領邦に分立するのに呼応して同盟を結びます。一三五八年にリューベックとハンブルクが結んだ商業同盟に端を発し、やがて北の地中海と呼ばれるこの海域にハンザ同盟という強力な準国家が現れます。

〔17〕百年戦争はフランスが巻き返す。「税金の父」登場

百年戦争は続いています。一三五六年には、フランス中西部ポワトゥーの戦いでフランス軍が再び大敗し、国王のジャン二世が捕虜になってしまいます。

フランスの農民には悲劇が続きます。侵入してきたイングランド軍に農地は荒らされる、食物は強奪される、娘は襲われる、文字どおり踏んだり蹴ったりです。ついにフランス北部で農民叛乱が起きました。一三五八年のジャクリーの乱です。

イングランドに押しまくられていた百年戦争ですが、もともと国力はフランスのほうが上です。人口も三倍以上あります。ジャン二世が捕虜になった後、一三六四年に王位についたシャルル五世が、巻き返しを始めます。

彼は、税制改革を行ないます。しっかり税金を確保して軍資金を調達すれば、もともとフランスのほうが豊かなのだから、イングランドに負けるはずがないと彼は考えました。シャルル五世は、人頭税、消費税、塩税を三本の柱として財政基盤を築き直します。これはみごとな政策で、後世に彼は「税金の父」とニックネームをつけられました。そしてタイミングよく、デュ・ゲクランという名将も登場します。もともと地力があったフランスは態勢を立て直します。そしてシャルル五世は失われた国土の

ほとんどを、奪還することに成功しました。

その後、両国は小競り合い(こぜりあい)を続けますが、結局、一三九六年に至り、一時休戦となります。両国とも後継者問題が生じたからでした。

〔18〕オスマン朝にイェニチェリ誕生

アナトリア半島の北西部に小さな国を起こしたオスマン朝は、三代ムラト一世（在位：一三六二―一三八九）の時代に入っていました。周囲には同じトゥルクマーンの小国がたくさんあります。みんな喧嘩(けんか)が強い人たちです。海峡の向こうには老いたりとはいえ東のローマ帝国の首都コンスタンティノープルがあります。

しかしその北方、バルカン半島に視線を伸ばすと、強国ブルガリアがセルビアに敗れ、そのセルビアもウロシュ四世が死んで衰えつつありました。つまり、コンスタンティノープルの向こう側に行ってしまえば、あまり強敵はいないようだ。そのことにムラト一世は気づきました。

ムラト一世はバルカン半島のほうが、領土を拡大しやすいと判断しました。そこで海を渡ってアドリアノープル（現在のエディルネ）を攻めると、比較的簡単に落とせたので、ここに遷都します。初めてのヨーロッパの領土です。一三六三年のことでした。

ところがバルカン半島に領土を持ったムラト一世が、気づいたことがあります。オスマン朝の軍事力はトゥルクマーンの騎馬軍団です。けれどもバルカン半島は、平原ではありません。ほとんど誰も馬に乗らない。多くの人がキリスト教徒の農民です。これでは騎馬軍団を育成するのはたいへんです。そこで、新しいシステムをつくろうと考えました。

キリスト教徒の農家で、比較的裕福で男子が多い家から、一人か二人しっかりした子供を集めました。マムルークを集めるのと同じ方法です。お金を出して買い求めたのです。デヴシルメと呼ばれるシステムです。まだ小さい子供たちをイスラムに改宗させて、大切に育てます。そして事務官僚にするカプクルと、歩兵にするイェニチェリに分けます。

やがて鉄砲が普及し始めると、オスマン朝は歩兵部隊に鉄砲を持たせるという戦術を生み出します。

オスマン朝のバルカン遷都から一〇年ほどが経過すると、現在のイラン西北部とトルコ東部にかけて、黒羊朝（一三七五年建国。カラコユンル、すなわち黒い羊）と白羊朝（一三七八年建国。アクコユンル、白い羊）というトゥルクマーンの王朝が建国されまし

クルでした。黒羊朝の都はタブリーズ、白羊朝の都はタブリーズの西方、トルコのディヤルバ

〔19〕ハンザ同盟、魚の塩漬けでバルト海の覇権を握る

一三五八年に産声をあげたハンザ同盟は、ますます強力になります。貿易が拡大し、内陸から沿岸まで、参加する都市が増大して、その実態はまさに都市連合国家そのものでした。ハンザ同盟の伸長に対していちばん危機感を抱いていたのが、デンマーク王国のヴァルデマー四世（再興王）です。

デンマークは、かつて北海帝国を築いたヴァイキングの子孫です。ところがデンマークの港湾都市を始めとする多くの市民が、ハンザ同盟の旗の下に貿易を大々的に展開し、しかもデンマークには税金を払わない。ついにデンマークとハンザ同盟は戦争になります（一三六二―一三七〇）。金回りの良いハンザ同盟は軍事力にも不足はなく、この戦いに圧勝します。デンマークの膨脹を懸念したノルウェーやスウェーデンもハンザ同盟側につきました。

この隆盛の秘密は魚の塩漬けです。ノルウェーのベルゲンから鱈や鰊を、ハンザ同

盟の盟主である北ドイツのリューベックまで運び、リューベックの南にあるリューネブルクで産出した岩塩を使って塩漬けをつくり、全ヨーロッパに売り込んだのです。魚の塩漬けは、それまではどこにもありませんでした。これはハンザ同盟の独占商品でした。それまでのヨーロッパでは、内陸に行くと淡水魚しか食べられなかった。フランスのアヴィニョンに残っている教皇宮殿に行くと、大きな絵がかかっていて、池で魚を捕っている様子が描かれています。塩漬けの技術がなかったから、海魚は食べられなかったのです（干し鱈など干物はありましたが）。

単純な発明ですが、コロンブスの卵です。発明したものの勝ち。爆発的な人気商品になりました。塩漬けの鱈と鰊が、ハンザ同盟を躍進させる原動力になりました。ハンザ同盟はますます勢力を拡げ、加盟都市も二〇〇を越えました。たまりかねたデンマークは一三九七年、王母マルグレーテの尽力で、ノルウェー、スウェーデンの三王国で連携して、ハンザ同盟に対抗するカルマル同盟をつくります。

〔20〕アヴィニョン捕囚は終わるが、小シスマ（分裂）が始まる

ローマ教皇のアヴィニョン捕囚は、一三七七年に終わりました。

フランスはイングランドとの百年戦争で、教皇どころではなくなっていました。一方、ローマ教皇の一番の肩書きは、初代ローマ司教ペテロの後継者であることです。ペテロの遺体の上に建てたサン・ピエトロ寺院で説教するのが、ローマ教皇の本来の姿です。

教皇が不在のサン・ピエトロ寺院には、信者がやってこなくなります。ローマは寂れるばかりです。そのときイタリア中部のシエナにカタリナという聖女が現れて、情熱的に「ローマ教皇はローマに」と訴えました。わかりやすくて筋の通っているアピールは効きます。「カエサルのものはカエサルに」と同様です。そして、金印勅書を出したローマ皇帝カール四世のバックアップもあって、七〇年ぶりにローマ教皇グレゴリウス一一世はローマにもどりました。

教皇はトップですからローマへ帰ることに何の不都合もありません。けれどアヴィニョン教皇庁に勤めていた司祭や官僚、出入りの業者などにしてみれば、そう簡単に割り切れるものではありません。

ずっとアヴィニョンの教皇庁で働いていた人々は、七〇年の間に代替わりもしています。フランス語しか話さなくなっています。土地や財産もあります。地元の出入りの商人も職を失います。

事ここに至って、アヴィニョンの人々はアヴィニョン枢機卿団を中心に、ローマ行きを拒否します。グレゴリウス一一世のローマ帰還の翌年に、新たにローマで選出された教皇ウルバヌス六世に対して、アヴィニョン枢機卿団は独自の対立教皇を擁立しました。

こうしてローマ教会は、小シスマ（分裂）時代に突入し、教皇が二人いる異常な時代がおおよそ三〇年から四〇年続きます。

〔21〕イングランドでワット・タイラーの乱

「人民の、人民による、人民のための統治」

ジャクリーの乱が少し間をおいて飛び火するような形で、イタリアでは一三七八年にチョンピの乱が起こりました。

チョンピとは、フィレンツェの毛織物工場の下級労働者の蔑称です。彼らはフランスの叛乱の噂を聞いて、それをロールモデルとして決起したのでしょう。この争乱には新興財閥、メディチ家のサルヴェストロが加わっていました。この人は追放されましたが、やがてまた少し系統の異なるメディチ一族が台頭してきます。

さらにイングランドでも、一三八一年にワット・タイラーの乱と呼ばれる大規模な農民一揆が起こりました。百年戦争と、そのための増税が大きな原因です。この乱を指導したのは、ワット・タイラーという農民とジョン・ボールという神父（「アダムが耕しイヴが紡いだとき、誰が貴族だったのか」という言葉で有名）でしたが、ウィクリフというオックスフォード大学の有名な神学者も、この乱に加担した疑いで大学を追われました。ウィクリフはシスマを招いたローマ教会に幻滅していました。そこで、聖書を英訳しました。そしてその序文に、次のような言葉を書き記しました。

「この聖書は人民の、人民による、人民のための統治に資するものである」

リンカーンがゲティスバーグの演説で使って有名になったこの言葉は、元はウィクリフの創作でした。リンカーンが数百年後に使用できるほど当時としては過激な言葉ですから、イングランド王が怒ったのはそれなりに理解ができます。ウィクリフはその死後、一四一四年のコンスタンツ公会議で異端とされました。

レコンキスタ（再征服運動）の過程で生まれたポルトガル最初の王朝ブルゴーニュ朝（一一四三—一三八三）は、イベリア半島でカスティージャ朝と争いを続けていましたが、ポルトガルにジョアン一世という名君が出て、カスティージャに勝利を収めました。彼はコルテス（身分制議会）の推挙により、新しくアヴィス朝を開きましたが、対カスティージャ対策として一三八六年にイングランドとウィンザー条約を結び、エドワード三世の四男ジョン・オブ・ゴーントの娘フィリッパと結婚します。このふたりの間に生まれた子供はいずれも優秀で、エンリケ航海王子もその一人です。なお、ジョン・オブ・ゴーントは開明的な人で、ウィクリフの保護者としても知られています。

〔22〕ヤギェウォ朝、ドイツ騎士団に大勝する

ドイツ騎士団は、プルーセン人を攻略してプロイセンを領土としましたが、その東には一一世紀に成立したポーランド王国と一三世紀に成立したリトアニア大公国がありました。この両国は、ドイツ騎士団が勢いにまかせて東へ向かおうとしていることに警戒を強めていました。

一三八五年、ポーランド女王ヤドヴィガとリトアニア大公ヤギェウォ（ヨガイラ）の婚姻が約され（クレヴォの合同）、両国は人的同君連合の関係となりました。ヤギェウォ朝の誕生です。一四一〇年、連合軍とドイツ騎士団は、タンネンベルクの地で激突しました。戦いは連合軍の大勝となり、ヤギェウォ朝は北の大国としての地位を確

かなものとしました。

〔23〕急伸するオスマン朝、対抗馬はティムール朝

一三八九年、ペルシャでは国民的抒情詩人ハーフェズが亡くなります。

同じ年、バルカン半島でコソボの戦いが行なわれました。アドリアノープルに都を定めたオスマン朝に脅威を感じたセルビアやスラブ系諸王族が、仕掛けた戦争でした。しかし戦いはオスマン朝の圧勝に終わりました。

当たるべからざる勢いのオスマン朝に、バルカン半島北部で大国へと成長していたハンガリーの王、ジギスムントが立ち上がりました。ジギスムントはカール四世の子供で、のちにドイツ王、ローマ皇帝となり、ローマ教会の小シスマに終止符を打った人です。彼はオスマン朝など物の数ではないと思っていました。しかし、稲妻と綽名されたオスマン朝のバヤズィト一世に、ドナウ河畔ニコポリスの戦いで完敗します。コソボとニコポリスでのオスマン朝の大勝は、鉄砲を持ったイェニチェリ軍団によるものでした。この新戦力がオスマン朝の急膨脹を支えていたのです。

しかし日の出の勢いのオスマン朝に、東方から迫ってきたのがティムールでした。

中央アジアを制覇し、ロシアのキプチャク草原までを版図としたティムールは、一三九八年にインドのデリーを落としました。そこから西に転じてシリアのダマスカスを征服すると、アナトリア半島に軍勢を向かわせました。そして一五世紀初頭に、オスマン朝と激突します。

北イタリアのミラノでは、ミラノ大聖堂の建設を始めたジャン・ガレアッツォ・ヴィスコンティが賄賂（わいろ）を使ってローマ皇帝（ドイツ王）ヴェンツェルから、ミラノ公爵（こうしゃく）の称号を得ました（一三九五）。

また、チョンピの乱に加わってフィレンツェを追われたサルヴェストロとは別系統のメディチ家のジョヴァンニ・ディ・ビッチが、一三九七年にメディチ銀行の本店をローマからフィレンツェに移しました。メディチ銀行のフィレンツェ金融界での新しい挑戦が始まりました。

〔24〕大明（だいみん）暗黒政権

明を建国した朱元璋は、貧民から這（は）い上がってきた人です。そして、彼の周辺にいたのは朱子学の学者たちでした。モンゴル時代に科挙を廃止され、上級官職には就けず、家庭教師で糊口をしのいできた人たちの生き残りや、その弟子たちです。

大元ウルスでは、銀が世界を循環して、中国の陶磁器や絹、お茶が輸出されて中国経済が潤っていましたが、こういうグローバル経済が朱元璋や朱子学者には、ただ自国の名産品が流失しているだけに見えました。朱元璋と側近の人々は商人や外国人を憎んでいたのです。

こういう人々がつくる政権とはなにか。商業を徹底的に抑圧して、農業を大事にする。グローバルビジネスなどもってのほか、ＴＰＰなどとんでもないと考えます。古代の漢や唐こそが、理想の中国なのです。

また朱元璋は、自分に学がないことを身に染みて感じていたので、知識人（士大夫）を疑っています。心の中では自分を馬鹿にしているに違いない。インテリは信用できないと考えるのでした。性格がとても暗いのです。

十数万人の粛清そして海禁令

疑心暗鬼となった朱元璋は、自分の政権を固めるために、「文字の獄」と呼ばれるインテリ殺しを始めます。また裏切りを恐れて、一緒に戦ってきた功臣を次から次へと粛清していきます。その数、十数万人と言われています。

二〇世紀の文化大革命では数百万人が殺されたと伝えられています。けれどもこの数字は中国全土の普通の市民も含まれている数字です。しかし朱元璋の十数万人は、首都南京を中心にインテリや建国に功のあった人々だけの数字です。有能な人や賢い人だけを十数万人も殺戮（さつりく）したのは、異常すぎるレベルです。

このことによって、文化も文明の技術も大幅に低下していきました。陶磁器も書画も木版印刷も、大元ウルスの時代に比べれば明らかに見劣りするようになったのです。次に朱元璋は、海禁令を出しました。いわゆる鎖国政策です。陶磁器や絹の流出を防ぐには、貿易を禁じればよいと考えて、一切の私貿易を禁じてしまいます。

海禁令によって海に生きる人々はどうなったか。廃業して農民になるか、海賊になるか。しかし長い間海で暮してきた人は、陸では生きられません。彼らはみんな倭寇（わこう）になっていきます。こうして倭寇は、日本人、中国人、朝鮮人の混成部隊となっていき、東シナ海の島々を根拠地にして、スケールアップしていきます。海民がつくった海上共和国のようなものです。一方で唐の時代から存在していた税関、市舶司（しはくし）もお役御免となって廃止されます。

朱元璋は、海禁令の代償として朝貢（ちょうこう）貿易を始めます。近隣諸国に貢（みつ）ぎ物を持って朝貢することを命じ、それに応えた国にだけ貿易を許すという考え方です。具体的には朝貢に応じた国に勘合符を発行し、それを携えた船にのみ交易を許すという方法です。これが勘合貿易です。

朱元璋、暗黒体制を固める

朱元璋は明を建国して初代皇帝に就き洪武帝となりますが、この本では本名の朱元璋で通します。彼は一世一元制を始めました。今の日本と同じです。明治天皇の時代が明治時代というように、君主の名称が時代の名称になる制度です。

また三跪九叩頭という権威的な儀礼も始めました。皇帝の前に出たら、三回ひざまずき、そのたびに三回ずつ額を床に打ち付けることを臣下に義務づけたのです。

また、隋唐の時代から存在した中書省を廃止しました。主に詔勅の立案・起草を司ったこの役所は、国のすべての政策決定に大きな力を有していましたが、朱元璋は、平たく言えばすべての宰相職を廃止して、六部の長官を皇帝自らが指揮する皇帝独裁制を志向したのです。

さらに宮廷内の召使いである宦官に、字を読んだり学問をすることを禁止しました。またすでに読解能力がある宦官はすべて死刑にしました。宦官は召使いとしては必要ですが、彼らは大臣に親書を届ける仕事もしています。そんなとき彼らがそれを読んで、誰かに告げ口したり、書き換えるかもしれないと疑ったからです。

国を治める体制についても、家臣を信頼できないので、身内に頼ります。したがって北元に備えて北方の要地には、すべて自分の子供を置きました。西安（長安）、太原、北平（大都）には二男、三男、四男を配置しました。そして首都南京には長男を置きましたが、不幸にも早世したので、後に朱元璋が死ぬと孫が二代建文（けんぶん）帝となります。しかし、優秀な家臣は朱元璋に殺されてほとんど残っていませんでした。

貨幣経済拒否、農本抑商

朱元璋は徹底して、通貨を介さない社会の仕組みを考えました。農業を本道とし商業を抑圧する政策です。

まず、彼は農民を土地に縛り付ける制度を徹底するために、宋の時代からの土地台帳『魚鱗図冊（ぎょりんずさつ）』を整備しました。また『賦役黄冊（ふえきこうさつ）』という戸籍台帳をつくりました。すべての人民を土地に縛り付けたら、商売をグローバルにやろうなどという人間は出てこないだろうという考え方です。

そして人民を四種類に分けます。農民（民戸）、軍人（軍戸）に、匠と呼ばれる陶器などをつくる職人（匠戸）、そして塩をつくる人々（竈戸）です。社会の基本となる民戸は里甲制に整理しました。一一〇戸を一里とし、そのなかで有力な一〇戸を里長戸、それ以外を甲首戸とします。里長戸一戸と甲首戸一〇戸を合わせた一一戸がひとつの集団（甲）です。そしてこの単位の責任で治安維持や年貢収納を行なわせます。一種の郷村制度です。しかも年貢すなわち税金は、現物で上納します。現金ではありません。各里の手で、県庁のある都市まで運ぶのです。米も布も陶器も。こうすれば商人の介在する余地はありません。

一方で軍戸においても、軍の食糧をお金で買うことは許されず、軍の詰所に食糧を持ってこさせる。持って来た量に比例して、塩引を渡す。塩引は塩と交換できる高額紙幣です。ここにも商人は入ってきません。この制度を開中法と呼びました。なお軍戸においても、里甲制と同じような集団管理が行なわれていました。それを衛所制と呼んでいました。

しかしここまで徹底した商人排除システムは、もともと交易好きで、商売好きな中国人には無理がありました。一〇〇年ほどで崩壊を始めます。

朱元璋が死去し、靖難(せいなん)の変が起こる

さて、朱元璋が亡くなって、孫の建文帝が即位した一三九八年当時、明は朱元璋のキャッシュを使わない政策が徹底していたので、国庫は豊かで、また軍隊も充実していました。ところが政府も軍隊も、優秀な指揮官がほとんど殺されてしまったので、指導力に欠けています。そして建文帝は即位当時、まだ二一歳でした。

側近が建文帝に進言しました。

「もう皇帝に叛旗を翻(ひるがえ)すような将軍も策謀家もいません。国は収まっています。ただ一つ心配なのは北方に駐屯している叔父さんたちです。これを順番に倒しましょう」

この進言を受け入れた建文帝は、諸王抑圧政策を採り、叔父を順次廃していきます。そして最後に残ったのが、大都（北平）を預かっていた四男の朱棣(しゅてい)、燕(えん)王です。彼は手元に屈強な軍団を有していました。建文帝は即位すると、口実を設けてその軍団を引き離してしまいます。燕王の手元には、わずかの軍隊しか残りませんでした。真綿で首を絞めるような建文帝に対して、燕王は建文帝を倒さなければ自分が倒されると思い定めて決起しました。これが「君側の奸(かん)を除き、帝室の難を靖(やす)んず」をスローガンとした靖難の変です（一三九九）。

こうして北平と南京の戦争が起こりました。軍勢の比較では勝負になりません。と

ころが建文帝の配下には、まともな作戦指導ができる将軍がいませんでした。また、宮廷の宦官たちは、字を読むことも勉強することも禁じた朱元璋を恨み、その政治を踏襲する建文帝を憎んでいました。彼らは結束して燕王に味方します。北平に密使を派遣して、建文帝の足元である南京が手薄であることを告げて、南京攻めを進言しました。一四〇二年、燕王は南京を落として即位し、永楽帝と名乗ります。大明暗黒政権の最悪の時期は過ぎ、永楽帝の時代が始まったのです。

朝鮮半島で李氏朝鮮建国、日本では足利義満が北山文化を開花させる

まれにみる時代錯誤と誇大妄想に支配されていた朱元璋は、晩年には都を南京から長安（西安）に戻すことを考えていました。彼は中国を世界から孤立した陸の古代帝国に純化することを夢想していたようです。彼は科挙制度を完全復活させました。また中国南部の弱い下腹部、雲南もモンゴル軍から取り戻しました。しかし、彼の反動政策で失ったものは大きかったと思います。グローバリゼーションは姿を消しました。

朝鮮半島では一三九二年に、李成桂が高麗を滅ぼして李氏朝鮮をつくります。李成桂は高麗の重臣で、高麗がモンゴル派と反モンゴル派に分かれて争っていたときの反モンゴル派でした。朝鮮と中国の歴史では政権交代のタイミングがシンクロすること

がよくあります。中国の政権が倒れると、それに追随していた朝鮮の政権も倒れます。朝鮮とベトナムは中国と陸続きなので、常に直接的な影響を受けるのです。

同じ頃に日本では、足利義満が南北朝を統一しました。もっとも、後醍醐天皇が足利尊氏と別れて樹立した南朝は吉野の山奥にほそぼそと永らえていた弱小政権で、統一という言葉が適切かどうかは極めて疑わしいものがあります。おそらく朱子学の影響を受けて、南朝が正統政権とされてしまったことにすべての原因がありそうです。

彼は京都の室町に花の御所を建て、そこで政務を執ったので、足利政権の時代を室町時代と呼びました。彼は平清盛のようなすぐれた国際感覚と合理性の持ち主で、明の勘合貿易という朝貢体制をうまく活用し、国益を増大させ、北山文化と呼ばれる文化を開花させました。

（下巻へ続く）

この作品は二〇一六年一月新潮社より『「全世界史」講義Ⅰ古代・中世編』として刊行された。文庫化にあたり改題した。

シュリーマン
関楠生訳
古代への情熱
―シュリーマン自伝―

トロイア戦争は実際あったに違いない――少年時代の夢と信念を貫き、ホメーロスの事跡を次々に発掘するシュリーマンの波瀾の生涯。

塩野七生著
ルネサンスとは何であったのか

イタリア・ルネサンスは、美術のみならず、人間に関わる全ての変革を目指した。その本質を知り尽くした著者による最高の入門書。

塩野七生著
レパントの海戦

一五七一年、無敵トルコは西欧連合艦隊の前に、ついに破れた。文明の交代期に生きた男たちを壮大に描いた三部作、ここに完結！

塩野七生著
コンスタンティノープルの陥落

一千年余りもの間独自の文化を誇った古都も、トルコ軍の攻撃の前についに最期の時を迎えた――。甘美でスリリングな歴史絵巻。

塩野七生著
ロードス島攻防記

一五二二年、トルコ帝国は遂に「喉元のトゲ」ロードス島の攻略を開始した。島を守る騎士団との壮烈な攻防戦を描く歴史絵巻第二弾。

塩野七生著
神の代理人

信仰と権力の頂点から見えたものは何だったのか――。個性的な四人のローマ法王をとりあげた、塩野ルネサンス文学初期の傑作。

阿刀田 高著
旧約聖書を知っていますか
預言書を競馬になぞらえ、全体像をするめにたとえ——「旧約聖書」のエッセンスのみを抽出した阿刀田式古典ダイジェスト決定版。

阿刀田 高著
新約聖書を知っていますか
マリアの処女懐胎、キリストの復活、数々の奇蹟……。永遠のベストセラーの謎にミステリーの名手が迫る、初級者のための聖書入門。

阿刀田 高著
コーランを知っていますか
遺産相続から女性の扱いまで、驚くほど具体的にイスラム社会を規定するコーランも、アトーダ流に嚙み砕けばすらすら頭に入ります。

河合隼雄
松岡和子 著
決定版 快読シェイクスピア
人の心を深く知る心理学者と女性初のシェイクスピア全作品訳に挑む翻訳家の対話。幻の「タイタス・アンドロニカス」論も初収録！

梅原 猛 著
親鸞「四つの謎」を解く
出家の謎、法然門下入門の理由、なぜ妻帯したか、罪悪感の自覚……聖人を理解する鍵は、「異端の書」の中の伝承に隠されていた！

森田真生著
数学する身体
小林秀雄賞受賞
身体から出発し、抽象化の極北へと向かった数学に人間の、心の居場所はあるのか？ 数学の新たな風景を問う俊英のデビュー作。

全世界史 上巻

新潮文庫　て‐11‐2

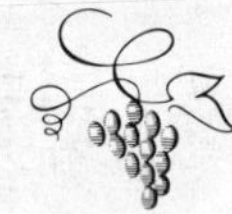

平成三十年七月一日発行
令和二年六月二十日七刷

著者　出口治明

発行者　佐藤隆信
発行所　株式会社新潮社
郵便番号　一六二―八七一一
東京都新宿区矢来町七一
電話　編集部(〇三)三二六六―五四四〇
読者係(〇三)三二六六―五一一一
http://www.shinchosha.co.jp

価格はカバーに表示してあります。

乱丁・落丁本は、ご面倒ですが小社読者係宛ご送付ください。送料小社負担にてお取替えいたします。

印刷・錦明印刷株式会社　製本・錦明印刷株式会社

ISBN978-4-10-120772-8 C0195